김교신과 우치무라 간조의 사상과 재평가

김교신과 우치무라 간조의 사상과 재평가

초판 1쇄 발행 2019년 5월 10일
저　자 | 김행선
발행인 | 윤관백
발행처 | 도서출판 선인

등　록 | 제5-77호(1998.11.4)
주　소 | 서울시 마포구 마포대로 4다길 4 곶마루 B/D 1층
전　화 | 02)718-6252 / 6257　　팩스 | 02)718-6253
E-mail | sunin72@chol.com

정가 25,000원

ISBN 979-11-6068-265-6 93200

· 잘못된 책은 바꿔 드립니다.

김교신과 우치무라 간조의 사상과 재평가

저자 김행선

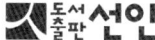
도서출판 선인

책을 펴내며

요한복음 8장 31-32절에 의하면, 예수가 유대인을 향해 "너희가 내 말에 거하면 참으로 내 제자가 되고 진리를 알지니 진리가 너희를 자유롭게 하리라"고 했다. 여기서 진리란 역사와 인간 및 사회에 대한 궁극적인 진실과 본질의 회복을 뜻하는 것이다. 그러면 예수가 언급한 진정한 자유란 오늘날 우리에게 어떤 의미를 주는 것일까?

그것은 바로 하나님과 인간과의 관계를 회복하고, 인간과 인간과의 관계를 회복하고, 자연과 인간과의 관계를 회복하여 서로 대립되는 것들이 변화하여 서로 대화하고 공존·공생하는 길이라 할 수 있다.

이때 우리 사회에, 더 나아가 세계에 사랑과 정의와 평화라는 기독교 정신이 충만된 세상이 될 것이다. 또한 인종과 인종, 민족과 민족, 종교와 종교 간의 갈등을 넘어 보다 열려진 세상으로 나아갈 수 있을 것이다.

그러나 오늘날 한국사회는 궁극적인 진실이 드러나지 않음으로써 사회적 갈등과 문제들이 해결되지 않고 있다. 4·3항쟁, 여순항쟁, 광주민주화운동 등의 진실이 아직도 어둠 속에 갇혀있고, 세월호 사건의 진실도 드러나지 않고 있다. 그리하여 우리 한국인들은 이러한 역사적 사건들로부터 자유롭지 않다.

또한 한국인들은 권력과 명예, 그리고 물질 등으로부터도 자유롭지 못하고 그것들의 노예상태로 살아가고 있다. 가장 사회의 모범이 되고, 민족의 파수꾼으로써의 역할을 담당해야 하는 한국교회는 세상과 짝하여 세속화되어 타락해가고 있으며, 물질우상과 교회건물 우상화 및 성장지상주의,「내 교회만 잘 되면 된다」는 개교회주의, 교파주의, 교권주의 등으로 병들어 있다. 이제 더 이상 세상 사람들은 한국기독교에 대해 기대를 걸지 않고 있다.

이러한 현실은 오늘날 한국교회에 기독교의 본질과 바른 신앙의 회복을 추구하던 종교개혁의 정신이 또 다시 절실해졌음을 의미한다. 교회의 정체성과 그리스도의 정신을 회복하여 온전한 그리스도의 복음으로 되돌아가는 것, 이것이 한국교회가 당면한 지상과제이다.

더 나아가 21세기 한국사회가 해결해야 할 여러 사회, 경제, 문화, 환경, 정치적이고 역사적인 과제들에 대해서도 한국교회는 적극적으로 대응하여 변화를 시도해나가야 할 것이다. 마치 루터의 종교개혁이 유럽사회에 대혁명을 일으켜 새로운 사회로 나아가는 출구의 역할을 했던 것처럼 오늘날 한국교회도 새로운 시대, 새로운 사회로 나아가는 변혁의 출구역할을 담당해야 할 것이다.

이에 필자는 지난 번 출간한 『한국개신교의 수용과 성장 그리고 비판』의 후속편으로, 일제 강점기 척박한 식민지 조선에서 순복음주의적 영성운동으로 특색 있는 삶을 살았던 김교신과 그의 스승 우치무라 간조(內村鑑三)의 사상을 검토하여 그들 사상의 공과를 객관적으로 따져 재평가하고, 오늘날 한국기독교의 신앙을 성찰하고자 한다.

또한 사회개혁을 하는 데 있어서 종교의 역할이 중요하기 때문에 오늘날의 교회문제를 비롯해서 사회문제 및 자연문제를 해결해 나가는 한 발판으로써 김교신과 우치무라의 사상을 연구과제로 삼은 것이다.

특히 본 저서에서 살펴보는 김교신의 민족주의적 애국심은 국가와 개인의 문제를 환기시켜주며, 국가 속에서 살아가는 한 개인의 역할이 얼마나 중요한지를 깨닫게 해준다는 점에서 의미가 있다.

또한 김교신과 우치무라가 주장하는 독립사상은 오늘날 한국사회에서 청년실업의 문제가 심각한 만큼 더욱 절실하다는 점에서 중요한 의미를 지니고 있다.

더 나아가 김교신과 우치무라가 제시한 「작은 교회」는 오늘날 21세기 한국교회가 지향하는 교회의 모습이기도 하다.

한편 과거 한국기독교는 겉으로만 정교분리의 원칙을 내세우며, 실제로는 일제의 침략 및 식민통치를 합리화하고, 독재정치를 합리화하거나 교회의 보신주의적 태도를 견지하면서 체제의 동조자 혹은 추종자 역할을 해왔다. 즉 정교분리의 원칙이란 단지 체제수호논리이자 생존논리의 변용에 불과했던 것이다. 더 나아가 정교분리의 원칙은 기독교인의 정치적 무관심과 방관적 자세를 조장해왔다.

그러나 우리가 정치를 피할 수 있다고 생각하는 것은 신화다. 우리 대부분은 우리가 아는 것보다 훨씬 더 많이 정치영역에 관여하고 있다. 정교분리와 정치적 무관심은 더는 적절한 선택이 아니다.

따라서 필자는 한국기독교가 지향해 나가야 할 올바른 정치적 지향점과 사회변혁의 방향을 제시하고, 참된 민주주의를 지키는 「기독교 정치」가 필요하다고 본다. 이런 점에서 본 저서는 김교신과 우치무라의 사상을 성찰하면서, 그 성격과 특징을 검토하여 오늘날 한국교회가 지향해나가야 할 「기독교 정치이상」을 모색하고자 한다.

지금까지 제 삶을 평강으로 이끌어주시고, 이러한 연구성과를 낼 수 있도록 지혜와 믿음을 허락해 주신 하나님께 감사와 영광을 드린다. 또한 노모가 주님의 은혜로 건강하게 지내시다가 주님이 부르시면 평안하고 행복하게 주님의 나라에 가시기를 기도드린다. 우리 어머니로 인해 믿음의 뿌리가 우리 가문에 심어질 수 있기를 바라며, 어머니의 믿음이 자손 대대로 이어지는 믿음의 전통이 세워지기를 바란다.

또한 매번 부족한 저서를 출간하여 주신 선인출판사의 윤관백 사장님과 직원분들에게 무한한 감사를 드린다. 선인출판사가 출판사업의 숭고한 사명을 다하며 출판업계의 발전에 이바지하는 출판사가 될 수 있기를 바라며, 주님의 은혜와 축복으로 무성한 열매를 맺을 수 있기를 기도드린다.

아울러 필자의 믿음을 성장시켜주시며, 날마다 진리와 빛 가운데서 살아갈 수 있는 말씀의 양식을 먹여주시고, 본 저서 집필에 많은 도움을 주신 최태수 목사님을 비롯한 영등포 중앙교회의 목사님들과 성문밖교회의 김희룡 목사님께 감사드린다.

또한 매번 응원해주는 여동생과 카페를 경영하시는 둘째 언니에게 감사드린다. 카페 공간이 필자의 쉼터요, 연구실이었다. 거듭 감사드리며, 카페의 무궁한 번영과 발전을 기도드린다. 그곳을 찾는 손님들의 영혼이 깊은 안식과 평안을 얻고, 무한한 창조능력을 허락하여 주시기를 주님께 기도드린다.

우리가 삶에서 지쳐 쓰러질 때 우리를 일으켜 세우시는 주님!
우리가 살아가면서 겪는 숱한 장애물들을 극복하게 하시는 주님!
우리가 잘못된 길로 나아갈 때 바로잡아주시는 주님!
우리가 부족할 때 채워주시는 주님!
우리를 의로운 길로 이끄시고, 생명과 진리 안에서 자유케 하시는 주님!
주님을 찬양하며 그 이름이 거룩히 여김을 받으시옵소서.

오늘날 한국교회와 한반도 땅에 함께 계신 하나님 아버지!
6·25전쟁의 아픔과 비극을 극복하고 오늘의 대한민국이 있게 해 주신 주님께 감사드립니다.
이제 일제 식민통치보다도 더 오랜 분단시대의 고통과 아픔을 극복하고, 한국교회와 남북한 정권이 아버지의 사랑과 공의와 평화통일의 구원 사역을 우리 이웃과 한반도 땅에 구체적으로 드러내어 아버지께 영광 돌리게 하옵소서.
이 고통스러운 절망의 세상에서 주님이 한국교회에 주신 사명을 온전히 회복하게 하시어 우리 사회의 가난하고 약하고 병든 자들과 소외된 자들을 돌보게 하시고 빛과 소금의 사명을 회복하게 하옵소서.

도라산 역을 둘러보았습니다.
분단의 끝이자 통일의 시작인 도라산 역에서 평양방면이라는 표지판을 보았습니다. 분단의 절망을 딛고 주님이 역사하시는 소망의 빛 가운데서 우리는 도라산 역에서 평양 그리고 신의주와 나진항을 건너 시베리아와 유럽으로 통하는 평화통일과 번영의 철도건설을 기대해 봅니다.
한국교회와 남북한 정권이 온갖 어려움과 장애물에도 불구하고 새로운 희망을 보여주는 이 시대의 메시아인 주님의 은혜와 축복아래 이 땅에 하나님의 사랑과 공의로 충만한 하나님 나라와 평화통일로 나아가는 새로운 세상을 열어가게 하옵소서.

한국교회와 우리 기독교인이 세상적인 권세와 자본의 힘에 의지하지 않고 오직 하나님만을 의지하여, 하나님의 거룩한 비전을 우리 시대에 증거하게 하옵소서.
한국교회와 우리 기독교인이 잃어버린 사회적 신앙을 다시금 회복하게 하시고 무한경쟁으로 각박해지고 불의한 세상에서 그리스도의 사랑과 섬김의 정신을 본받아 서로 사랑하고 용서하며 화평하게 하시고, 정의를 세우는 자들이 되게 하옵소서.

2018년 10월

김 행 선

목 차

책을 펴내며 / 5

머리말   13

제1장 우치무라 간조의 사상   37
제1절 생애   39
제2절 사상적 배경   54
　1. 루터의 종교개혁   54
　2. 바울의 사상   69
제3절 무교회주의   84
제4절 애국사상과 일본적 기독교   101
　1. 두개의 J(예수와 일본)   101
　　(1) 신앙과 애국심   101
　　(2) 일본사회의 타락상   112
　　(3) 일본의 천직   117
　2. 일본적 기독교   119
제5절 구원론   142
　1. 개인구원론(만인구원론)   142
　2. 사회개혁론   148

제6절 무저항주의와 그리스도의 재림사상　　164
　1. 의전론과 전쟁폐지론　　164
　2. 무저항주의　　169
　3. 그리스도의 재림사상　　175
제7절 조선관　　180

제2장 김교신의 사상　185
제1절 생애　　187
제2절 무교회주의와 성경연구　　201
　1. 무교회주의　　201
　2. 성경연구　　209
제3절 구원론과 기독교 비판　　216
　1. 구원론　　216
　　(1) 개인구원론(만인구원론)　　216
　　(2) 사회개혁론　　223
　2. 기독교 비판　　232
　　(1) 성공주의 비판　　232
　　(2) 교역자들과 교파주의 비판　　236
　　(3) 부흥회적 신앙비판　　241
　　(4) 기독교 사회운동 비판　　245
　　(5) 개방적인 신앙관　　248
　3. 무교회주의 비판　　258
　　(1) 교회관과 일본주의 비판　　258
　　(2) 무교회와 개인주의 비판　　266

제4절 조선산 기독교와 민족주의 사상 277
  1. 조선산 기독교 277
  2. 민족주의 사상 297
    (1) 두 개의 C(예수와 조선) 297
    (2) 시대인식과 부활의 소망 303
    (3) 무저항주의 318
제5절 역사적 평가 326

맺음말 337

참고문헌 / 349
찾아보기 / 354

머리말

오늘날 대한민국은 총체적으로 병들어 있다고 한다. 위로는 대통령 이하 법을 만드는 사람, 정치인들, 공무원들, 경찰과 검찰, 더 나아가 교육기관이나 종교계의 타락에까지 곳곳이 타락했다는 것이다.[1]

특히 대한민국의 경제성장과 교회성장은 궤를 같이 하는 타락의 노정이었다. 진리의 마지막 보루라고 할 종교가, 박정희의 경제성장 철학에 휘말리기 시작하면서부터 한국교회는 대부분 교회성장이 지상의 과제가 되었다. 하나님을 어떻게 믿고 진리를 어떻게 증거하느냐가 아니라, 하나님과 신앙을 어떻게 이용하는 것이 교회를 성장시키는 데 제일 효과적인가가 관심의 초점이 되었다. 흩어지는 교회의 기능은 사라지고 모이는 교회, 즉 사람 모으기 경쟁과 헌금 모으기에만 혈안이 되기 시작했다.[2]

세상 속의 부정부패와 죄악을 막기 위해 불의의 세력과 싸우다가 십자가를 지는 수난의 예수 그리스도는 울타리 밖으로 추방하고, 믿기만 하면 축복을 준다는 부자 방망이식 가짜 하나님만 교회 안으로 모시게 되었다. 이렇게 하여 교회는 하나님을 상품화해서 「기업화」되었다.[3] 즉 한국교회는 자본주의의 노예로 전락한 것이다.

그 결과 한국교회는 교회에 대한 충성이 하나님께 바치는 충성이요, 목사에 대한 복종이 하나님에 대한 복종이라는 신앙의 전통을 세우게 되었다. 이웃사랑, 인간사랑, 세상구원, 역사에 대한 책임 등은 외면하고 오로지 교회사랑에만 신앙의 초점을 맞추고 있다.[4] 그리하여 교회우상주의를 선택하고, 목사절대주의를 병행했다. 더구

---

1) 한용상, 『교회가 죽어야 예수가 산다』, 해누리, 2001, 11-14쪽, 23쪽.
2) 위의 책, 11-14쪽, 93쪽.
3) 위의 책, 11-14쪽, 94쪽.
4) 위의 책, 11-14쪽, 116쪽, 127쪽.

나 목사들의 권위와 오만은 극에 달해 있다. 그리하여 오늘날 한국 교회와 목사들을 하나님의 분신이거나, 하나님보다 더 위대해진 교회와 목사라고 비아냥거리고 있다. 그리고 이는 봉건 군주국가의 권력이양에서나 볼 수 있는 목사의 세습으로 나타났다.[5]

최초의 대형교회 세습 사례로 알려진 충현교회에서 세습이 1997년 이루어진 이후 대형교회뿐만 아니라 중소형 교회로까지 전방위로 이루어지고 있다. 교인 수가 100명만 넘으면 재정자립이 이루어지기 때문에 중소형 교회라도 세습의 위협으로부터 자유롭지 못하다.[6]

특히 한국개신교 최대 교단의 하나인 대한예수교장로회(예장통합)의 서울동남노회가 2017년 10월 24일 서울 강동구 명일동 명성교회의 김하나 목사 청빙안을 통과시켰다. 이에 따라 초대형 교회인 명성교회의 담임목사직이 창립자인 김삼환 원로목사의 아들 김하나 목사에게 넘어가 교단 내 법적 절차를 끝냄으로써 교회까지 세습하는 한국개신교의 암울한 현실을 드러내었다. 마틴 루터가 교회의 부패를 비판하는 글을 공개한 지 500돌이 되는 날(10월 31일)을 앞두고 일어난 명성교회 세습은 새로운 종교개혁의 불을 당기려 하는 것인가? 한국 개신교의 세속적이고 이기적인 현실이 안타깝기 짝이 없다. 개신교 단체들은 담임목사직 세습이 교회로 모은 돈과 힘을 이웃과 나누지 않고 자기들끼리 대물림하여 사유화하려는 것이라며 타락의 상징으로 비판해왔다.[7]

교회세습이 문제가 되는 것은 그 교회가 사회적으로 또 교회적으

---

5) 위의 책, 191쪽, 208쪽.
6) 강영안·구교형 외,『한국교회, 개혁의 길을 묻다』, 새물결플러스, 2013, 354쪽.
7)『한겨레』2017.10.26.

로 주목을 받을 만큼 크고 힘이 있는 대형교회라는 점과 그가 담임자의 아들이라는 이유로 무임승차하는 점 때문이다.[8]

장신대 김명룡 교수는 신학적으로 목회자의 세습은 사도신경의 공교회 정신에 위배되며, 목회자는 세습하는 것이 아니라 성령께서 부르시는 것이고, 교회세습은 교회 안에 예수 그리스도 외에 다른 주인이 있다는 의미이며, 그것은 하나님 나라의 거울로서의 교회의 모습을 치명적으로 파괴시키며, 세상을 향한 교회의 예언자적 메시지를 무력화시킨다고 신랄하게 비판했다.[9]

특히 기독교윤리실천운동 단체는 2000년 9월 29일 성명서를 내고, "담임목사직 세습은 언약 공동체로서의 교회의 근본을 뒤흔드는 위험하고도 불행한 사태"라고 하면서, "재벌총수마저도 경영권을 포기하는 오늘날, 혈연관계에 의지해 교회의 평안을 추구하려는 것은 교회가 깊이 병들어 있다는 증거"이며, "담임목사직 세습은 한국교회에 만연하고 있는 물량주의와, 특정 목사에 의한 강단권 독점이라는 잘못된 관행이 낳은 결과로서 마땅히 철회되어야 한다"고 비판했다.[10]

한편 대한예수교장로회 통합과 합동 등 주요 교단에선 1년에 한 번 씩 여는 총회에서 동성애자뿐만 아니라 동조자, 옹호자들까지 신학대 입학을 금지하는 반개혁의 결의를 단행했다. 차별금지법의 국회 통과를 저지하고, 종교인 과세 시행 2년 유예를 건의하자는 내용도 포함됐다. 이혼과 재혼은 모두 죄라고 규정하는 가하면, 교회에서 요가와 마술을 금지하기도 했다.[11]

---

8) 이원규,『힘내라, 한국교회』, 동연, 2009, 47쪽.
9) 위의 책, 52쪽.
10) 위의 책, 53-54쪽.
11)『한겨레』2017.9.26.

이에 대한 성서적 해석과 그 근거의 유무와는 무관하게 위와 같은 개신교 교단의 행태는 신이 인간사회와 우주만물 및 자연에 주신 최고의 선물인 다양성과 조화를 외면하는 편견과 오만일 뿐이다.

이렇게 주요 교단들이 세계 교회의 흐름과는 거꾸로 소수자·약자 탄압결정을 내놓으면서 열린 사고를 지닌 젊은이들로부터 갈 교회가 없다는 자조적인 한숨이 나오고 있다. 개신교에선 대형교회들과 교단들의 반개혁적 폐쇄성이 젊은층의「가나안」성도화를 부채질하고 있다는 지적도 제기된다.「가나안」성도란「교회 안 나가」란 말을 뒤집어 그리스도인이지만 기성교회에 불만이 커 교회에 나가지 않는 이를 일컫는 신조어로 200만 명에 이를 것으로 추정된다.[12]

그리하여 한국사회에서 가장 많이 버림받는 종교가 바로 개신교라고 한다. 56%의 무종교인이 지난날 개신교 신자였다는 것이다. 불교는 20%, 천주교는 18%에 불과하다. 불교나 천주교에 비해 개신교를 폐기처분한 사람은 거의 세 배가 된다는 뜻이다. 한마디로 한국 개신교는 가장 인기 없는 종교로 전락되고 만 듯하다.[13]

새 신자가 늘지 않고 기존 신자는 떠나가는 것으로 인하여 초래된 오늘날 한국교회 정체의 결정적 요인은 한국교회가 사회적 공신력을 잃어버리고 사람들로부터 신뢰를 받지 못하기 때문이다. 이것을 다른 말로 표현하면 오늘날 한국교회는 영성, 도덕성, 공동체성을 상실했다는 것이다.[14]

또한 교회와 교단의 막힌 담은 옛날 바리새인과 사두개인 사이의

---

12) 『한겨레』 2017.9.26; 김행선, 『한국개신교의 수용과 성장 그리고 비판』, 선인, 2018, 15쪽.
13) 한완상, 『예수 없는 예수교회』, 김영사, 2008, 135-136쪽; 김행선, 위의 책, 15쪽.
14) 이원규, 앞의 책, 27쪽.

장벽보다 높고 견고하다. 예수 그리스도는 막힌 담을 허셨지만 한국교회는 바벨탑보다 더 견고하게 담을 쌓았다. 그리하여 한국교회의 가장 큰 문제 중의 하나는 지독한 배타성 또는 배타주의이다. 그동안 한국교회는 자본주의 논리에 의거하여 교세확장에 열을 올렸다. 그러한 폐해로 인해 교회는 경쟁을 일삼았고, 타 교회, 타 교단, 타 종교에 대해 지나칠 정도로 배타적이다. 그리고 이러한 배타주의의 대표적인 첨단 무기는 바로 「교파주의」이다. 한국교회는 다른 교회를 배타하기 위해 사용하는 무기로 교파 또는 교단을 사용해 왔던 것이다. 그리하여 한국교회처럼 교파 간의 배타를 위한 극심하고 조직적인 「교파신봉주의」는 세계에서 찾아보기 힘들다고 한다.[15]

특히 오늘날 한국교회는 「오직 믿음」, 「오직 은총」, 「오직 성서」라는 루터의 종교개혁 정신을 왜곡시키고 전락시켜 왔다. 오늘날 「오직 믿음」은 중세기 면죄부 판매보다도 더 타락했으며, 「오직 은총」은 자본주의 시대에 물질의 축복개념으로 전락했고, 「오직 성서」는 자연과 분리된 죽은 문자의 종교, 활자의 종교로 전락해 왔다.[16]

즉 한국교회는 루터의 종교개혁에서 주장한 「오직 믿음으로만」을 전적으로 신봉하여 인간의 이성적 판단을 완전히 배제하는 비이성적 신앙으로 귀결되거나, 또는 믿음지상주의에 빠져 행위와 실천을 도외시하는 부흥회적이고 근본주의적 신앙에 경도되어 있다.

한국교회나 교인들에게 믿음은 복 받기 위한 수단에 불과했다. 즉 돈 잘 벌고, 출세하고, 성공하고, 건강하고, 자녀 잘 됨 등의 수단으로

---

15) 조엘 박, 『맞아죽을 각오로 쓴 한국교회 비판』, 박스북스, 2008, 7쪽, 12쪽, 67쪽; 김행선, 앞의 책, 13-14쪽.
16) 이정배, 「한계를 아는 것이 믿음이다」, 성문밖교회 설교, 2018.10.28.

오직 믿는 것이다. 이는 무당굿과도 같은 기복신앙에 불과하다.[17]

이처럼 오늘날 한국교회는 한국사회의 급속한 산업화와 한국사회에 퍼진 약육강식, 승자독식, 무한경쟁의 정글사회라는 신자유주의의 흐름에 편승하여 물질을 우상으로 숭배하여, 부와 재산의 축적이 곧 신의 축복이라고 해석하며 교회건물 우상화 및 성장지상주의와 물질지상주의, 그리고 개교회주의, 교파주의, 교권주의에 병들어 있다. 때로는 자본권력의 주구로서의 역할도 마지않는다.

또한 교회에도 한국사회의 전반에 걸쳐 퍼져 있는 양극화 현상이 나타나 대형교회와 작은 교회로 양극화 되어 기독교의 지속가능한 성장을 가로막고 있으며, 이러한 양극화 현상은 사회적 갈등을 유발하는 데 그치지 않고, 민주주의의 기반을 위협할 수 있다. 대형화의 부정적 산물로 초래된 교회의 내적 부패현상 등은 교회의 생존마저 위협하는 현상이 되었다.[18]

그리하여 오늘날 한국교회는 과거 기독교가 기여해왔던 사회를 향한 올바른 지도력이 약화되고, 세상 사람들은 더 이상 교회에 희망이나 기대를 걸지 않고 있다. 그 결과 오늘날 한국교회는 제2의 종교개혁의 대상이 되어버렸다.

이제 한국교회는 한국사회가 당면한 제반 역사적이고 사회적인 문제들에 적극적으로 대응하여 변화를 시도해야 한다. 500년 전 마틴 루터의 종교개혁이 유럽사회에 대혁명을 가져와 근대사회로 나아가게 했던 것처럼 대변혁을 단행할 때가 되었다.[19] 그러나 중세기

---

17) 이원규, 「종교개혁의 신앙적 의미」, 영등포 중앙교회 설교, 2017.10.29.
18) 김행선, 앞의 책, 13쪽.
19) 위의 책, 15쪽.

의 문제를 해결하기 위한 루터의 종교개혁 정신의 회복이 아니라, 이를 극복하고 계승·발전시켜서 21세기 새로운 시대적 변화와 요구에 응답하면서, 자본주의의 노예가 되어버린 기독교를 다시 출애굽시켜야 한다.

북핵문제를 둘러싼 동북아 문제, 경제 불안과 양극화 현상 및 사회적 불평등의 심화, 고령화 문제, 세계에서 가장 낮은 출산율과 가장 높은 자살율과 이혼율, 청년실업자 문제, 현대판 노예제로 불리는 비정규직 노동자들의 문제, 외국인 노동자들의 문제, 동성애자와 성적 소수자의 문제, 양심적 병역거부자의 문제, 장애인의 문제를 비롯한 사회적 약자와 소수자에 대한 인권문제 등 산적한 역사적이고 사회적인 문제들 및 자연환경 문제를 한국교회는 마냥 외면할 수 없게 되었다.[20]

세계 15위 경제대국이란 지표가 무색하게도 대한민국은 불평등과 부자유로 인해 이념을 '공소하게 할 만큼 위태로운 지경으로 전락하고 있다. 국민 10%가 국부 75%를 포식하고 있고, 국민 10%가 사유지 86%를 독점하고 있다. 정신질환자가 278만 명을 상회하고, 교통사고와 후천성 산재로 신체장애자가 된 자들도 215만 명에 이른다. 도박중독자는 360만 명에 달하고, 매춘부는 120만 명, 절대빈곤 아동은 100만 명, 결식 미성년자는 60만 명, 가출 청소년은 50만 명, 주민등록 말소자는 60만 명, 교도소 수감자 10만 명, 신용불량자가 380만 명, 잠재적 신용불량자가 400만 명이나 된다. 무엇보다 요즘 우리 사회의 중추를 휘청거리게 하는 비정규직 노동자가 850만 명이다.[21]

---

20) 위의 책, 13쪽.
21) 차정식,『예수, 한국사회에 답하다』, 새물결플러스, 2012, 48-49쪽.

또한 2003년 대검찰청의 보도자료에 의하면 우리나라의 무고죄는 일본과 단순 비교할 때 1,483배 높고, 인구 대비하여 공정하게 계산하면 4,151배나 높게 나타난다. 그런가 하면 위증죄는 일본의 671배나 되고 사기죄는 17배라고 한다. 우리나라는 전체 인구의 25%가 기독교인이고 일본은 0.4%인데, 이러한 통계수치가 나온 것은 매우 충격적이고 수치스러운 결과가 아닐 수 없다. 무고죄라는 것은 타인을 고발한 송사가 결과적으로 죄 없는 사람을 괴롭힌 것으로 드러났다는 얘기다. 이는 타인에 대한 개인적·사회적 신뢰도가 형편없이 낮다는 증거이기도 하다. 위증죄는 법정에서 제시한 증언이나 증거가 거짓임이 드러난 것이고, 사기죄는 남을 속여 물질적 이익을 취한 것이다. 이렇게 부정직하게 남을 속이는 부도덕한 사람들이 우리 사회에 너무 많다는 말이다.[22]

이처럼 암울한 현실 속에서 한국교회가 감당해야 할 시대적 사명은 더욱 중차대해졌다. 역사와 사회현실에 대한 냉철하고 과학적인 인식과 함께 성경에 근거한 예언자적 통찰이 절실히 필요한 때이다.

이제 21세기를 맞이하여 과연 한국 기독교가 21세기에도 과거 개신교가 그동안 한국사회와 역사의 발전에 기여한 만큼의 역할을 할 수 있을 것인가에 대한 질문은 우치무라와 그의 제자인 김교신의 사상을 검토하고 비판하는데서 그 해답의 일부를 찾고자 하는 것이 본 저서의 연구목표이다.

또한 이들의 사상이 지니는 내용과 특징을 살펴보면서 오늘날 형식주의와 교권주의 및 교파주의 그리고 성장주의에 물들어 기독교

---

22) 위의 책, 200쪽.

의 본질을 망각하고 대형화를 추구하며, 가진 자의 종교화 되어 가는 한국교회에 제2의 종교개혁이 일어나 예수의 근본정신을 다시금 회복시키고, 오늘날의 사회를 개혁하기 위한 해결책과 대안을 모색하는 것이 본 저서의 연구목표이다.

또한 김교신의 무교회주의 운동과 조선산 기독교가 일제 식민지하의 민족해방운동선상에서 어떠한 역할을 할 수 있었으며, 앞으로 21세기 한국기독교가 지향해나가야 할 이념상에 어떠한 역할을 할 수 있는지를 재평가하는 데 본 저서의 연구목표가 있다.

또 한편 본 저서는 우치무라와 김교신의 영적 신앙을 검토하여 우리 국민들의 내면적 도덕성을 환기시켜 올바른 방향으로 인도하고, 더 나아가 사회변혁을 추동하는 계기를 마련하는 데 학문적·사회적으로 이바지하고, 교육적인 기여를 하고자 한다.

한편 120여 년 전 복음이 처음 전해진 순간부터 한국교회는 정치적 역학관계에 밀접히 연결되어 있었다. 한국교회가 정치로부터 자유로웠던 적은 없으며, 정치에 영향을 끼치지 않았던 때도 거의 없었다. 지금도 한국교회는 장로 대통령을 배출할 정도로 강력한 정치집단이다.[23]

그런데도 역사적으로 한국교회는 겉으로만 정교분리의 원칙을 내세우면서, 실제로는 일제의 침략 및 식민통치를 합리화하고, 독재정치를 합리화하는 체제의 동조자 혹은 추종자 역할을 해왔으며, 교회의 보신주의적 태도를 변명하는 궁색한 논리로 사용해 왔다. 즉 정교분리의 원칙이란 단지 체제수호논리 혹은 생존논리의 변용이었던

---

[23] 존 레데콥(배덕만 옮김), 『기독교 정치학』, 대장간, 2011, 27쪽.

것이다.24) 더 나아가 정교분리의 원칙은 기독교인의 정치적 무관심과 방관적 자세를 조장해왔다.

그러나 우리가 정치를 피할 수 있다고 생각하는 것은 신화다. 우리 대부분은 우리가 아는 것보다 훨씬 더 많이 정치영역에 관여하고 있다. 정치영역은 우리의 사회적 환경 중에서 대단히 중요한 부분을 차지하고 있다. 정교분리와 정치적 무관심은 더는 적절한 선택이 아니다. 사실 우리는 결코 그렇게 살 수 없다.25)

이런 점에서 기독교인은 정치에 궁극적 지위를 부여하지 않으면서도 정치를 진지하게 취급하는 법을 배워야 한다. 그러므로 기독시민은 정치영역에서도 사역의 장을 찾아야 한다. 1974년 스위스 로잔에서 열린 세계복음화국제대회에서 채택된 주요 선언문 중에는, "복음전도와 사회적·정치적 참여 모두는 우리의 기독교적 의무다"라고 되어 있다. 특히 초기 미국 정치가인 벤저민 프랭클린은 "공적 문제에 기독교의 원리를 도입하려는 사람은 세상의 얼굴을 변화시킬 것이다"라고 했으며, 에드먼드 버크는 "악이 승리하는 데 필요한 것은 선한 사람들이 아무 일도 하지 않는 것이다"라고 한 말들을 주목할 수 있다.26)

기독교인은 복음을 전해야 한다. 그러나 동시에 사회적이고 정치적인 책임도 감당해야 한다. 이 두 가지는 전혀 모순되는 것이 아니다. 하나를 선택하면 다른 하나를 버려야 하는 것이 아니다. 사람들의 필요를 채워주기 위해서는 개인적인 차원에서 봉사를 하고 긍휼

---

24) 존 레데콥(배덕만 옮김), 위의 책, 29쪽; 차정식, 앞의 책, 17-18쪽.
25) 존 레데콥(배덕만 옮김), 위의 책, 38쪽, 52쪽, 121쪽.
26) 위의 책, 49쪽, 57-58쪽, 151쪽.

을 베푸는 것도 필요하지만, 잘못된 사회구조를 바꾸고 불의한 경제구조를 개선하려는 행동이 필요한 때도 많다. 기독교인은 종교적인 사명뿐만 아니라, 일반사회에서 책임 있는 시민으로 살아가야 할 사명도 부여받았다. 하나님을 사랑하는 것은 종교적 열심에만 국한된 것이 아니라, 사회적 책임을 다하는 것까지 포함한다. 그러므로 진정한 신앙인이 되려면 기독교인은 이 세상에 정의가 세워지도록 노력해야 한다.[27]

이에 필자는 한국기독교가 지향해 나가야 할 올바른 정치적 지향점과 사회변혁의 방향을 제시하고, 참된 민주주의를 지키는「기독교정치」가 필요하다고 본다. 이런 점에서 본 저서의 연구목표는 김교신과 우치무라의 사상을 고찰하면서 그 성격과 특징을 비판적으로 재평가하여 오늘날 한국교회가 지향해나가야 할「기독교 정치이상」을 모색하는 것이다. 그리고 이를 통해 본 저서가 학문적인 후속연구와 연계되고, 사회적이며 교육적으로 활용되기를 기대한다.

마치 루터의 종교개혁이 중세유럽사회에 대혁명을 일으켜 새로운 시대와 새로운 체제 및 새로운 문화를 일으킨 출구의 역할을 했던 것처럼, 오늘날의 한국기독교에서도 제2의 종교개혁을 일으켜 정치, 사회, 경제, 문화, 환경 전반에 걸친 새로운 변화를 초래하는 변혁의 출구역할을 담당하는 데 본 저서의 연구가 조금이나마 학문적·교육적·사회적으로 기여하고자 하는 것이다.

즉 본 저서는 그동안 양적 성장에 치우쳐온 교회적 중심을 김교신이 주장했던 것처럼 그리스도 중심, 성경 중심의 종교개혁 정신을

---

[27] 김근주·김민웅 외,『정치하는 교회 투표하는 그리스도인』, 새물결플러스, 2012, 24-25쪽, 31-32쪽.

회복하고, 한 걸음 더 나아가 이를 극복하기 위한 학문적 후속연구와 교육자들과 기독교인들에 대한 사회적이고 조직적인 교육활동에 활용되기를 기대한다.

이를 위해 오늘날 한국교회에 제2의 종교개혁운동이 일어나 기독교인의 영성운동이 개인적 영성운동 및 개인적 구복신앙과 인간중심적 신앙에서 벗어나 사회적 영성운동과 공동체적 영성운동 및 자연생태적 영성운동이 되도록, 각 교회는 물질지상주의 및 성장주의와 교회이기주의인 개교회주의의 틀을 극복하여 올바른 교역자 양성을 통해 교인들을 조직적·사회적으로 교육시키는 데 본 저서가 활용되기를 기대한다.

또한 김교신의 민족주의적 애국심은 국가와 개인의 문제를 환기시켜주며, 국가 속에서 살아가는 한 개인의 역할이 얼마나 중요한지를 깨닫게 해준다는 점에서 교육적 의미가 있다.

더 나아가 김교신과 우치무라가 주장하는 독립사상 및 경제적 독립의 문제는 오늘날 한국사회에서 청년실업의 문제가 심각한 만큼 더욱 절실하다는 점에서 중요한 교육적 의미를 기대할 수 있겠다.

한편 본 저서의 연구방법은 앞으로 21세기 한국교회가 지향해 나가야 할 이상적인 기독교상을 기준으로 우치무라와 김교신의 사상을 비판하고 재평가하고자 한다. 즉 신자유주의와 함께 정보화 시대, 4차 산업혁명 등 사회가 급속히 변화하는 상황 속에서 오늘날의 기독교 운동은 새로운 사회변혁운동의 방향을 정하고 신자유주의를 배격하면서, 주변의 소수세력과 약자들을 중요시하고 체제 안과 밖을 모두 수용하여 일탈성마저 허용하는 관대함을 보여야 한다. 독단적이며 배타적인 신앙을 거부하고, 자연의 능력과 하나님의 창조질서를 중요시하며 인간 본연의 모습을 회복시키려는 노력으로 전환해야 한다. 그리하여 좋은 사람, 좋은 사회, 좋은 생활을 함께 이루는 생활공동체를 위한 자연과 인간의 회복운동을 전개해야 한다는 것이다.[28]

과거의 영성이 개인주의적이고 이 세상과 동떨어진 금욕적 영성이었다면, 앞으로의 새로운 영성은 인간 내면의 변혁과 사회구조의 변혁을 함께 끌어안으려는 총체적 영성, 중층적인 억압의 현실을 뚫고 나가려는 공동체적인 영성이어야 한다. 특히 자연과 인간의 상생은 메시아적인 실천에 해당한다. 자연과의 회복을 위한 환경운동, 사람들과의 관계 회복을 위한 사회정의구현운동과 공동체운동을 실현해야 한다.[29]

약육강식의 생존경쟁으로 인간을 소외시키는 자본주의와 계획경제에 의한 통제·획일적인 사회주의를 극복하는 제3의 새로운 정치, 사회, 경제적 대안의 성격에서 한 걸음 더 나아가 일생생활에서, 문화적 차원에서, 그리고 자연과의 관계에서까지도 총체적으로 삶의 질 향상을 추구하는 제3의 새로운 길을 모색해야 할 것이다.[30]

아울러 민족분단과 대결의 상황 속에서 전쟁을 피하고 분단을 극복하려는 남북한 간의 민족적 화해와 평화통일을 구축하기 위해 기독교가 해야 할 역할을 모색해 나가야 할 것이다.

---

28) 김병서,「한국사회의 민주화와 기독교」, 이삼열 외,『한국사회발전과 기독교의 역할』, 한울, 2000, 69-70쪽; 김행선, 앞의 책, 17쪽.
29) 이영숙,「한국여성의 인간화와 기독여성운동」, 이삼열 외,『한국사회발전과 기독교의 역할』, 한울, 2000, 104-106쪽.
30) 위의 책, 115쪽.

따라서 본 저서의 연구방법은 위와 같은 21세기 한국기독교가 지향해 나가야 할 이상적인 기준을 근거로 하여 우치무라와 김교신의 사상을 고찰하고 성찰하면서 재평가하고자 한다.

본 저서에서 다루는 우치무라 간조에 대한 연구는 일본에서 많은 연구가 이루어져 왔지만 본 저서에서는 한국에서의 연구성과에 한정해서 대략적으로 살펴보고자 한다. 한국에서의 무교회주의 연구는 주로 김교신에 집중해서 이루어져 왔으며, 우치무라에 대한 연구는 김교신 연구의 보조적인 부분으로 연구되어 왔다. 게다가 우치무라 간조에 대한 기존의 연구는 그 대부분이 그의 무교회 신앙에 주목하거나 우치무라의「두 개의 J」에 대한 사랑을 그의 기독교 사상의 특징이라고 설명해 왔으며, 일본제국주의에 대한 비판적 지식인이라는 측면에서 그의 사상을 검토한 것이다. 그러나 최근에는 우치무라의 사상에 대한 분격적인 연구가 수행되고 있다.

김병국은 일본기독교와 우치무라 간조의 무교회주의에 관해 연구한 바 있으며,[31] 김현철은「우치무라 간조의 교회이해에 관한 연구」를 통해 우치무라의 무교회주의가 진정으로 복음의 본질을 잃지 않고, 그 순수성을 유지할 수 있는 교회관이 될 수 있는가? 무교회주의가 제도교회에 대한 대안이 될 수 있는가? 라는 질문을 제기한다. 그리고 우치무라가 주장하는 무교회주의는 자기 개혁을 통한 본래의 프로테스탄트 정신으로의 회귀라는 점에서, 또한 성서로부터 그리스도로부터 복음을 받아들여 진정한 기독교를 세우려는 자세 속에

---

31) 김병국,「일본기독교와 우치무라 간조의 무교회주의에 관한 연구」, 강원대학교 대학원 철학과 박사학위논문, 2008.

서 결국 일본적 기독교를 제시한 것이라고 주장하고 있다.[32]

또한 최선미는 우치무라의 기독교 사상과 애국론과의 관계에 주목하여 연구한 바 있다. 우치무라의 애국론은 그의 신앙 활동과 함께 적지 않은 변화를 보이고 있는데, 그러한 변화가 갖는 의미가 그의 기독교 신념의 변화과정과 어떠한 상호 관계 속에 있는가를 규명하려는 것이다.[33]

또한 우치무라의 사상에 큰 영향력을 미친 마틴 루터에 대한 연구 성과물도 있다. 루터가 이해하고 있는 성서와 하나님에 대한 이해를 우치무라와 김교신이 어떻게 이해하고 어떻게 영향을 받았는지를 고찰하고 있다.[34]

특히 양현혜는 우치무라 간조를 책으로 펴내서 복음과 예언의 공속성에 근거한 초월적 신앙에 입각하여 역사의 현실 한 복판에서 기독교 신앙이 갖는 이데올로기 비판의 기능과 사회변혁을 추동해갔다는 우치무라의 삶과 사상을 구체적이고 치밀하게 살펴보고 있다.[35]

이밖에도 우치무라 간조의 재림운동에 관한 연구나,[36] 전쟁관의 변천에 관한 검토가 있다. 즉 의전주의자에서 절대비전주의자로 그리고 평화주의자로서의 우치무라를 고찰한 것이다.[37]

---

32) 김현철, 「우치무라 간조의 교회이해에 관한 연구」, 연세대학교 연합신학대학원 목회신학과, 석사학위논문, 2002.
33) 최선미, 「内村鑑三의 사상연구-기독교 사상과 애국론을 중심으로」, 동서대학교 대학원 일본지역학과 석사학위논문, 2003.
34) 오충환, 「루터이해-우찌무라 간조와 김교신의 루터의 하나님과 신앙이해를 중심으로」, 감리교신학대학교 대학원 역사신학전공 석사학위논문, 2007.
35) 양현혜, 『우치무라 간조-신 뒤에 숨지 않은 기독교인』, 이화여자대학교출판문화원, 2017.
36) 양현혜, 「우치무라 간조의 재림운동」, 『종교연구』 제74집 제1호, 한국종교학회, 2014 봄.
37) 정응수, 「우치무라 간조의 전쟁관의 변천」, 『일본문화학보』 제15집, 한국일본문화

이상과 같은 연구성과들은 우치무라에 대한 긍정적인 평가에 치우치고 있다. 즉 행동하는 양심, 양심적인 지식인, 선지자적이고 예언자적인 비판정신, 성경과 복음에 근거한 교회의 정체성 회복, 반전 평화주의의 실천 등이 그것이다.

이에 반해 박은영은 우치무라 간조의 애국심에 대해 구체적으로 「복종과 저항」이라는 측면에서 고찰하고 있다.[38] 또한 진설현은 우치무라의 무교회주의는 개혁주의 교회론의 입장에서 볼 때 신학적으로 많은 문제가 있다고 지적하고 있다. 즉 우치무라는 교회를 지나치게 영적인 면만을 강조하는 편협한 교회관을 지니고 있으며, 교회의 유기적인 면을 간과하고 있어서 교회의 진정성을 해치고 있다고 비판하고 있다.[39]

한편 김교신은 참 한국의 나다니엘, 우리 민족의 예레미야, 참다운 애국자, 유일의 선생님, 참 교육자로 지인들에게 고백되며, 눈물을 마시고 살아간 분, 일생을 산 제물로 바치신 분으로 기억된다. 그리고 그의 죽음은 비스가 산상 모세의 죽음으로, 민족을 위한 거룩한 희생물로, 신조선의 정초석으로 평가되고 있다.[40]

그러나 김교신은 처음부터 기독교의 이단자로 안팎에서 몰렸기 때문에 그간 그의 전집이 나와 있는 데도 불구하고 일반인에게는 물

학회, 2001.11.
38) 박은영, 「복종과 저항; 우치무라 간조의 애국심에 대한 일고찰」, 『일본학보』 제99집, 한국일본학회, 2014.5.
39) 진설현, 「內村鑑三의 무교회주의 비판」, 총신대학교 신학대학원 신학과 조직신학전공 석사학위논문, 2005.
40) 김은섭, 「김교신의 역사인식」, 연세대학교 대학원 신학과 박사학위논문, 2004, 1쪽.

론이요, 기독교계에도 별로 알려져 있지 않았다. 그에 대한 연구는 최근에 와서야 비교적 활발하게 이루어져 많은 연구성과물이 축적되어있다.

우선 김교신의 제자인 노평구는 김교신의 전집 7권을 김교신의 신앙관과 인생관 및 일기 그리고 성서개요, 성서연구 등으로 엮어 펴낸 바 있다.[41] 이로써 김교신에 대한 연구의 기초 작업이 이루어질 수 있었다.

그리하여 김교신에 관한 초창기 연구는 주로 그의 삶과 민족주의 신앙에 집중되었다. 일찍이 김정환은 김교신의 삶과 믿음과 소망을 조망해 보는 평전을 썼다. 그는 한마디로 김교신의 삶과 믿음의 논리를 민족적·민중적·토착적 기독교라고 칭하고 있다.[42] 이밖에도 문정길의 김교신의 생애와 신앙에 관한 연구가 있다.[43]

그리고 김교신의 민족주의 신앙을 집중적으로 조명하기 시작하여 김교신 연구의 대세를 이루어왔다. 먼저 민경배는 그의 『한국기독교회사』에서 "김교신은 성서와 조선을 따로 떼어 생각할 수가 없었다. 그리고 성서적 신앙 속에서 새 조선의 모습을 구성하려 했던 민족신앙사의 한 거인이었다"고 규정하고, 그에 있어서 신앙고백은 진리에 대한 충성과 함께 민족의 얼과 양심의 표현이었다고 설명하고 있다.[44]

또한 한국기독교역사연구소에서 펴낸 『한국기독교의 역사』 2에서도 "김교신과 그의 『성서조선』 및 성서연구회의 궁극적 목적은 결

---

41) 노평구 엮음, 『김교신 전집』 1-7, 부키, 2001-2002.
42) 김정환, 『김교신-그 삶과 믿음과 소망』, 한국신학연구소, 1994.
43) 문정길, 「김교신 연구-그의 생애와 신앙」, 『기독교연구』, 1982.3.
44) 민경배, 『한국기독교회사』, 연세대학교 대학출판문화원, 2017, 437쪽.

코 무교회주의가 아니었다. 신앙개혁의 한 방편일 수는 있으나 목적은 아니었다. 무교회주의는 조선적 기독교의 수립을 위한 방편이기도 했다"고 하면서, 김교신은 한국의 민족주의적 신앙인이었다고 규정하고 있다.[45]

이밖에도 서정민은 한국 무교회주의 운동사를 한국교회사적 평가를 중심으로 검토한 결과 김교신 그룹의 민족신앙이야말로 한국교회의 민족교회적 성격을 규명하고 설명하는 과정에서 결코 빼놓을 수 없는 독특한 형태의 신앙타입이라고 한 바 있다.[46]

한편 김교신에 대한 연구가 심화될수록 그의 사상에 대한 세부적인 연구가 이루어지고 있다. 예를 들어 양현혜는 김교신의 무교회주의론을 구체적으로 고찰하고 있다. 즉 우치무라와의 관계 및 무교회주의와 조선산 기독교의 관계 등을 고찰하면서, 김교신은 우치무라의 무교회주의를 조선이라는 별개의 사회 환경에서 어떻게 주체적으로 수용해 전개해 갈 것인가라는 과제를 명백히 자각하고 있었다고 주장하고 있다.[47]

또한 황인혁 역시 김교신의 무교회주의는 21세기 한국교회 상황에서 신학적으로 다시 평가받을 수 있을까라는 반문을 하면서 그에 대한 신학적 재평가를 하고 있다. 그 결과 그는 김교신의 무교회주의가 당시 한국 기독교에 자리 잡기 시작한 교파주의·교권주의를 배격하고 조선 땅에서 성서를 연구하고 실천하려는 제자들의 공동체를 세우려는 정신이었다고 주장하고 있다.[48]

---

45) 한국기독교역사연구소, 『한국기독교의 역사』 2, 기독교문사, 1998, 205쪽.
46) 서정민, 「한국 무교회주의 운동사의 검토」, 『신학사상』 146호, 한국신학연구소, 2009 가을, 233-234쪽, 236쪽.
47) 양현혜, 「김교신과 무교회주의」 1-2, 38권 5호-6호, 1994.5-6.

한편 전인수는 기존의 한국교회사 개설서에는 김교신의 조선산 기독교 혹은 조선적 기독교의 의미와 구조에 대해서는 구체적으로 서술되지 않고 있음을 밝히면서, 김교신의 조선산 기독교 자체에 대한 연구를 하여 그 의미와 구조 및 특징을 구체적으로 검토한 바 있다.[49]

또한 김교신의 교회에 대한 인식과 비판을 집중적으로 연구한 성과물로는 김윤정의 논문[50]과 김요한의 논문[51]을 비롯해서 이진삼의 논문[52] 및 위광원의 논문[53] 등이 있다. 이들 논문은 김교신의 무교회주의 및 교회관과 함께 이에 대한 김인서와 최태용의 비판과 그에 대한 김교신의 반론을 다루고 있다.

그리고 전인수는 김교신의 무교회주의를 최태용의 비교회주의와 비교하는 연구성과물을 내놓기도 했다.[54] 이밖에도 김교신의 평신도운동에 관한 연구나,[55] 김교신의 역사인식에 관한 박사학위논문[56] 및 채송희의 「김교신의 대일관 연구」도 있다. 그는 김교신의

---

[48] 황인혁, 「김교신의 무교회주의에 대한 신학적 재평가」, 서울장신대학교 일반대학원 교회사 전공 석사학위논문, 2015.
[49] 전인수, 「김교신의 조선산 기독교」, 『조선기독교와 역사』 33, 2010.9.
[50] 김윤정, 「김교신의 교회에 대한 인식」, 연세대학교 대학원 석사학위논문, 2007.8.
[51] 김요한, 「1930년대 한국교회와 김교신 교회인식 연구」, 장로회신학대학교 대학원 석사학위논문, 2016.2.
[52] 이진삼, 「김교신의 1930년대 교회비판연구」, 감리교 신학대학교 신학대학원 역사신학전공 석사학위논문, 2001.
[53] 위광원, 「1930년 기성교회와 김교신의 갈등 내용연구」, 베뢰아 국제대학원 대학교 석사학위논문, 2007.
[54] 전인수, 「김교신의 무교회주의; 최태용의 비교회주의와의 비교를 중심으로」, 『한국기독교와 역사』 45, 한국기독교역사연구소, 2016.9.
[55] 양우석, 「김교신의 평신도운동연구」, 연세대학교 연합신학대학원 이론신학과 교회사 전공, 석사학위논문, 2004.
[56] 김은섭, 앞의 논문.

일본제국주의에 대한 인식은 인내하고 기다리면 봄이 온다는 겨울과도 같은 인식이었으며, 일본에 대한 표면적인 두려움이나 저항은 거의 나타나지 않지만, 그 저항은 내면화된 것이었다고 주장했다.[57]

한편 김교신의 교육관에 대한 연구성과물도 축적되어 있다. 이는 주로 교육학과나 교육대학원에서 연구된 성과물들이 다수다. 이들 연구는 대부분 김교신을 종교교육자, 인간화 교육자, 민족교육자, 민중교육자, 실천교육자 등으로 평가하고 있다.[58]

김교신에 대한 연구는 심지어 김교신의 무교회주의를 본회퍼의 교회와 비교하거나[59] 아나키즘과 비교하기도 한다.[60]

이러한 김교신에 대한 기존의 연구성과들은 일제 강점기를 살았던 한 기독교인이 어떻게 자신의 신앙을 민족에 대한 사랑과 헌신으로 구현시켰는지를 밝히고, 김교신의 무교회주의 및 민족주의 신앙과 조선산 기독교에 초점을 맞추면서 긍정적으로 보는 것이 대세를 이루고 있다.

이처럼 김교신과 무교회운동에 대한 비판이 존재하지 않는 학문적 풍토 속에서 김용복은 김교신의 무교회운동에 대해 재고하여 그 목표와 한계를 밝히고 있다. 김용복은 김교신의 무교회운동이 정확

---

57) 채송희, 「김교신의 대일관 연구」, 연세대학교 대학원 신학과 석사학위논문, 2003.
58) 손정욱, 「김교신의 교육관 연구」, 서강대학교 교육대학원 역사교육전공 석사학위논문, 2004; 고학경, 「김교신의 교육사상 연구」, 인하대학교 교육대학원 교육사 철학전공 석사학위논문, 2002; 신은숙, 「김교신의 교육사상 연구」, 성신여자대학교 대학원 교육학과 교육철학전공 석사학위논문, 1981; 정호영, 「김교신의 종교교육사상; 인간화교육」, 경상대학교 대학원 교육학과 박사학위논문, 2005; 임희숙, 「김교신의 민족교육과 기독교」, 『신학사상』 128호, 한국신학연구소, 2005 봄.
59) 서진한, 「본회퍼의 교회, 김교신의 무교회」, 『기독교사상』 677호, 2015.5.
60) 구미정, 「아나키즘과 무교회주의 대화」, 『현상과 인식』 40권 128호, 2016 봄·여름.

한 근거도 없이 미화되거나 영웅시 되는 것은 바람직한 현상이 아니라고 하면서, 김교신이 무교회운동의 목표를 이루기 위해 실천했던 구체적 방법과 그 결과가 얼마나 실효성이 있었으며, 한국교회의 대안으로서 적합했는가 하는 것은 또 다른 평가가 필요한 대목이라고 주장하고 있다.[61]

또한 용연호는 「김교신의 무교회주의에 대한 비판적 연구」를 석사학위논문으로 내놓았다. 이는 무교회주의는 이 시대에 하나님의 뜻에 부합된 교회사상인가? 교회지상주의는 문제시되고, 그래서 용도 폐기가 되어야 하는가? 라는 문제제기를 하면서, 무교회주의는 그 자체가 성서의 주장에 대한 도전이며, 한국교회에 작은 혼돈을 가져온다고 주장했다.[62]

특히 박홍규는 「김교신과 우치무라 간조」라는 논문을 통해 무교회운동을 기독교계를 넘어서서 사회적으로, 역사적으로 판단하지 않으면 안 되는 시기가 왔다고 하면서, 김교신의 무교회운동은 그것을 조선적 기독교라고 할 수는 없다고 했으며, 이는 우치무라의 무교회운동의 한국판 정도에 불과하다고 폄하하는 주장을 하고 있다.[63]

그러나 이들 기존의 연구성과들은 객관화된 시각이나 더러는 구체적인 실증성을 결여하고 있다. 따라서 본 저서는 구체적이고 객관적이며 실증적인 연구방법으로 역사적이고 민족해방운동사적 관점에서 김교신의 사상을 재평가하고, 더 나아가 이를 보다 객관적이고 총체적이며 구체적으로 고찰하기 위해 그의 스승인 일본인 우치무

---

61) 김용복, 「김교신의 무교회운동 재고」, 『성경과 신학』 제54권, 2010.5.
62) 용연호, 「김교신의 무교회주의에 대한 비판적 연구」, 서울기독대학교 대학원 신학과 조직신학 전공 석사학위논문, 2005.
63) 박홍규, 「김교신과 우치무라 간조」, 『일본사상』 30호, 한국일본사상사학회, 2016.6.

라 간조의 사상과 함께 비교 검토하는 연구방법을 택했다. 이러한 연구방법은 김교신의 사상만을 일면적으로 다루는 연구보다 더욱 분명하게 김교신의 사상을 재평가할 수 있다는 장점을 지니고 있다.

따라서 본 저서는 먼저 우치무라의 사상을 구체적이고 치밀하게 살펴 본 후 김교신의 사상을 검토할 것이다. 즉 우치무라의 무교회주의와 일본적 기독교, 그리고 김교신의 무교회주의와 조선산 기독교의 실체를 밝히고, 그 밖에 이들의 사회개혁 방법에 대해 살펴보면서 기존의 연구들이 외면하고 있는 우치무라와 김교신의 개인주의적 순복음주의 영성운동과 그 속에 내포될 수밖에 없는 무저항주의 노선을 검토하여 이들이 조선의 독립과 민족해방운동선상에서 왜 소극적인 태도를 취하거나 침묵할 수밖에 없었는가를 분석하는 연구방법을 취하고자 한다.

이를 위해 본 저서는 기존의 연구성과물을 기본적으로 참고하고, 1차 사료로 우치무라의 전집과 저서 및 김교신의 전집과 저서들, 그리고 『성서조선』을 참고로 하겠다. 다행히 우치무라의 전집이 일찍이 1975년과 1980년 사이에 김유곤과 김윤옥에 의해 번역되고 설우사에서 출간하여 참고할 수 있었으며, 김교신 전집도 노평구에 의해 일목요연하게 발간되어 많은 도움을 받았다. 『성서조선』은 영인본으로 나와 있어 참고할 수 있었다.

제1장
우치무라 간조의 사상

제1절 생애

우치무라는 우치무라 요시유키와 우치무라 야소 사이에서 1861년 5월 23일에 태어났다. 이때는 메이지유신이 시작되기 7년 전이었고, 페리제독이 에도(지금의 도쿄)만을 처음으로 방문한 지 8년이 지난 시점이었다. 그의 아버지는 하급 사무라이로 철저한 유교신봉자였다.[1] 우치무라의 말에 따르면 "나의 가족은 무사계급에 속했고, 따라서 나는 싸울 운명, 즉 사는 게 싸우는 것이라는 운명을 타고 났다"고 했다. 친할아버지는 모든 면에서 군인이었으며, 그의 아버지는 시를 잘 썼고, 사람을 다루는 기술에도 조예가 깊었다. 군대나 전쟁 등에 관한 일에 있어서도 만만치 않은 능력을 가지고 있었다. 그의 아버지는 훌륭한 유학자였고, 우치무라의 초기 교육은 자연스럽게 그 선상에 있었다. 봉건영주에 대한 충성, 그리고 부모와 스승에 대한 성심과 존경이 중국 윤리의 핵심주제였다고 했다. 우치무라는 외할머니의 경우 사는 것이 일하는 것이라는 운명을 타고난 사람으로서 용감하게 인생을 헤쳐 나와 하나님의 영만이 그를 빚을 수 있을 정도로 너무도 신성하다고 평가하고 있었다. 어머니는 외할머니로부터 일에 대한 광적인 자세를 물려받았으며, 그의 가정은 어머니의 왕국이며, 그 어느 여왕보다 뛰어나게 그 왕국을 다스렸다고 주장했다. 그리고 이러한 가족들이 그의 성격 형성에 영향을 주었다고

---

1) 진설현, 앞의 논문, 8쪽.

했다. 그는 우리의 어머니나 아내와 자매들은 가장 고상한 기독교의 여성상에 비해 별로 열등하지 않으며, 이 이방 여인들 중에는 기독교의 고귀한 영향을 받지 않고도 매우 탁월한 행위와 성품을 갖춘 사람들이 있다는 사실이 그로 하여금 그들을 더욱 존경하게 만들었다고 말했다. 그러나 그의 소년시절에 일찍이 습득한 종교적 감수성은 그 어느 분에게서도 유래를 찾을 수 없다고 했다.[2]

우치무라는 무사의 집안에서 태어난 사람이었기 때문에 아버지가 어릴 때부터 그를 관리로 만들려고 했다. 그래서 그는 1875년 도쿄외국어학교에 입학했다. 이 학교는 영어과가 독립해서 도쿄영어학교가 되었고, 이후 제일고등중학교에서 다시 도쿄대학 예비학교인 제일고등학교로 변천해갔다. 이 시점부터 우치무라는 일본사회가 제공할 수 있는 최고의 어학훈련을 받았다. 이곳에서 우치무라는 그 후 일본에 중요한 지도자가 되는 인재들과 만났다. 이때 그는 오직 정부 관리가 되려고 마음먹고 있었다. 그의 아버지는 그가 대학에 들어가서 정치나 법률을 연구하기를 원했으며, 그도 될 수 있는 대로 그 뜻을 따르려고 했다. 그러나 그는 그 무렵부터 정치에 대해 구미가 당기지 않아 아버지의 뜻을 거스르고, 정치를 배우기를 단념했다.[3]

우치무라는 정치를 포기하고, 농업으로 국가와 민중에게 유익을 주고자 했다. 정치의 목적은 명예를 얻는 데 있고, 농업의 목적은 굶주림을 덜어주는 데 있는 것이라고 믿었다. 특히 그가 주의를 기울

---

2) 우찌무라 간조(양혜원 옮김),『회심기』, 홍성사, 2001, 19-24쪽.
3) 內村鑑三(김유곤·김윤옥 역),『內村鑑三全集』제10권, 설우사, 1975, 391쪽; 양현혜,『우치무라 간조-신 뒤에 숨지 않은 기독교인』, 39-40쪽.

인 것은 수산이었다. 그의 포부는 일본에서 제일가는 수산학자가 되는 것이었다. 그리하여 일본에서 그는 수산조사란 것을 가장 먼저 주장한 사람이라고 자부했다. 그러나 그는 일본의 실업계에도 실망했다.4)

기독교 신앙은 우치무라가 열두 살 되던 해까지는 일본에서 허용되지 않았다. 그런데 1873년 새 정부는 기독교의 모든 활동을 불허한 지 250여 년 만에 처음으로 기독교를 승인했다. 그리고 1877년 열여섯 살 되던 해에 우치무라는 일본 북부의 큰 섬 홋카이도에 있는 삿포로 농업대학에 들어갔다. 그가 기독교인이 된 것은 바로 이 때였다. 미국에서 농학과 화학을 가르치기 위해 와 있던 윌리엄 클라크는 이미 미국으로 귀국한 뒤였다. 그에게서 배운 거의 모든 학생이 그리스도인이 되었다. 그러나 우치무라가 실제로 기독교인이 된 것은 윌리엄 클라크로부터 받은 감동 때문이 아니라, 자신의 의지와는 상관없이 된 것이라고 밝혔다. 우치무라는 열두 명의 1학년 학생이 1877년 10월 11일에 「예수님을 믿는 자들의 서약」에 강제로 서명하게 되었다고 했다. 그 때 그의 나이는 16세에 불과했다. 기독교를 향한 그의 첫 걸음은 이렇게 강제적인 것이었고, 그의 뜻과 양심에 반하는 것이었다고 했다. 그러나 우치무라는 이내 그가 믿어 왔던 것처럼 8백만 이상의 많은 신이 존재하는 것이 아니라, 오직 하나의 신만이 존재한다는 것을 알게 되었다. 기독교의 유일신론은 우치무라의 미신의 뿌리에 도끼날을 대었던 것이다. 여기서 우치무라의 사상이 통일되고, 혼란했던 만물은 완비된 우주로 화하여 그는 미신의

---

4) 內村鑑三(김유곤 · 김윤옥 역), 『內村鑑三全集』 제10권, 392쪽.

영역을 벗어나 과학의 사람이 되었다. 이는 우치무라 인생의 큰 세 번의 변화 중 첫 번째 변화였다. 그리하여 우치무라는 예수님을 믿는 자들의 서약문에 서명을 하도록 강요받은 것을 더 이상 유감스럽게 생각하지 않았다. 이처럼 유일신론은 그를 새로운 사람으로 만들어 주었다. 그리고 1879년 6월 2일 우치무라를 포함한 일곱 명의 학생이 미국 감독제 감리교회 선교사 미리엄 콜버트 해리스의 인도로 세례를 받았다.5)

우치무라는 처음 기독교에 입교했을 당시의 심정을 다음과 같이 고백했다.6)

> "나는 이 불신국에 태어나서, 나의 부모 형제, 동포들이 싫어하는 기독교에 들어갔다. 내가 처음으로 그 가르침을 들은 때는, 전국의 신자가 2천 명도 못 되었고, 게다가 교회는 서로 떨어져 있어서, 이 새로운 종교를 믿는 사람은 참으로 쓸쓸한 형편이었다. 그러나 한 번 그 대도를 들으면서부터, 이것이 자기를 구하고 나라를 구하는 유일한 길이라 믿게 되었으므로, 사회에서 싫어하는 것도 친척의 반대하는 것도 개의치 않고, 여러 가지 구습과 정실을 물리치고 새 종교에 들어갔던 것이다. 그런 만큼 적막한 마음이 전보다 갑절이나 더함과 동시에 같은 신자에 대한 친애의 정은 참으로 골육보다 더한 것이었다. 그 당시 나는 생각했다. 그리스도의 교회는 땅 위의 천국이며, 그 안에는 시기나 미움 같은 것은 그림자도 없다고. 사실 미신자의 사회에서는 모든 일을 조심하는 나머지 마음에 없는 말을 하고, 또 마음에 있는 말

---

5) 內村鑑三(김유곤·김윤옥 역), 『內村鑑三全集』 제6권, 설우사, 1975, 45쪽; 진설현, 앞의 논문, 8-9쪽; 우찌무라 간조(양혜원 옮김), 『회심기』, 32-38쪽; 양현혜, 『우치무라 간조-신 뒤에 숨지 않은 기독교인』, 44쪽, 54쪽.
6) 우치무라 간조(박수연 옮김), 『기독신도의 위로』, 설우사, 1993, 41쪽.

하지 못하곤 하지만, 이 새 사회에 있어서는 전 교회원이 모두 심령에 있어서 형제자매이므로 골육한테 할 수 없는 말도 자유로이 할 수 있고, 또 내가 실수하는 일이 있어도 아무도 나의 본심을 의심하는 사람이 없다는 것을 확신하니, 그 안심희락은 도저히 말로 다 표현할 수 없었던 것이다."

그 후 우치무라는 그리스도인 동급생 여섯 명과 함께 기숙사 방에서 자체 신우회인「작은 교회」를 조직하고 모임을 가졌을 정도로 매우 열심 있는 사람으로 변해 있었다.7) 이「작은 교회」는 전적으로 민주적이어서 모든 사람들의 교회 직분이 동일했다. 그들은 이것이 철저하게 성경적이며 사도적인 관점이라고 보았다. 모임의 지도자 역할은 한 사람씩 돌아가면서 맡았는데, 그날의 지도자는 그들에게 하루 동안의 목사요, 신부요, 선생이요, 심지어는 종이었다. 지도자는 정해진 시간에 그들을 한 곳에 모을 책임이 있었고, 그의 방은 교회가 되었으며, 모두가 앉을 수 있도록 자리를 배치해야 했다. 그날의 지도자만이 등받이 없는 작은 의자에 앉을 수 있었고, 나머지 사람들은 완전히 동양적인 방식으로 담요가 깔린 바닥에 앉았다. 가운데가 불룩한 밀가루통은 그들의 강단으로 변했다. 이렇게 위엄을 갖춘 목사는 기도로 예배를 시작했고, 성경을 읽었다. 그리고 자신의 이야기를 잠깐 한 후에 그의 양떼를 한 마리씩 불러서 돌아가며 그들의 이야기를 하도록 했다. 각자는 자기 나름의 독특한 이야기들을 했다.8)

---

7) 진설현, 앞의 논문, 9쪽.
8) 우찌무라 간조(양혜원 옮김),『회심기』, 52-53쪽.

이때 그들이 「작은 교회」 예배 때 사용한 종교서적 가운데 그들에게 가장 많은 영향력을 미친 책은 필라델피아의 고 앨버트 반즈 목사가 쓴 유명한 주석들이었다. 그 책에는 깊은 영성이 스며들어 있었고, 단순하지만 명쾌한 문체와 그 안에 담겨진 「청교도주의」는 우치무라의 사상에 깊은 각인을 주어 그의 뇌리에서 지워진 적이 없었다. 그리하여 청교도적 신앙은 우치무라 신앙의 특색이 되었다.[9] 이러한 신앙적 경험이 후일 우치무라가 「작은 교회」와 무교회주의를 제창하게 된 배경이 되었다고 할 수 있다.

우치무라는 3년 동안 가장 이교도적인 자신의 아버지에게 기독교와 관련된 책과 팜플렛을 보내었고, 그리스도를 영접하여 구원을 받으라고 간청하는 편지를 계속해서 썼다. 그의 열성 앞에서 그의 아버지는 결국 기독교를 받아들여 세례까지 받았으며, 그 후로 쭉 성실한 기독교인으로 살았다. 그리고 그의 사촌, 삼촌, 형제들, 어머니 그리고 여동생이 아버지의 뒤를 따라 기독교인이 되었다.[10]

삿포로 농업대학을 졸업한 우치무라는 같은 학교를 졸업한 친구들과 함께 지내면서 약 30평 정도의 대지와 2층짜리 건물의 절반 정도를 매입해서 1층을 교회로 쓰고, 50명 정도를 수용 할 수 있었다. 신자들은 주일 아침 일찍 교회에 모였고, 저녁 예배는 10시에 마쳤다. 출석 인원은 최대 60명에 이르렀을 정도로 교회는 꽉 찼다.[11]

그들의 모델은 목수의 아들로 태어나 인류의 구세주가 되신 예수

---

9) 위의 책, 55쪽, 187쪽.
10) 위의 책, 102-105쪽.
11) 진설현, 앞의 논문, 9쪽.

와 어부였던 베드로, 그리고 천막 짓는 사람이었던 바울이었다. 그들은 한 번도 기독교를 어떠한 형태로든지 계급조직이나 성직주의로 해석한 적이 없었으며, 기독교를 근본적으로 민중의 종교로 보았다. 그리하여 예수의 비천한 제자인 그들은 농부와 어부요, 기술자와 제조업자이면서 평화의 복음을 전하는 사람이 되고자 했다. 비록 그들의 훈련과 행선지는 물질적이지만, 궁극적인 목표는 영적이었다.[12]

그 후 우치무라는 자신이 소속되어 있던 하코다테 감리교 선교본부에 탈퇴서를 제출하고 삿포로에 독립교회를 개척하게 되었다. 온전한 의미에서의 독립된 교회는 사실 전국에서 이 교회 하나밖에 없었다. 이 교회는 재정적으로나, 성직체제 면에서나, 신학적으로나 독립 상태를 유지했으며, 자신들이 직접 책임을 지고 기독교 사역을 해 나가고 있었고, 결과도 아주 만족스러웠다. 이 교회의 구성원들은 자기들만의 독특한 체계와 원리들을 가지고 있으며, 그들은 그러한 독특성을 신성하게 여기고 유지하는 것이 하나님의 뜻이라고 믿었다. 이 교회는 나중에는 출석 교인 수가 250명 규모로까지 성장했다. 그리하여 교회의 독립과 함께 우치무라는 제도권 교회와 이별을 했다.[13]

이때부터 우치무라는 어느 교파에도 속하지 않는 순 일본적 독립교회를 설립하고, 일본적 기독교와 무교회주의를 제창하게 되는 배경을 이루었다. 즉 일본 사람의 사상에 알맞는 기독교는 일본인 가운데에서 일어나지 않으면 안 되고, 더 나아가 일본을 기독교 국가로 만들기 위해서는 일본인 자신이 그 책임을 떠맡지 않으면 안 된

---

12) 우찌무라 간조(양혜원 옮김), 『회심기』, 101-102쪽.
13) 진설현, 앞의 논문, 9쪽; 우찌무라 간조(양혜원 옮김), 『회심기』, 124-125쪽.

다는 주장을 펴게 되었다.[14]

1883년 도쿄에서 열린 제3회 기독교 총회에 삿포로 교회 대표로 참석한 우치무라는 한 여대생을 만나게 되는데, 그는 이 여성과 결혼했다. 그런데 문제는 결혼한 지 겨우 6개월 만에 이혼하게 되면서 우치무라는 심각한 어려움에 봉착했다. 당시 교회는 우치무라의 행동을 심하게 질책했다. 그 첫 번째 이유는 아내가 자기 잘못을 반성했음에도 불구하고 그녀를 받아들이지 않았다는 것이다. 두 번째는 아내가 간음죄를 저지르지 않았는데도 불구하고 그녀와 이혼했기 때문이었다. 교회는 이 두 가지 행동이 성경의 가르침에 위배되므로 그를 배교자로 몰아붙였다. 마사이케는 이런 비난 때문에 우치무라가 교회에서 멀어졌을 것이며, 이것이 이후에 무교회운동을 벌인 간접적인 이유가 되었을 것이라고 주장했다.[15]

아사다 다케와의 이혼이 직접적 동기가 되어 우치무라는 미국으로 유학의 길을 떠났다. 더 나아가 우치무라가 미국에 유학을 가게 된 목표는 일본의 충성된 아들이 되기 위해서는 일본의 한계를 뛰어넘는 경험과 지식, 그리고 관찰이 필요하고, 인간이 되고 애국자가 되기 위해서였다.[16]

우치무라는 1884년 11월 24일 샌프란시스코에 도착했고, 12월 15일에 필라델피아에 도착했다. 그리고 우치무라는 펜실베이니아의 한 의사와 우연히 만나게 되었다. 그 의사는 매우 실천적인 박애주의자였다. 그는 우치무라를 자신의 보호 감독 하에 두기로 하고, 일본 정

---

14) 內村鑑三(김유곤·김윤옥 역), 『內村鑑三全集』 제7권, 설우사, 1975, 389쪽.
15) 진설현, 앞의 논문, 10쪽.
16) 우찌무라 간조(양혜원 옮김), 『회심기』, 145쪽.

부의 관리에서 정신병원의 간호보조원으로 일하게 했다. 우치무라가 병원에 들어간 건 마틴 루터가 에르푸르트 수도원에 들어간 것과 동일한 목적에서였으며, 이혼으로 말미암은 죄의식을 자선사업을 통해 해결해 보려는 시도이기도 했다. 그는 그곳을 앞으로 닥칠 진노의 유일한 피난처로 생각했고, 그의 욕심을 복종시키고 내적으로 정화될 수 있도록 그를 훈련시켜 천국을 유업으로 받으려는 목적이 있었다.[17]

정신병원에서 일하게 되었을 때 후술하는 바와 같이 우치무라는 그곳 사람들로부터 많은 사상적 영향을 받았다. 그는 그곳에서 보다 개방적이고 열린 기독교 신앙을 갖게 되었던 것이다.

우치무라는 정신병원에서 여덟 달 동안 일한 후에 그곳을 그만두고 뉴잉글랜드로 갔다. 1885년 9월 애머스트대학에 진학했다. 우치무라는 거기서 역사, 히브리어, 헬라어, 서양사 과목을 들었다. 그런데 주목할 만한 것은 그가 이곳에서 총장인 줄리어스 홀리 실리의 도움으로 그리스도의 속죄신앙을 이해하게 되었고, 복음신앙을 기독교의 진리로 생각하기에 이르렀다.[18]

실리 총장은 언제인가 우치무라에게 이렇게 말했다.[19]

> "부질없이 자기의 속마음만을 들여다보지 말라. 너의 의는 너의 안에 있는 것이 아니라, 십자가 위의 그리스도에게 있는 것이다."

---

17) 우찌무라 간조(양혜원 옮김), 『회심기』, 180쪽; 양현혜, 『우치무라 간조-신 뒤에 숨지 않은 기독교인』, 86쪽.
18) 진설현, 앞의 논문, 10쪽; 김현철, 앞의 논문, 17쪽; 양현혜, 『우치무라 간조』, 57쪽.
19) 內村鑑三(김유곤·김윤옥 역), 『內村鑑三全集』 제6권, 38쪽.

이 한마디 말로 인해 그동안 어떻게 하여야 하나님 앞에서 의로울 수 있을까 몸부림치며 괴로워하던 우치무라는 죄의 속량을 인정하게 되었다. 애국자로서 애머스트대학에 들어간 그는 이 한마디 말로 신앙의 큰 혁신을 일으켜 「순복음주의적 신자」가 되었던 것이다. 다만 믿으라는 가르침을 받고 우치무라의 마음의 짐은 단번에 내려졌고, 그는 그 때 도덕가이기를 그치고 신앙가가 되었다. 우치무라는 그의 의를 그의 마음에서 보지 않고, 이것을 십자가 위의 그리스도에게서 보게 되었던 것이다. 이는 우치무라가 기독교의 하나님을 유일신으로 인정한 이후 두 번째로 그의 인생의 큰 변화였다.[20] 이로써 우치무라의 신앙은 「순복음주의적 영적신앙」으로 나아가게 되었다고 볼 수 있다.

우치무라는 1887년 7월에 과학 석사학위를 받고 애머스트대학을 졸업했다. 졸업 후 그는 코네티켓 주에 있는 하트포드 신학교에 들어갔지만 학교에 대한 실망감으로 넉 달 반만에 그만 두게 되었다.

도미한 지 3년 반 만에 우치무라는 만성불면증으로 신학교를 그만두고 1888년 5월 일본에 돌아왔다. 그는 니가타 현에서 지역사람들에 의해 운영되고 있는 학교에 교장으로 일하면서, 기독교 신학을 본격적으로 가르치기 전에 일반적인 일본의 종교를 소개하려고 했다. 그래서 그는 학교에 불교 승려를 초청해서 학생들에게 강의할 수 있도록 했고, 한 일본인 선생에게는 논어를 가르치도록 했다.[21] 이는 우치무라의 사상이 다른 종교나 신앙에 대해 개방적이었음을 말해주는 것이다.

---

20) 위의 책, 38쪽, 45-46쪽.
21) 진설현, 앞의 논문, 10쪽.

그러나 이러한 일에 대해 서양 선교사들은 우치무라가 불교 신도를 감싸 준다고 해서 우치무라를 세차게 몰아세웠으며, 우치무라의 조치를 받아들이지 않았다. 이때부터 양측에 심각한 불화가 생기게 되고, 우치무라는 외국선교사와는 완전히 인연을 끊어버렸다. 그리고 결국 학교를 사직하고 도쿄로 돌아왔다. 그 후 1889년 7월에 죽마고우였던 요코하마 가즈코와 결혼을 하게 되면서 도쿄의 제일고등중학교(오늘날 도쿄 대학 교양학부의 전신)에서 교편을 잡았다. 우치무라는 종교 때문에 교육에 실패한 경험이 있어 이번에는 애국심으로 교육에 종사하려고 생각했다. 그래서 그는 제일고등중학교의 촉탁교사가 되어 그의 교육역량을 다해서 사랑하는 일본에 공헌하고자 했다. 그러나 그 다음 해인 1890년 10월에 내려진 황제의 교육칙어 사건으로 인해 매국노로 몰려 학교를 떠나게 되었다.[22]

이는 그를 하루아침에 일본사회에서 가장 유명한 인사로 만들었다. 1891년 메이지 정부는 천황지배의 신성화를 공고히 하기 위해 신민의 사회생활의 기본윤리를 「교육칙어」로 제정하고, 이를 천황의 가르침으로 적극적으로 교육했다. 즉 국민의 모든 것이 천황의 영광을 진작시키는 데 바쳐져야 한다는 것이었다. 국민의 모든 것이 천황에 대한 멸사봉공으로 수렴된다고 하는 점에 교육칙어의 이데올로기는 유례없는 강렬한 종교적 교의로 근대 일본의 천황제 국가의 중요한 교전이 되었다.[23]

우치무라의 불경사건은 1월 9일 도쿄제일고등중학교의 시업식에

---

22) 진설현, 위의 논문, 10-11쪽; 內村鑑三(김유곤·김윤옥 역), 『內村鑑三全集』 제10권, 394쪽.
23) 양현혜, 『김교신의 철학』, 이화여자대학교출판부, 2013, 39-41쪽.

서 행해진 교육칙어 봉독식에서 일어났다. 촉탁교원 우치무라는 교육칙어에 대한 봉배를 요구받았을 때 신앙에 근거한 양심에 의거하여 주저하면서도 순간적으로 결단하여 교육칙어에 예배적 최경례를 하지 않고 가볍게 머리만 수그렸다. 우치무라는 종교적 예배에 해당되는 봉배를 그가 믿는 기독교의 하나님 외에 결코 행해서는 안 된다고 생각했던 것이다. 따라서 우치무라는 교육칙어 앞에서 깊은 경례를 하지 않은 채 강단을 내려오고 말았다. 그러나 이것이 곧 전국을 들끓게 하는 커다란 문제로 비화되었다. 매스컴은 우치무라의 불경사건을 전국으로 선전했던 것이다. 우치무라에 대한 공격은 그를 사회적으로 매장하고 그의 아내를 죽음으로 몰아넣었다. 그리고 급기야는 기독교와 국가의 충돌문제로 비화되었다.[24]

우치무라는 교육계에서도 실패한 후 미국으로의 이주를 제의받기도 했으나, 결국 일본을 버릴 수가 없었다. 그는 부모와 국토에 끌려 죽더라도 일본 땅에 머물기로 결심했다.[25] 그리고 교토에서 저술활동으로 생계를 유지하기로 마음먹고 본격적인 저술활동을 시작했다. 그는 『그리스도인의 위안』을 출간한 이후로 5년 동안 열 두 권의 주요 저술을 출간했는데, 이것들이 그가 쓴 많은 책 중에서 가장 잘 알려진 책들이다. 그의 주요 저서를 보면 1893년 12월에 『구안록』을 출간했고, 1894년 2월에는 『전도의 정신』을, 1894년 5월에는 『지리연구』를 발간했다. 그로부터 6개월 후에는 영어로 쓴 『일본과 일본인』을 발간했으며, 1895년 5월에는 『나는 어떻게 그리스도인이 되었는가』라는 책을 영어로 써서 도쿄에서 출간했다. 그는 계속해서 1897년에

---

24) 위의 책, 39-41쪽.
25) 內村鑑三(김유곤·김윤옥 역), 『內村鑑三全集』 제10권, 395쪽.

는 『번영을 위한 최상의 유물』을 출간했다.[26]

그러나 우치무라는 저술에 종사함과 동시에 은퇴를 결심했다. 『國民之友』지상에 붓을 놀려 도리어 그가 추구했던 평안을 빼앗겼던 것이다. 즉 그는 청일전쟁 때 그가 붓을 들어 일본의 행위를 변호했던 일을 치욕으로 알게 되었다. 당시 그는 청일전쟁이 의로운 전쟁이라고 생각했으나, 이후 그것은 완전히 이욕을 위한 전쟁이었음을 깨닫고 양심에 대해, 세계에 대해 참으로 면목이 없었다. 그는 곧 붓을 들어 일본의 죄악을 방조했던 것을 회개했다. 그는 그 때부터 일절 명치정부의 행동에 대해 변호를 떠맡지 않기로 결심했다.[27]

1897년 1월 우치무라는 당시 일본의 최대 일간지인 『요로즈초호』(萬朝報)의 편집인이 되어 5년 반 동안 이 직책을 맡았다. 그러나 『요로즈초호』가 러시아와 전쟁 중인 일본 정부를 지지하기로 했을 때 우치무라는 이 신문과 결별하게 되었다.[28]

우치무라는 비전론 때문에 신문사를 떠난 후 극심한 경제적인 어려움을 겪었으며, 신문사를 떠난 지 2년 후 도쿄 외곽(지금의 신주쿠)으로 이사해서 1930년에 죽을 때까지 23년 동안 거기서 살았다. 그는 이 시기에 성경공부에 집중했는데, 『성서지연구』를 발행하여 기독교에 관심을 가진 많은 지식인과 접촉했다. 또한 우치무라는 정기적으로 하고 있던 성서강의 외에 그의 가정에서 일요일 오후 집회를 개최했다. 매회 집회 인원이 25명으로 한정되었다. 이는 그가 「소규모 집회」를 고집했기 때문이다. 이렇게 시작된 「소규모 집회」에

---

26) 진설현, 앞의 논문, 11쪽.
27) 內村鑑三(김유곤·김윤옥 역), 『內村鑑三全集』제10권, 396-397쪽.
28) 진설현, 위의 논문, 11쪽.

탄력을 붙게 한 것은 그의 비전평화운동이었다. 그의 비전평화운동은 일본이라는 신생국가의 이상을 모색하던 젊은 청년들에게 커다란 반향을 불러 일으켜 그의 잡지 『성서지연구』의 독자모임이 형성되기 시작했다. 그는 잡지 발행과 성경 강의로 받은 사례비로 생활했는데, 두 분야 모두에서 많은 추종자를 얻었다.29)

이로 미루어보면 앞서 언급했듯이 우치무라는 「작은 교회」를 지향하고 있었음을 알 수 있다.

한편 1912년 1월 12일 개인적으로 가장 슬펐던 일은 그의 딸 루스꼬의 죽음이었다. 용모며 성격이며 돈독한 신앙심마저 부친을 닮아 우치무라의 사랑을 독차지했던 그녀가 8개월간의 투병 끝에 18세의 나이에 세상을 떠난 것이다. 이 충격은 우치무라로 하여금 기독교 신앙의 방향을 바꾸게 할 만큼 큰 것이었다. 1917년에 딸의 죽음 이후 몰두했다는 부활과 영생에 관한 생각을 정리한 『부활과 내생』을 출판했다. 그리고 마침내 1918년 1월부터는 저 유명한 그리스도 재림운동의 시기로 본격적으로 접어들었던 것이다. 이것이 우치무라 인생의 세 번째 큰 변화였다. 이로써 그의 인생에 대혁명이 왔으며, 그의 생애에 새 시기를 금 긋는 대단한 사건이었음을 고백했다. 그리하여 그의 생애 말기에는 세상적인 관심과 참여로부터 종교적 침잠으로, 그 활동의 반경도 대개 기독교운동에 관련된 것으로 좁혀졌다. 바로 그리스도 재림운동이 그 일환이며, 이 과정에서 그의 무교회론이나 일본적 기독교론은 신학적 정리에까지 이르게 되었다.30)

---

29) 양현혜, 『김교신의 철학』, 55-56쪽; 진설현, 위의 논문, 12쪽.
30) 內村鑑三(김유곤·김윤옥 역), 『內村鑑三全集』 제6권, 46쪽; 오충환, 앞의 논문, 35-36쪽.

이상과 같이 우치무라는 유교적이고 봉건적인 분위기 속에서, 그리고 무사계급의 집안에서 태어나 유학정신과 무사도정신을 익히면서 성장했다. 특히 우치무라는 외할머니와 어머니를 존경했으며, 그의 가족들은 그의 성격 형성에 영향을 주었다. 이러한 가정 분위기와 가정교육은 우치무라의 성격형성과 그가 이후 제창하는 일본적 기독교와 무사도적 기독교 형성에 적지 않은 영향을 준 것으로 보인다.

우치무라의 인생에는 세 번의 큰 변화가 있었다. 이는 모두 기독교와 관련된 것으로써 기독교에 입교하여 유일신앙을 접했을 때와 미국 유학시절 회심했을 때, 그리고 그리스도의 재림사상에 몰입하게 되었을 때였다. 이러한 세 번의 변화는 모두 그의 기독교 사상이 순복음주의적인 영성운동 및 애국적 일본주의로 경도되는 데 기여하게 되었다.

제2절 사상적 배경

1. 루터의 종교개혁

　우치무라의 일본적 기독교나 무교회주의 사상은 루터의 종교개혁과 바울 사상에 기반하고 있었다. 「루터전강연집」에서 우치무라는 "종교에 있어서 나는 원래 독일신자다. 더욱이 루터신자다. 그리스도와 그 사도를 제외하고 루터만큼 나를 감화시킨 사람은 없다. 루터는 나의 살의 살이다. 뼈의 뼈다. 루터가 없었다면 나의 오늘은 없었던 것이다. 그것은 루터에 의해서 나는 그리스도를 발견할 수 있었기 때문이다"고 하면서, 루터는 그에게 신앙의 절대적 가치를 가르쳐 주었다고 고백했다.[31] 이는 우치무라에게 있어서 루터의 영향력이 어느 정도인지 알 수 있게 해주는 것이다.

　루터는 독일의 종교개혁가로 당시 교회의 절대적인 권위를 주장하며 교황은 무오하고 교황만이 성서를 해석할 수 있다고 주장하고, 성서보다 교황을 우위에 두고 있는 중세 로마교회에 대해 종교개혁을 일으켰다.[32]

　원래 기독교의 모태인 초대교회는 눌린 자의 종교, 겸손한 종교, 가난하지만 순수한 종교, 힘이 없지만 욕심 없는 종교, 영성이 충만한 종교, 서로 나누는 종교, 가진 것은 없어도 기쁨이 넘치는 종교였

---

31) 內村鑑三(김유곤·김윤옥 역), 『內村鑑三全集』 제2권, 설우사, 1975, 426쪽.
32) 오충환, 앞의 논문, 5쪽.

다. 그러나 313년 로마 콘스탄티누스 황제가 기독교를 승인하여 로마 국교로 된 이후 그때부터 순수한 기독교 신앙이 사라지기 시작했다. 이제 기독교는 지배자의 종교, 힘 있는 종교, 부유한 종교, 국가의 비호 아래 권력과 부와 명예를 누리게 되면서 교만한 종교, 권력과 부를 탐하는 종교, 형식과 권위를 내세우는 종교, 남을 정죄하고 다스리는 종교로 전락하게 되었다. 4세기부터 1,000년간 중세 유럽은 가톨릭 교권이 지배하는 시대가 되었다. 종교가 정치, 경제, 문화, 학문을 지배하게 되었으며, 비이성적인 신앙만 고수했다. 과학과 지식을 거부하고 기독교적 세계관만 고집했다. 교회의 가르침에서 조금만 벗어나도 파문, 축출, 사형을 일삼았으며, 신앙의 이름으로 종교재판과 마녀사냥이 일어났다.[33]

성직자 중심의 권위주의와 교권주의가 지배했으며, 의례 중심의 형식과 미사에 치중했다. 미사의식은 중세 말기의 모든 신앙생활의 핵심이었다. 미사는 선행으로 간주되어서 구원에 효력이 있다고 여겨졌다. 교회 건물조차 그러한 선행의 효과를 극대화하는 방향으로 고안되었다. 그리고 교회중심이 되어 전통과 교리를 중시했다. 구원은 믿음이 아니라 종교적 행위로써, 그리고 예전에 참여함으로써, 교회에 복종함으로써 이루어진다고 했다. 무엇보다도 문제는 영적 능력과 도덕성을 상실하여 타락했다는 데 있었다.[34]

기독교가 로마의 국교가 된 이후 국가로부터 몰수당했던 재산을 돌려받고, 경제적 특혜를 받았을 뿐만 아니라, 가진 자들이 대거 개

---

[33] 이원규, 「종교개혁의 신앙적 의미」, 영등포중앙교회 설교, 2017.10.29.
[34] 위의 설교문; 제임스 M. 키텔슨(김승철 옮김), 『개혁자 말틴 루터』, 컨콜디아사, 1995, 52-53쪽.

종하면서 교회는 점점 부유해졌다. 교회의 재산이 축적되고 교회 지도자들의 정치적·경제적 힘이 커지면서 교회 안에도 물질을 탐하는 풍조가 생겨났고, 돈으로 성직을 사고파는 성직매매가 생겨났다. 그래서 많은 교회지도자들이 재산가가 되었고, 부는 더 큰 부를 만들어내며 그것으로 더 큰 권력과 지위를 누리게 되었다.[35]

이렇게 부패하고 타락하고 세속화된 가톨릭교회에 대한 도전이 바로 루터의 종교개혁이었다. 루터가 종교개혁의 길로 들어서게 된 결정적 계기는 두 가지였다. 첫 번째 계기는 루터가 로마를 방문했을 때 성계단 교회의 계단(예수께서 십자가에 못 박힐 때 끌려 올라갔던 28개 계단을 뜯어다가 로마에 옮겨와 지은 교회)을 무릎으로 올라가면 죄 사함을 받는다는 가르침이었다. 수많은 사람들이 찾아와 그 계단을 무릎으로 기어오르는 수행을 하여 계단이 닳아서 푹 파일 정도였다. 루터도 이 계단을 기어오르면서 계단에 입 맞추고 종일 고행을 했다. 그러나 회의가 생겼으며, 그 고행이 전혀 마음에 평화를 주지 못했다. "이건 아니다"라고 생각했을 때 하나님의 음성을 듣게 되었다. "오직 의인은 믿음으로 말미암아 살리라." 이때 깨달음이 있었다. 오직 믿음으로만 의롭다 함을 얻고, 믿음으로만 구원을 얻는다는 사실을.[36]

또 하나의 계기는 가톨릭교회의 부패였다. 그 절정을 보여주는 것이 면죄부 판매였다. 구텐베르크가 자신이 고안해 낸 인쇄기로 처음 찍어낸 것이 면죄부였다는 사실도 그렇게 놀라운 일은 아니다. 이것은 교회에 대한 선물이라고 여겨지면서 거래되었다. 면죄부란 돈으

---

35) 이원규, 위의 설교문.
36) 위의 설교문.

로 죄를 사함 받는다는 발상에서 나온 것이다. 구원받은 자는 천국에, 죄 지은 자는 지옥에, 이도 저도 아닌 자는 연옥에 간다는 구원의 3단계가 있었다. 신자들의 믿지 않은 조상이나 가족은 연옥에 간다고 했다. 그러나 돈을 내고 교회가 파는 면죄부를 사면, 연옥에 있던 그들의 영혼이 천국으로 갈 수 있다고 주장되었다. 그리하여 면죄부에 대해서 설교하고, 그것을 팔고 사는 일은 중세 말기의 종교적 행사 가운데 핵심적인 위치를 차지했다. 이것은 오늘날 부흥집회처럼 흔히 볼 수 있는 종교행사였다. 면죄부는 교회의 교리 가운데서도 완전히 적법한 자리를 차지하고 있었다.[37]

구원이 어떻게 교회 계단을 기어가고, 돈을 냄으로 이루어질 수 있단 말인가? 루터는 바르트부르크 섬에서 기도하고 성경을 연구하며 고심하던 중 가톨릭교회의 모습은 신앙적이지도 않고, 성서적이지도 않다는 확신을 했다. 그래서 루터는 1517년 10월 31일 가톨릭교회를 향한 「95개조 반박문」을 비텐베르크 대학 궁정교회 정문에 갖다 붙였다. 「면죄부 능력 천명에 대한 반박」이라는 원래 제목에서 보듯, 「95개조 반박문」은 완전 면죄부 남발에 대한 토론을 요구한 것이다. 여기서 루터는 7세기부터 통용되어 오던 세속적 처벌의 사면이 교회와 성직자의 축재를 위해 남용됨으로써 면죄부로 변질되었다고 지적하고, 고백성사와 같은 교회의 권위를 통한 참회가 아니라 진정한 영적 회개를 촉구했다. 가톨릭교회는 발칵 뒤집혔다. 이는 가톨릭교회의 권위에 대한 도전이며, 전통에 대한 도전으로 받아들여졌다.[38]

37) 위의 설교문; 제임스 M. 키텔슨(김승철 옮김), 앞의 책, 38쪽, 113쪽.
38) 이원규, 위의 설교문; 「마틴 루터」, 네이버 지식백과.

면죄부를 비판했던 루터는 이제 고백, 고해성사, 그리고 모든 종류의 외적인 행위들에 대해서 비판의 화살을 겨누었다. 특히 그는 고백이 있은 후 사제가 선포하는 사죄선언에 초점을 맞추었다. 그는 사제란 그리스도 안에서의 용서를 선포할 수 있지만, 사죄할 수 있는 권위는 없다고 결론을 내렸다. "그리스도는 사람들의 구원을 어떤 개인의 손에 일임하지 않으셨다. 그와는 달리 오직 그리스도의 약속의 진리를 믿는 것만이 중요하다." 이러한 말 속에는 면죄부의 종언뿐만 아니라 순례, 죽은 자를 위한 특별미사, 사원, 성상, 유물, 특수한 영적 실천 그리고 중세 후기에 있어서 종교적 실행에 중요했던 많은 것들의 종언이 선포되고 있음을 읽어낼 수 있다.[39]

특히 루터는 『교황권에 대한 각서』라는 글에서 교황권 제도는 오직 하나님의 의지에 의해서 존재할 뿐이라고 선포했다. 성서는 교황권에게 어떤 특별한 신성한 지위도 부여해 주지 않는다. 베드로에게 주어진, 열쇠를 담당하는 사도직도 마찬가지이다. 교황의 탁월함이란 인간이 만들어낸 것이어서 교황은 무오하지도 않으며, 따라서 성서를 해석하는 데 있어서도 유일하고도 최종적인 권위를 지니고 있지도 않다. 루터는 교황을 기껏해야 지상의 교회 내에 있는 동등한 사람들 중의 첫 번째 정도로 격하시켜버렸다.[40]

더 나아가 루터는 『크리스찬 귀족에게 고함』이란 저서에서 유명한 「만인사제설」내지는 「만인제사장주의」를 제창했다. 이는 성직자와 평신도의 구별을 없애고, 모두가 왕이자 제사장이라는 것이었다. 루터는 이 교리를 통해 「하나님 앞에」서 있는 개인의 가치를

---

39) 제임스 M. 키텔슨(김승철 옮김), 앞의 책, 128쪽.
40) 위의 책, 161-162쪽.

발견하고 존중하도록 만들었다. 가톨릭교회는 사제만이 제사장이고, 일반 교인들은 사제를 통해서 하나님을 만나야 한다고 주장했지만, 루터는 모든 그리스도인이 사제를 거치지 않고 직접 하나님께 기도하고 하나님을 만날 수 있는 제사장이라고 가르쳤다. 이로써 루터는 사제라는 특별한 계층을 허물어 버리고자 했던 것이다. 이들은 은총의 수단을 장악하고 있었기 때문에 기독교인들의 영적인, 그리고 때로는 세속적인 삶에 대해서 특별한 권위를 누리고 있었다. 루터에 의하면 이와는 달리 오히려 모든 기독교인은 이웃을 섬기는 작은 그리스도였고, 사제라고 불리던 자들은 전체 공동체를 위한 철저한 종이었다. 그들은 복음에 대해서 말고는 그 누구에 대해서도 권위를 지니고 있지 않다고 루터는 주장했다. 루터의 만인제사장 교리는 중세의 집단적 세계관이 근대의 개인적 세계관으로 뒤바뀌는 계기로 작용했다. 그리하여 위의 저서는 바로 정치적인 문서였음은 의심할 여지가 없는 것이었다.[41)]

또한 루터는 보름스 국회에서 이렇게 말했다.[42)]

> "저의 양심은 하나님의 말씀에 사로잡혀 있습니다. 그러므로 만일 공개적이고 분명한 근거나 이유를 통해서, 또는 성서로부터의 증거를 통해서 제가 확신을 얻지 못한다면, 저는 저의 주장을 철회할 수 없으며, 또 그럴 생각도 없습니다. 왜냐하면 양심에 반해서 행동하는 것은 안전하지도 못할 뿐만 아니라 현명한 일도 아니기 때문입니다."

---

41) 제임스 M. 키텔슨(김승철 옮김), 위의 책, 178쪽; 박경수, 『종교개혁 그 현장을 가다』, 대한기독교서회, 2013, 54쪽.
42) 제임스 M. 키텔슨(김승철 옮김), 위의 책, 191쪽.

원래 루터는 교회의 붕괴나 새로운 종교운동을 시작할 의도는 없었다. 단순히 교회개혁을 희망했을 뿐이었다. 그러나 받아들여지지 않자 자연스럽게 종교개혁운동으로 이어지게 되었던 것이다. 이리하여 독일에서 시작된 종교개혁운동은 스위스, 네덜란드, 스코틀랜드 등으로 확산되었다. 교권과 전통에 대한 도전 및 저항으로 보았기에 이들에게는 「Protestant」라는 이름이 붙여졌다. 「Protest」란 저항하다는 뜻이다. 후에 독일 루터교가 출현했고, 스위스, 네덜란드, 스코틀랜드 등에서는 장로교가 출현했으며, 영국에서는 침례교, 감리교 등이 출현했다.[43]

종교개혁은 순수한 기독교를 재발견하려는 운동이었다. 교회는 오랜 역사를 통하여 만들어진 가지가지의 전설과 사람이 만들어 낸 학설과 교훈을 따라 외형적인 장식에만 치중했다. 따라서 기독교 본래의 가르침과는 거리가 멀어지게 되었다. 그리하여 그리스도의 구속사업보다는 로마 교황의 교서와 명령에 더 깊은 관심을 가지게 되었으며, 성도의 거룩한 사귐보다 교황의 명령 밑에 조직되어 움직이는 단체만이 있게 되었다. 그리스도께서 친히 완성하시고, 사도 바울이 가르친 하나님의 은총에 의한 속죄의 진리는 자취를 감추게 되고, 로마 교황청에 바치는 가지가지의 세금과 면죄증과 고행 등을 통해 구원을 얻으려고 하는 쓸데없는 노력만이 점점 더해지게 되었다. 이와 같은 진리의 몰락에 대해 반기를 들고 일어난 운동이 곧 종교개혁이다. 이 종교개혁은 사도들에게서 계승한 초대 교회의 순수성과 단순성을 사모하여 「초대 교회로 돌아가라」고 부르짖은 운

---

43) 이원규, 「종교개혁의 신앙적 의미」.

동이었다. 초대 교회로 돌아간다는 것은 결국 사도들의 가르침과 한 걸음 더 나아가 그리스도에게 돌아가라는 부르짖음이었다.[44]

그리하여 종교개혁의 세 원리는 첫째, 오직 믿음으로만. 둘째, 오직 은총으로만. 셋째, 오직 성서로만이었다.[45]

루터가 최우선적으로 몰두했던 문제는 하나님의 의라고 하는 문제였다. 루터는 하나님의 의는 인간의 노력과 종교적 행위의 실천에 의해서 얻어진다는 중세교회의 이론에 맞서서, "의인은 믿음으로 말미암아 산다"는 바울신앙을 재발견하고, 하나님의 의는 인간의 행위에서가 아니라, 하나님의 은혜로 얻어지는 선물이라고 주장했다. 이는 전적으로 새로운 해석이었다. 그리고 그 모든 것들은 그리스도에 대한 믿음이었다.[46]

그리하여 루터는 「오직 믿음으로만」은 「오직 그리스도만으로」를 의미한다는 사실을 분명히 천명했다. 루터는 오직 그리스도만이 구원의 유일한 근거이며 희망의 대상이라고 주장했다. 이처럼 그리스도에게 초점을 맞춤으로써 이제 헤어 나올 길 없는 고통에 빠져 있는 영혼들도 절대적인 확실함을 지닐 수 있게 되었다. 양심이나 하나님의 법으로부터 죄를 고발당하지 않는 곳은 어디인가? 그것은 그리스도에 의해서만 가능하다. 루터에게 있어서 십자가는 의와 은총, 그리고 신앙에 대한 객관적인 사실이었다, 인간의 노력은 거기에서 발견될 수 없었다.[47] 그리고 믿음으로 합일된 기독교인은 그 누구에게도 복속되지 않으며, 동일한 근거에서 모두가 왕이자 제사장이라

---

44) 배한국 편, 『루터와 종교개혁』, 컨콜디아사, 1993, 30쪽.
45) 이원규, 「종교개혁의 신앙적 의미」.
46) 제임스 M. 키텔슨(김승철 옮김), 앞의 책, 94-97쪽.
47) 위의 책, 103-104쪽, 122쪽.

는「만인제사장주의」를 역설했다.

이처럼「믿음에 의한 칭의」, 정확하게 말하면「믿음을 통한 은총에 의한 칭의」야말로 루터 사상의 핵심이었다.[48] 종교개혁은 하나님의 은총에 관하여 다시금 강조했다. 그리스도를 통하여 나타난 하나님의 이 은총에 의하여 인류의 구원이 완성된다는 것이었다. 그러므로 인류의 구원은 예수 그리스도 안에서 행해진 하나님의 은총의 역사이며, 결코 사람의 어떤 공로나 선행에 의한 것이 아니라고 보았다. 예수 그리스도만이 인간과 하나님 사이에 중보자이시며, 그만이 인간의 죄를 사하시는 구주라는 것이다. 이 은총에 대한 강조와 재인식이야말로 잃었던 그리스도를 우리들 안에서 다시 찾게 한 종교개혁의 큰 공헌이었다.[49]

한편 역사가들은 종종 오직 은혜와 오직 믿음의 교리가 종교개혁의 내용적인 원리였다면, 오직 성서의 교리는 종교개혁의 내용을 담는 외형적인 원리였다고 지적한다. 그만큼 성서에의 의존성은 종교개혁의 본질적인 측면이었다.[50]

종교개혁은 잃었던 성서를 다시 발견하였고, 덮여 있던 성서를 다시 열어 놓았다. 특히 루터의 독일어 성서번역으로 인해 특수 계급만이 볼 수 있었던 성서가 일반 평민에게까지 개방되었고, 인간이 이성과 복잡한 추리 방법으로 해석되던 성서가 그 자체에 의거하여 해석되게 되었다. 실로 종교개혁은 하나님의 말씀인 성서만을 크리스찬 신앙의 유일한 규범으로 삼고 교리의 척도로 삼았다. 이 성서

---

48) 박경수, 앞의 책, 53쪽.
49) 배한국 편, 앞의 책, 32쪽.
50) 박경수, 앞의 책, 54쪽.

만이 그리스도 교회의 유일한 권위이며, 구원에 필요한 모든 진리를 사람들에게 가르쳐 줌으로 성서 밖에서는 구원의 진리를 이해할 수 없게 된다는 것이다. 교회의 유전, 교황의 교서, 교회의 규칙 등이 성서를 대행하거나 보충할 수 없다는 것이다. 성서는 구원을 위하여 필요한 모든 진리를 우리에게 가르쳐 준다는 것이다.[51]

그리하여 루터의 성서관은 철저하게 그리스도 중심적이었다. 루터는 이렇게 말했다. "성서의 말씀 속에서 여러분은 그리스도가 놓여 있는 강보를 발견할 것입니다. 그 강보의 천은 단순하고 작으나 그 안에 누워 있는 보물인 그리스도는 귀합니다." 루터에게 성서는 그리스도인들을 신앙의 삶으로 인도하는 매일의 안내서이자, 예수 그리스도 안에서 하나님 자신에 대한 완전한 계시의 증언이었다.[52]

이러한 루터의 사상은 중세 말기의 신학과 종교적 실천들의 핵심적 보루를 전복시켜 버린 셈이었다.[53] 즉 중세 신학을 대체할 수 있는 새로운 프로테스탄트 신학으로 등장하여 중세 유럽사회에 종지부를 찍게 되는 이론적 무기가 되었던 것이다.

그리하여 1546년 루터가 죽었을 때 동료였던 멜란히톤은 장례식 조사에서, 인류의 역사를 통해서 우리에게 기독교의 복음을 명확하게 전달해 준 5명이 있는데, 그들은 바로 이사야, 세례 요한, 바울, 아우구스티누스, 루터였다고 말했다. 이것은 루터가 기독교 역사에서 차지하는 비중과 영향력이 어떠한지를 단적으로 보여주는 말이다.[54]

---

51) 배한국 편, 앞의 책, 31-32쪽.
52) 박경수, 앞의 책, 54쪽.
53) 제임스 M. 키텔슨(김승철 옮김), 앞의 책, 97쪽, 104쪽.
54) 박경수, 앞의 책, 55쪽.

우치무라는 신문명, 신세계, 또는 신시대는 1517년 10월 31일로써 태어난 것이다라고 했으며, 이 날은 예수가 유대 나라 베들레헴에서 탄생한 날을 제외하고 세계적인 가장 큰 하루였다고 말했다. 이 날은 루터가 로마 교황청이 발매한 면죄부 반대로써 근대사가 시작된 날이라고 보았다. 이 해 이 날로써 프로테스탄트교가 시작되었고, 근세철학과 근세사상, 근세과학과 근세문학, 대의정체와 신국가, 그 밖에 근대인이 향유하는 모든 제도문물이 시작되었다고 주장했다.[55]

우치무라는 루터의 종교개혁을 그리스도가 루터에게 있어서 성취한 개혁이라고 인식했다. 그렇기 때문에 종교개혁이 유효했고 그토록 원대할 수 있었다고 보았다.[56]

우치무라는 16세기의 대개혁은 참으로 종교적 개혁이었다고 보았으며, 종교적 개혁이었기 때문에 유럽을 그 근본으로부터 고쳤다고 했다. 그리하여 그는 다음과 같이 말했다.[57]

> "참으로 종교는 인생의 한 방면은 아니다. 그 뿌리이며, 그 전반이다. 종교에 있어서 그르치면 사람은 그 전 생애를 그르치는 것이다. 정치가 고쳐져서 종교가 고쳐지는 것은 아니다. 종교가 고쳐져서 정치가 고쳐지는 것이다. 그 밖에 문학, 과학, 예술, 모두가 다 그렇다. 제도, 문명, 모두가 결과다. 그리하여 종교만이 오로지 그 원인이다."

이처럼 우치무라는 종교와 정치를 분리시켰으며, 종교를 인생의 뿌리이고, 정치에 우선한다고 보았다.

---

55) 內村鑑三(김유곤 · 김윤옥 역), 『內村鑑三全集』 제2권, 430-431쪽.
56) 위의 책, 429-430쪽.
57) 위의 책, 431쪽.

한편 루터의 종교개혁은 성서의 재발견에서 비롯되었다고 하는 것이 보통이다. 그러나 우치무라는 루터 이전에 성서는 무시되었다고 보는 것은 큰 잘못이라고 하면서, 종교개혁은 성서에 의해서 행해진 사업이라기보다는 성서 안에 들어 있는 대진리의 발휘로써 이루어진 것으로 보았다. 즉 로마서 3장 28절, "사람이 의롭다 함을 얻는 길이 율법적 행위에 있는 것이 아니라 믿음에 있다는 것을 우리는 확신한다"라고 한 단순한 진리였다. 다시 말하면 로마서 및 갈라디아서의 재발견이며, 바울신앙의 재발견과 부흥이었다는 것이다. 인간을 율법에서 해방시켜 영혼에 자유를 준 것은 바로 그리스도이며, 그리하여 가장 심각하게 이 자유를 느끼고, 가장 선명하게 이것을 의식하고, 가장 확실하게 이것을 획득한 사람은 사도 바울이었다고 주장했다.[58]

우치무라는 루터는 성서의 진리 중에서 이러한 사도 바울을 발견하고, 율법의 노예에서 벗어나게 함과 동시에 교회의 압제와 중세시대의 암흑으로부터 탈출하게 했다고 주장했다. 이 진리가 바울로부터 한 번 세계를 구원한 것과 마찬가지로 다시금 루터로써 유럽을 구원한 것이라고 했다. 그리고 루터는 먼저 자기부터 구원받고, 그 다음에 기회가 다다라 하나님께 쓰임 받아서 전 유럽을 구하고, 신시대와 신세계를 여는 도구가 되었다고 주장했다. 그리고 16세기의 대개혁은 소위 문예부흥의 한 방면이 아니며, 신앙가에 의해서 일으켜진 양심의 개혁이고, 그 원동력은 독일민족의 신앙적 실험에 있었다고 주장했다.[59]

---

58) 위의 책, 432-433쪽.
59) 위의 책, 435쪽.

그러나 우치무라는 루터는 많은 공적을 남겼지만, 동시에 또 적지 않은 해독을 남겼다고 주장했다. 루터는 가톨릭교회라는 대세력을 쓰러뜨리려고 두 개의 세력에 의지했다는 것이다. 그 하나는 정권이었다. 그 둘째는 성서였다. 그리하여 정권과 성서 그 둘이 다 그와 그의 후계자를 화 입게 했다고 보았다. 작센 후작 프리드리히는 루터의 평생 보호자였다. 우치무라는 루터는 절반은 독일 귀족의 애국심에 호소하여 그의 개혁사업에 성공한 것이라고 보았다. 그리하여 화근은 여기에 있었다는 것이다. 이 때 교권의 대부분은 로마 교회에서 독일정부로 옮겨졌으며, 교황의 신성이 부정되고 국왕의 신성이 시인되었다는 것이다. 그 후 루터교는 독일, 스웨덴, 노르웨이, 덴마크 등의 국교가 되어 그 교의는 정부에 의해서 제정되고, 그 목사는 정부가 임명하는바 되었으며, 그 현세적인 점에 있어서 로마 가톨릭교회와 하등 다를 바가 없게 되었다는 것이다. 이처럼 루터는 정권과 결탁함으로써 종교개혁의 절반은 성공이었고, 절반은 실패였다는 것이다.[60]

또한 우치무라는 로마 가톨릭교회를 상대로 싸움에 있어서 루터가 들고 일어난 제2의 무기는 성서였다고 하면서, 루터는 무오류적 교회를 쓰러뜨리기 위해 교회보다 더 큰 신앙적 무기인 무오류적 성서로써 이에 맞선 것이라고 했다. 즉 성서를 절대적 진리로 보고 여기에 우상숭배의 일종인 「성서숭배」가 일어나지 않을 수 없었다고 우치무라는 주장했다. 그러나 우치무라는 성서도 오류가 있다고 보았다. 즉 절대적 진리는 하나뿐이다. 즉 하나님일 뿐이다. 성서가 존

---

60) 위의 책, 437-438쪽.

귀하기는 하지만 하나님은 아니라고 보았다. 그리하여 루터의 성서 숭배는 또 많은 무서운 해독을 남겨서 프로테스탄트교회가 사분오열 되었다는 것이다. 그 첫째로 루터파와 칼빈파가 생기고, 또 루터파 중에서도 필립파가 나와 집안싸움을 벌였다. 그리하여 분리에 분리를 이어 종파는 종파에서 나와서 멈출 줄을 몰랐다는 것이다. 그리고 각 파 모두가 그 근거를 성서에 두었다고 했다. 이러한 종파싸움은 오늘날까지도 그치지 않고 있다는 것이다. 이제 신교 안에 600이 넘는 교파가 있어, 각자 성서에 의거하여 스스로를 찬양하고 남을 헐뜯고 있는 것이라고 보았다.[61]

그리고 우치무라는 신앙은 있어도 사랑은 없으며, 증오의 정신은 외국 선교사들 특히 영국, 미국 선교사에 의해서 일본인 사이에 전해졌다고 주장했다. 일본인 신도들 사이에는 이들 유럽과 미국의 목사를 본받아, 서로의 코끝에 성서를 갖다 대면서 그의 이단을 공격하고, 나의 정통을 자랑하고 있다고 주장했다. 이에 우치무라는 루터, 칼빈에 머무를 것이 아니라, 그들보다 훨씬 처음으로 되돌아가 바울, 요한에 이르러야 한다고 주장했다. 그는 말하기를 "우리는 루터가 되고자 해서는 부족하다. 그리스도가 되고자 해야 한다. 그리스도는 루터같이 정권에 의해서 개혁하시지 않았다. 그리스도는 정권을 버리고 십자가에 달려서 인류를 구원하셨다. 그리스도는 성서를 중요시하셨지만 그 글자에 사로잡히지 않으셨다"고 했다.[62]

우치무라는 사람이 의롭다 하게 됨은 율법의 행위에 의하지 않고 신앙에 의한다는 바울의 말을 인용하면서, 그 신앙은 사랑으로써 움

---

61) 위의 책, 438-439쪽.
62) 위의 책, 442-443쪽.

직이는 바의 신앙이어야 한다고 말했다. 16세기의 개혁자들은 신앙에서 사랑을 빼버린 것이 큰 잘못이었다고 보았다. 요한 1서 4장 7-8절에 "사랑하는 이들이여, 서로 사랑하자. 사랑은 하나님께로부터 온 것이다. 사랑하는 사람은 누구나 하나님께로부터 났으며 하나님을 안다. 사랑하지 않는 사람은 하나님을 알지 못한다. 하나님은 사랑이시기 때문이다"라고 기록되어 있다. 이 점에서 우치무라는 "성서는 연구하는 것만으로는 하나님을 알지 못한다. 그 가르침을 따라 남을 사랑하고서야 비로소 하나님을 알게 되는 것이다"라고 했다. 여기에 있어서 우치무라는 제2의 종교개혁이 필요하다고 주장했다. 신앙 위에 사랑을 더하는 개혁이 필요하다는 것이다. 이는 루터의 개혁을 개혁하는 개혁임을 주장했다.[63]

즉 우치무라는 루터의 종교개혁 속에 남아 있는 교회주의의 흔적을 완전히 지우고, 제도나 조직 또는 단체가 아니며, 교회가 필요 없는 기독교가 아니면 안 된다고 주장했다. 제2의 종교개혁에 의한 신 프로테스탄트교의 탄생은 도덕이나 인격으로 살지 않고 신앙으로 산다는 점에서 독일도, 미국도 신교국이 아니다. 그들은 사실 그들이 버렸던 원래의 로마 가톨릭으로 돌아갔다는 것이다. 우치무라는 말했다. "이를테면 주의 십자가를 바라보지 않고, 자기를 반성하는 이 세상의 소학으로 돌아온 것이다. 지금의 미국 선교사가 전하는 기독교는 그 실질로는 대개 옛 로마 가톨릭이다. 그들은 완전한 인간을 요구한다. 그러므로 자기를 심판하고 남을 심판한다. 정말 신교도는 사람에게 완전을 요구하지 않고 그리스도에게서 발견한다."

---

63) 위의 책, 443쪽.

"새 프로테스탄트교는 부활하신, 지금 살아계신 하나님의 아들 예수 그리스도를 믿는 것 이외에 다른 일이 아니다. 그리고 세상은 이러한 신앙을 받아들일 때가 되었다고 나는 믿는다." 그리하여 우치무라는 하나님은 일본에서 그러한 기독교가 나타나기를 바라신다고 믿었다. 기독교의 근원으로 거슬러 올라가, 인류의 영적 향상의 역사에서 시험해 볼 이 새로운 시도가 일본 사람들 사이에서 일어나야 한다고 호소했던 것이다.[64]

요컨대 우치무라는 루터의 종교개혁의 정신을 이어받으면서도 그 문제점을 지적하면서, 정교분리의 원칙과 일본적 기독교 및 무교회주의를 내용으로 하는 제2의 종교개혁을 제창했던 것이다.

2. 바울의 사상

우치무라의 사상은 바울로부터 영향을 받았다. 즉 우치무라의 무교회주의 및 일본적 기독교 사상, 그리고 순복음주의 신앙 등 모든 신앙적 이론은 바울 사상에 기초하고 있었다고 해도 과언이 아니다. 즉 우치무라는 "바울의 신앙은 나의 신앙이다"라고 말했다. 우치무라는 먼저 다음과 같은 고린도 전서 1장 1절부터 3절까지에는 바울의 신앙, 즉 교회관이 적나라하게 나타나 있다고 주장했다.[65]

"하나님의 뜻을 따라 예수 그리스도의 사도로 부르심을 입은 바울 및 형제 소스테네는 고린도에 있는 하나님의 교회 곧 예수 그리스도

---

64) 內村鑑三(김유곤·김윤옥 역), 『內村鑑三全集』 제7권, 163-165쪽.
65) 內村鑑三(김유곤 역), 『內村鑑三全集』 제16권, 설우사, 1980, 307쪽.

안에서 거룩하여지고 성도라 부르심을 받은 자들과 또 각처에서 우리의 주 곧 그들과 우리의 주되신 예수 그리스도의 이름을 부르는 모든 자들에게 하나님 우리 아버지와 주 예수 그리스도로부터 은혜와 평강이 있기를 원하노라."

또한 우치무라는 이렇게 말했다. "바울은 사도였다. 그는 자진해서 사도가 된 것은 아니었다...부르심을 입어 사도가 되었던 것이다. 그런데 그 부르심이란 하나님의 거룩하신 뜻에서 나왔다." "사도가 되는 것이나 신자가 되는 것은 다 하나님의 은혜로 되는 것이다." 바울은 이렇게 말했다. "나의 나 된 것은 하나님의 은혜로 된 것이다." (고린도 전서 15장 10절)[66]

또한 「고린도에 있는 하나님의 교회」(고린도 전서 1장 2절)라는 말 속에 있는 「하나님의 교회」란 「하나님의 에클레시아」란 의미이며, 에클레시아에 대해 우치무라는 이렇게 설명했다. "단순히 회합, 또는 회중이라는 말이다. 시회(市會)같은 것이나 동회 같은 것을 모두 에클레시아라고 불렀다. 그러므로 이것은 원래 교회라고 번역해야 할 말이 아니다. 단순히 회라고 번역하는 것이 적합하다. 이것은 하나님의 회다. 정치를 논한다거나 사업을 경영하기 위한 회가 아니라, 하나님을 찾고, 하나님을 경배하고, 하나님의 뜻을 이루어 드리기 원하는 사람들의 회합이다." "단순한 종교적 회합이 아니라 사랑의 법칙을 실천하여 지상에 하나님의 나라를 실현시키기 위해 구성된 신자들의 사회다." 그리하여 우치무라는 이는 오늘날과 같은 교회가 아니라고 주장했다.[67]

---

66) 內村鑑三(김유곤 역), 『內村鑑三全集』 제16권, 307쪽.

그리고 신자란 주 예수 안에서 거룩하여진 사람들로서, 하나님의 소유로서 이 세상으로부터 선별되고, 부르심을 입어 성도가 된 자들이며, "우리 주되신 예수 그리스도의 이름을 부르는 모든 자들"(고린도 전서 전서 1장 2절)이라는 것이다. 즉 예수 그리스도를 하나님으로 숭배하고 섬기는 사람들이라는 뜻이다. 그리고 주란 부활하신 그리스도의 호칭이다. 「주 예수 그리스도」라고 말하는 것은 신자가 예수를 선민의 이상과 만민의 구주로 인정한다는 것이다. 우치무라는 바울은 이처럼 예수를 유대인의 왕만이 아니라, 이방인과 세계 만민의 구주시라고 하는 사실을 되풀이해서 강조하고 또 강조해서 말했다고 보았다. 우치무라는 바울의 신앙을 한마디로 말하면, 바로 이 호칭으로 되돌아간 것이라고 보았다. 「주 예수 그리스도」란 말은 예수의 신성을 나타냄과 동시에 또한 그리스도의 인성을 나타낸 것으로 보았다. 참된 신앙은 예수는 하나님이시자 사람이시라고 말했다. 예수는 신인(神人)이라는 것이다. 복음의 중심은 여기에 있다고 주장했다. 우치무라는 베드로가 예수께 대하여 "주는 그리스도시오, 살아계신 하나님의 아들이십니다"(마태복음 16장 16절)라고 말했을 때, 복음의 주춧돌이 놓였다고 했으며, 하나님의 에클레시아는 이 신앙의 바위 위에 세워졌다고 주장했다.[68]

이처럼 우치무라는 바울의 사상과 교회관을 새롭게 해석하여, 기성 제도권 교회를 비판하고 무교회주의를 제창하게 된 기초를 마련했으며, 바울의 신앙을 회복하려는 순복음주의 신앙에 서서, 「작은 교회」를 지향한 것이었다.

---

67) 위의 책, 307-309쪽.
68) 위의 책, 307-314쪽.

한편 우치무라의 순복음주의 신앙은 바울의 핵심사상인 다음과 같은 그리스도의 십자가와 속죄설 및 부활신앙과 그리스도 재림신앙을 비롯해서 후술하는 구원론에 기초하고 있었다. 우선 우치무라는 바울의 부활신앙에 대해 이렇게 설명했다. 고린도 전서 15장 1-5절을 보면 다음과 같다.

"형제들아, 내가 너희에게 전한 복음을 너희로 알게 하노니. 이는 너희가 받은 것이요, 또 그 가운데 선 것이라. 너희가 만일 나의 전한 그 말을 굳게 지키고 헛되이 믿지 아니하였으면 이로 말미암아 구원을 얻으리라. 내가 받은 것을 먼저 너희에게 전하였노니, 이는 성경대로 그리스도께서 우리 죄를 위하여 죽으시고 장사지낸 바 되었다가 성경대로 사흘 만에 다시 살아나사 게바에게 보이시고 후에 열두 제자에게 보이셨다."

바울은 지금 고린도에 있는 그의 동지들에게 그의 단순한 복음을 다시금 전해야 할 필요성을 느꼈다는 것이다. 왜냐하면 그들 가운데 어떤 이는 부활 없는 기독교를 주창하기에 이르렀기 때문이었다. 그들은 말하였다. "기독교의 존재 의의는 그 고결한 윤리에 있다. 그 애신애인주의(愛神愛人主義)에 있다. 부활의 신앙 같은 것은 기독교의 요의(要義)가 아니다." 그러나 우치무라는 그런 기독교는 바울이 전파한 기독교는 아니라고 주장했다. 그래서 바울은 또 다시 그가 전에 그들에게 전한 단순한 부활을 기초로 한 기독교를 전했다는 것이다. 바울은 말하기를 "이 단순한 기독교는 내가 발견한 것이 아니다. 나는 그것을 나의 주님에게서 받아 너희에게 전한 것에 불과하다"(고린도 전서 15장 3절)고 했다는 것이다.[69]

우치무라는 이로 보면 부활은 바울의 독자적인 교리가 아니라고 했다. 그는 그리스도의 복음을 전달하는 전달자에 지나지 않는다는 것이다. 그리스도의 복음은 간단하다. 단 몇 마디로써 다 나타낼 수 있다고 보았다. 즉 "하나님이 세상을 이처럼 사랑하사 독생자를 주셨다." 이것이 그 첫째다. "그리스도가 우리 죄를 위하여 죽어 장사지낸바 되었다가, 사흘 만에 다시 살아나셨다." 이것이 둘째다. 이 밖에 이와 비슷한 큰 교리가 서너 가지 있다. 이 몇 가지만 열거하면 복음의 줄거리를 다 말한 것이 된다는 것이다. 그러나 이것들을 제쳐놓으면 기독교란 있을 수 없다고 보았다. 따라서 우치무라는 부활을 부정하는 것은 기독교 자체를 부인하는 것과 마찬가지라고 주장했다. 왜냐하면 부활은 기독교의 주춧돌이기 때문이다. 바울의 복음은 이토록 간단명료한 복음에 지나지 않는다는 것이다. 초대 기독교 신자가 받아들였던 것, 그리고 그것을 통해 일어섰던 것, 그리하여 그것을 통해 구원을 받고자 했던 복음은, 다름 아닌 부활을 기초로 한 것이라고 주장했다.[70]

또한 우치무라는 부활은 철학적 명제나 과학적 가설이 아니라, 역사적 사실임을 주장했다. 사도들이 듣고 눈으로 보고 주목하고 손으로 만져 보아 알았기 때문이다. 바울은 먼저 부활의 사실을 제시하고, 그리고 난 다음에 설명으로 들어갔다는 것이다. 부활은 바울만의 독특한 교리가 아니었다. 사도라고 하는 사도는 모두 한결같이 이를 전파했다. 전도자는 그렇게 전하였고, 신자들은 그렇게 믿었다. 부활신앙이 싹튼 다음에 비로소 그들은 신자라고 인정을 받았

---

69) 위의 책, 434쪽.
70) 위의 책, 434-435쪽.

다. 따라서 부활은 복음의 실체라는 것이다.[71]

"죽은 자들이 어떻게 다시 살며 어떠한 몸으로 오느냐?" 부활의 원리에 대해 바울은 식물이 자라는 원리와 같다고 설명했다. 씨는 씨 그대로 나오는 것이 아니다. 씨가 땅 속에 파묻혀서 깨어져, 그 속에 있는 생명이 새 옷을 입고 다시 지상으로 올라와서 싹이 트고 꽃이 피고 열매를 맺는다. 사람이 부활하는 것도 이와 다름없다는 것이다. 부활이란 글자 그대로 옛 몸 그대로 다시 살아나는 것이 아니라는 것이다. 부활은 새 몸이 형성되는 일이다. 옛 몸이 깨어짐과 동시에 소멸해 버리지는 않는 생명이 새로이 성분을 수용하여 새 몸을 형성하여 나타나는 일이다. 이는 네가 보리나 다른 곡식 같은 데서 흔히 목격하는 일로서, 조금도 이상스럽게 여기지 않는다는 것이다. 이러한 바울의 사상을 소개하면서, 우치무라는 인생의 부활이라는 것도 이 원리의 활용에 불과하다고 주장했다. 그리고 동일한 원리가 전 우주에 일관해서 적용된다고 했다.[72]

우치무라는 "사람이 죽으면 다시 사는가?"라고 물으면서, 성서는 이에 대해 "그렇다, 육체의 부활로 살아난다"고 명백하게 대답한다고 주장했다. 기독교가 말하는 부활은 영혼의 부활이 아니라, 육체의 부활이라는 것이다. "그리스도는 십자가에 못 박혀 죽으시고 장사한 지 사흘 만에 죽은 자 가운데서 다시 살아나시며"라고 했다. 우치무라는 이는 바로 육체의 부활을 의미한다고 했다.[73]

우치무라는 이러한 바울의 부활신앙에 대해 오늘날의 교회는 어

---

71) 위의 책, 436-439쪽.
72) 위의 책, 446-447쪽.
73) 위의 책, 457-461쪽.

떠한가에 대해 다음과 같이 물었다.[74]

"베드로, 요한, 야고보 등이 모두 부활을 전파했으며, 고린도, 에베소, 안디옥 등의 신자들도 모두 그것을 믿었다. 그리하여 그들은 이 신앙에 있어서 일치하였기 때문에 일찍이 세계에서 가장 강했던 로마제국과 맞부딪쳐서도 능히 그를 이겨냈던 것이다. 그러나 오늘날의 교회는 어떤가? 우리는 과연 바울처럼 말할 수 있는가? 조합교회이든 감리교회이든 독일이든 일본이든 간에 그 신자들은 모두 이 신앙에 있어서 일치한다고 말할 수 있는가? 만일 그렇다고 말할 수 있으면 오늘날과 같이 많은 교파가 생기지는 않았을 것이다. 교회가 미약하다고 탄식만 하고 앉았지 말아라. 그리스도께서 우리를 위하여 십자가에 못 박혀 죽으시고 장사한 지 사흘 만에 죽은 자 가운데서 다시 살아나심을 굳게 믿으면 교회는 당장 활기가 차고 넘치게 될 것이다... 아아, 바울 선생이 만일 오늘날의 동경시내 교회들을 두루 돌아보신다면 어떤 표정을 지으실까? 「어찌하여 너희 중에 어떤 이들은 부활이 없다고 하느냐?」하는 사도 바울의 꾸중을 듣지 않을 사람이 과연 몇 명이나 될까?"

이처럼 우치무라는 바울의 핵심사상의 하나인 부활신앙을 성서에 있는 문자 그대로 믿었다. 즉 예수의 부활을 역사적 사실로써 믿었으며, 더 나아가 육체의 부활로 믿었다. 그리고 이러한 바울의 부활신앙은 단순하고 간단명료한 순복음주의 신앙으로, 복음의 실체이자 기독교의 주춧돌이라고 주장했다. 초대 기독교인들은 이러한 부활신앙을 일체적으로 받아들여 로마를 정복한 것이라고 했다. 그러

---

74) 위의 책, 463-464쪽.

나 오늘날의 교회는 이러한 부활신앙을 믿지 않으며, 그로 인해 많은 교파가 생겨나게 된 것이라고 생각했다.

한편 우치무라는 그리스도의 부활을 믿는다면 그리스도의 재림 또한 믿지 않을 수 없다고 주장했다. 그리스도의 죽음과 우리 죄와의 밀접한 관계인 구원, 그의 부활, 그의 재림, 이것이 바울이 말하는 기독교의 근본 교리였다는 것이다. 그러나 우치무라는 오늘날은 사회개혁을 기독교의 근본교리로 삼고, 회당 건축을 선교의 가장 큰 사업으로 삼는데, 그나마도 불신자들에게 아첨해서 건축자금을 끌어 모은다고 주장했다. 그들은 재림신앙을 비웃으며, 그런 일은 있을 수 없다고 주장하고 있다는 것이다. 오늘날의 기독교계의 대세는 바울이 근본 교리로 삼고 있던 것, 곧 그것 없이는 복음도 있을 수 없다고 하던 것을 배척하고 있다는 것이다. 그들이 말하기를 부활이나 재림같은 것을 믿게 되면, 현대문명을 어떻게 받아들일 것이냐고 한다. 이에 대해 우치무라는 성서는 현대문명보다도 훨씬 더 귀하고, 성서는 명백히 부활과 재림 등을 우주의 대진리로 삼고 있다고 말했다. 그리고 그는 일본의 교회는 바울이 놓은 것과 같은 만세 반석을 기초로 하여 그 위에 금은보석으로 세워진 것이 아니라고 했다.[75]

이밖에도 바울의 순복음주의적 신앙은 후술하는 바와 같이 구원론에서도 잘 드러나고 있다. 이러한 바울의 사상은 그대로 우치무라의 사상적 기반을 이루고 있었다.

---

75) 위의 책, 483-488쪽.

한편 우치무라는 사도 바울의 고백신앙인 "예수 그리스도의 종 바울(로마서 1장 1절)에 많은 감화를 받았다. 그는 바울이 교회 또는 정부, 사회 또는 대중의 종이 아니라 예수 그리스도의 종임을 고백한 것을 자신의 신앙으로 받아들였다. 그는 이렇게 말했다.[76)]

> "그의 임무는 사회봉사가 아니다. 교회 또는 정부를 섬기는 것이 아니다. 오로지 전심으로 그리스도를 섬기는 것이다. 예수의 종 바울이라고 했다. 그러므로 그는 독립의 사람이었다. 용기의 사람이었다. 겸손의 사람이었다. 동시에 친절의 사람이었다. 그는 인간도, 사회도 섬기지 않았다. 그러나 예수 그리스도를 섬겼기 때문에 세상을 향상시키고, 깨끗케 하고 개혁하는 데에 어느 누구도 따르지 못하는 공적을 남겼다. 아아, 나도 저 바울을 본받아 참으로 예수 그리스도의 종이 되고 싶다."

그러면서 우치무라는 유대인이며, 예수 그리스도의 제자였던 바울이 "누가 나의 이 자랑을 헛되게 한다면 차라리 내가 죽는 편이 낫겠다(고린도 전서 9장 15절)"라고 한 구절을 두고, 바울을 진정한 무사로서「무사도 정신」을 터득한 사람이라고 주장했다. 또한 바울만큼 그 주인인 그리스도에게 충직한 사람은 없었다는 점에서도 「무사도 정신」을 발견했다. 그리고 바울이 "돈을 사랑하는 것이 모든 악의 뿌리다(디모데 전서 6장 10절)"에서 보인 금전을 천하게 여기는 정신에서도 바울이 독립자이며, 일본의 옛날 무사의 모범이었다고 주장했다.[77)]

[76)] 內村鑑三(김유곤·김윤옥 역), 『內村鑑三全集』 제9권, 설우사, 1975, 307쪽.
[77)] 위의 책, 307-308쪽.

이는 우치무라가 바울의 신앙을 일본의 전통과 접맥시켜「무사도 정신」으로 파악하고, 이를 회복시키는「무사도적 기독교」를 제창하게 된 배경이 되었다.

또 한편 우치무라는 바울의 경제적 독립사상에서 일본적 기독교를 표방하는 사상적 근거를 찾았다. 우치무라는 "나는 바울을 사랑한다… 나는 그가 고린도 교회에서 그에게 주려고 한 원조를 거절한 말을 사랑한다"고 하면서, 바울의 "누가 나의 이 자랑을 헛되게 한다면, 차라리 내가 죽는 편이 낫겠다"는 고백은 결코 겸손의 말이 아니라, 독립의 명예를 훼손당하기보다는 죽는 편이 훨씬 낫다는 말이라고 했다.[78]

즉 바울은 노예적 근성을 가지고서까지 그리스도의 복음을 전하려고 하지 않았다는 것이다. 우치무라는 교회의 보조, 친구의 원조는 우리의 자유와 독립을 훼손당하지 않는 범위 내에서만 받아야 한다고 주장했다. 만일 우리의 자유가 조금이라도 제한된다면 단연 이것을 거절해야 한다고 했다. 미국 교회, 영국 교회 또는 일본 교회, 어느 교회를 막론하고 조금이라도 우리의 자유를 방해하고 우리들의 독립을 손실케 하는 자가 있다면 우리는 바울의 행위를 본받아 단연 그 원조를 거절해야 한다고 주장했다. 그런 점에서 바울에게는 일본 무사의 강직하고 씩씩함이 있었다고 보았다. 우치무라는 바울이 얼마나「경제적 독립」을 중히 여겼는지를 밝히면서 바울을 본받아야 한다고 주장했다. 그래서 우치무라는 신앙의 처음부터 독립을

---

78) 內村鑑三(김유곤·김윤옥 역),『內村鑑三全集』제8권, 설우사, 1975, 522쪽.

결심했고, 기독교를 믿어도 외국 선교사 지휘 아래서는 믿지 않겠다고 결심했다. 특히 외국인의 금전적인 원조를 받고는 전도하지 않겠다고 결심했다. 그리고 50년 후의 오늘에 이르기까지 대체로 이 결심을 실행해 왔다고 고백했다.[79]

우치무라는 항상 시끄러울 정도로「독립」이라는 말을 하고 다녔다. 그에 의하면「독립」이라는 말은 15세기 말경에 영국에 청교도라는 것이 일어나 가톨릭교회라든가, 감독교회라든가, 모든 사람의 구전이나 조직으로 이루어진 교회에 대해서 강력히 반대했을 때, 그들이 자신의 입장을 분명히 하기 위해서 고민한 결과 만들어냈다는 것이다. 우치무라는 독립이라는 글자는 성서의 사상을 잘 나타내는 것으로 로마서 13장 8절, "서로 사랑하는 것 외에는 아무에게도 빚을 지지 말라"고 한 구절은 확실히 독립을 권하는 말이라고 했다. 또 "너희가 아는 대로 나는 이 손으로 나와 내 일행에게 필요한 것을 위하여 일했다(사도행전 20장 34절)"는 사도 바울의 말은 그의 손으로 그와 함께 있던 자의 생활비를 벌면서 그의 전도에 종사했다는 말임을 밝혔다. 그리고 "아무에게도 빚을 지지 말라(로마서 13장 8절)"란 사도 바울의 주의였다고 말했다. 데살로니가 후서 3장 8절 이하에도, "우리는 너희와 함께 있을 때 남의 식량을 거저 얻어먹은 일이 없었고, 너희 중 어느 누구에게도 부담이 되지 않게 하려고 수고하며 애써 밤낮으로 일했다...우리가 너희와 함께 있을 때에 일하기 싫어하는 사람은 먹지도 말라고 명한 일이 있다"는 구절 역시 독립이라고 말할 수 있다고 주장했다. 생계상의 독립은 가장 많은 경우 신

---

[79] 위의 책, 522-530쪽.

앙상의 독립을 의미한다고 했으며, 사도 바울이 생계상의 독립을 중요시 한 것은 신앙의 독립을 유지하기 위해서였다고 보았다.[80]

즉 우치무라는 경제상의 독립은 최상의 독립은 아니지만, 모든 독립의 시작이라고 보았다. 먼저 경제적으로 독립하지 않고서는 사상적으로나 신앙적으로도 진정한 뜻에서의 독립에 이를 수 없다고 보았다. 경제는 육에 관한 일이지만 영에 미치는 감화는 대단히 강하다고 주장했다. 우치무라는 사람이 육인 동안은 그가 경제적으로 자유롭지 않으면 그 밖의 일에 있어서 자유일 수가 없다고 보았다. 그래서 그는 모든 자유를 사랑하는 사람은 제일 먼저 자기의 경제적 독립을 꾀했다고 주장했다. 그는 "독립이 없는 곳에 자유가 없다"고 하면서, 그리하여 모든 독립은 경제적 독립으로부터 시작되는 것이며, 자유 기독교의 시조는 바울이라고 주장했다. 우치무라는 다음과 같이 말했다.[81]

> "경제상의 의뢰는 내 자유사상과 신앙에 해가 되고, 또 남에게 신앙을 권하는 데도 지장이 되며, 그래서 나는 특히 이것을 꾀해야 한다고 말하는 것이다...그래서 나는 말한다. 먼저 경제적으로 독립하라. 후에 진리와 자유에 대해서 말하라. 지극히 야비한 말처럼 들리지만 경제적 독립은 두뇌와 영혼의 독립에 앞서야 하는 것이다. 경제적으로 독립하면 두뇌와 영혼은 자연히 독립한다. 피해야 하고 꺼려야 하는 것은 경제적 속박이다."

이상과 같이 우치무라는 바울의 신앙이 나의 신앙이라고 고백할

---

80) 內村鑑三(김유곤·김윤옥 역),『內村鑑三全集』제8권, 503-504쪽, 525쪽.
81) 위의 책, 525-527쪽.

정도로 바울로부터 많은 영향을 받았다. 우치무라는 바울의 교회관은 오늘날 지칭되는 교회와는 다른 것으로 보았고, 그의 바울신앙의 해석은 그가 기성 제도권 교회를 비판하고, 무교회주의를 제창하게 된 배경이 되었다. 그리고 우치무라는 바울의 그리스도 십자가와 속죄론 및 부활신앙과 그리스도의 재림, 구원론 등에서 나타나는 단순한 복음주의 신앙을 기반으로 후술하는 일본적 기독교를 제창했던 것이다.

또한 우치무라는 바울만큼 그 주인인 그리스도에게 충직한 사람은 없었다고 하면서, 여러 가지 점에서 바울의 무사도 정신을 발견하여, 이를 회복시키려는 일본적 기독교인「무사도적 기독교」를 제창하게 되었다.

한편 우치무라는 바울의 경제적 독립사상에서 일본적 기독교를 표방하는 사상적 근거를 찾았다. 우치무라는 바울의 독립사상을 본받아 일본의 독립과 자유를 방해하는 그 어떠한 세력의 원조도 거절해야 한다고 주장했다. 특히 외국 선교사, 그 중에서도 일본에서 많은 영향력을 끼치는 미국 선교사로부터의 독립을 주장했다. 왜냐하면 경제적 독립은 신앙을 포함한 모든 독립의 시작이라고 보았기 때문이다.

이밖에도 우치무라의 종교심을 길러 준 것은 홋카이도에 있었을 때 주로 산천초목과 바람, 달, 들짐승 등 모두 자연물이었다. 그는 박물학의 연구에 종사하고 있었기 때문에 그를 만유의 하나님께 접근시켜 준 것은 참으로 홋카이도의 자연물이라고 고백했다. 또한 우치무라의 사상에 큰 영향을 미친 사람을 지명한다면 애머스트대학의 총장 실리 선생이었다. 우치무라는 실리 선생에게서 이상적 기독교의 모습을 발견했다고 한다. 실리 선생의 어린아이 같은 신앙과 온유함은 우치무라로 하여금 품격은 인간의 가치에 있어서 지식보다 우위를 차지한다는 것을 알게 해주었다고 고백했다. 또한 우치무라가 미국에 있는 동안 정신병원이나 요양원에서 종사하였던 것은 우치무라에게 기독교의 사랑이 얼마나 넓고 크고 힘이 있는가를 가르쳐 주었다. 그리하여 사회의 개량도, 국가의 진보도 모두 흔들리지 않는 기초 위에 올려놓으려면 그리스도의 진리로 말미암지 않으면 안 된다는 확신을 품게 되었다. 이밖에도 성 아우구스티누스의 『고백』은 우치무라에게 제2의 성서로써 영향을 주었다. 존 번연의 『언행기』및『천로역정』을 읽고, 그의 영혼의 경력은 결코 공상적인 것만은 아님을 알았고, 데이빗 리빙스턴의 전기를 읽고 기독교 신도의 이상적인 생애란 어떤 것인가를 깨달았다. 그 밖에 크롬웰의 전기를 읽고 기독교가 애국심에 미치는 힘을 인식했다.[82]

특히 우치무라는 정신병원에서 간호보조원으로 일할 때 그곳 원장인 이삭 뉴튼 컬린은 우치무라에게 인생과 종교를 최대한 활용하는 법을 가르쳐 주었으며, 유니테리언주의(삼위일체를 부인하고 예수님의 신성을 인정하지 않는 종파)를 신봉하는 원장 부인은 우치무라의 편견을 깨고 개방적인 사고방식을 가능하게 해 주었다. 그는 이러한 종류의 유니테리언주의와 화해할 수 없는 정통신앙은 정통 혹은 바른 교리라고 불릴 가치가 없다고 생각했다. 우치무라가 생각하는 참된 관용은 자기 자신의 신앙에 대한 신념을 굽히지 않으면서

---

82) 內村鑑二(김유곤 · 김윤옥 역),『內村鑑三全集』제7권, 387-389쪽.

도, 동시에 모든 정직한 신앙을 허용하고 참아 주는 것이라고 생각했다. 진리의 일부는 알 수 있다고 믿으나, 모든 진리를 다 알 수 있다고는 믿지 않는 태도야말로 진정한 기독교적 관용의 기초이며, 모든 사람에게 호의를 가지고 평화롭게 대할 수 있는 원천이라고 보았다. 그리고 이러한 사상을 갖게 해준 데는 원장 부인의 역할이 있었음을 고백했다.83)

또한 정신병원에서 일하던 감독교회주의자인 의사 역시 우치무라의 모나고 편벽된 기독교 신앙을 많이 다듬어 주었다. 그리하여 미국의 한 정신병원에서 보조원으로 일하는 동안 우치무라는 그의 정신적·영적 시야에 많은 영감을 받았고, 그 영역을 확장시켜 갔다.84)

---

83) 우찌무라 간조(양혜원 옮김), 『회심기』, 183-186쪽.
84) 위의 책, 187-189쪽.

제3절 무교회주의

우치무라는 불경사건이나 무교회주의 사상 등으로 인해 다음과 같이 교회로부터 추방을 당했다.

"나는 교회라는 데가 선한 사람만의 단체가 아니라는 것을 깨닫지 않을 수 없게 되었다. 나는 교회 안에서도 마음을 놓아서는 안 된다는 것을 알게 되었다. 그뿐만 아니라 나의 진정어린 의견이나 고결한 사상이나 용감한 행위 같은 것이 도리어 나를 교회가 싫어하는 존재로 만들어 버렸다…나는 내가 진리라고 믿는 것을 고수했기 때문에 혹은 유명 박식한 신학자들로부터 따돌림을 당하고, 혹은 교회 안에서 인망이 높은 고덕자로부터 무신론자로 배격받기도 하고, 나중에는 교회 전체로부터 위험한 이단자, 성경을 소중히 여기지 않는 불경인, 교회의 이리 등의 낙인이 찍혀 나의 신앙과 행실을 공격받았다…박식과 재능이 어찌 한 파의 독점물이란 말인가?…무슨 일에 있어서나 자기 뜻만을 관철시키려고 하는 것은 오만하고도 미련한 짓이며, 우리가 삼갈 일이다…반대론자는 말하리라. 만일 네가 주장하는 대로라면 교회가 무슨 필요가 있단 말인가? 사람은 혼자서 설 수 없기 때문에 교회가 필요한 것이 아닌가라고. 하지만 그것은 천박한 이론이다. 그 논리를 가지고 가톨릭교회가 과거 1,500년간 다른 기독교도들을 짓눌러 온 것을 보지 못했는가?…교회는 진리를 배움에 있어서 좋은 도움은 되겠지만 진리는 교회 밖에서도 배울 수 있는 것이다…나는 교회에서 버림받았다. 나는 내가 현세의 낙원이라고 믿었던 교회로부터 추방당했던 것이다."[85]

우치무라는 교회라는 데가 선한 사람만의 단체가 아니라는 사실을 깨닫게 되었다. 그뿐만 아니라 신학상의 사상에 있어서나 전도상의 방침에 있어서나 교육상의 주의에 있어서 그가 진리라고 믿는 것을 고수하고, 용감한 행동을 했기 때문에 무신론자로 배격당하거나, 나중에는 교회 전체로부터 위험한 이단자, 성경을 소중히 여기지 않는 불경인, 교회의 이리 등의 낙인이 찍히게 되었으며, 그의 신앙과 행실을 공격받았고, 교회로부터 배격당하는 존재가 되었다.

결국 우치무라는 일본 기독교계에서 고립되고 말았다. 동료 기독교인들로부터 완전히 버림받았다고 느낀 1892년에 그는 「나는 무교회가 되었다」라고 말하며, 무교회라는 단어를 처음으로 사용했다.[86]

특히 「무교회주의」란 우치무라가 1907년 3월에 그가 창간한 『성서지연구』에 「무교회주의의 전진」이라는 글 속에서 이 단어를 만들어 씀으로써 사용하게 된 신앙적 입장을 지칭하는 용어였다.[87]

여기서 우리는 앞서 언급한 바울신앙을 기반으로 하고 있는 우치무라의 교회관을 다시 살펴보아야 한다. 우치무라는 원래 교회가 지닌 뜻을 고린도 전서 1장 1절부터 3절까지에 있는 바울의 교회관에서 찾았다.[88]

우치무라는 여기서 나타나는 「하나님의 교회」란 「하나님의 에클레시아」란 의미이며, 이는 단순히 회합, 또는 회중이라는 뜻으로 원래 교회라고 번역해야 할 말이 아니며, 오늘날과 같은 교회가 아니라고 주장했다. 이는 구체적으로 예수 그리스도 안에서 거룩해지고,

---

85) 우치무라 간조(박수연 옮김), 『기독신도의 위로』, 42-53쪽.
86) 양현혜, 『김교신의 철학』, 43쪽.
87) 김요한, 앞의 논문, 19-20쪽.
88) 內村鑑三(김유곤 역), 『內村鑑三全集』 제16권, 307쪽.

성도라 부르심을 얻은 자들이며, 주 예수 그리스도의 이름을 부르는 자들, 곧 주 예수 그리스도를 하나님으로 숭배하고 섬기는 사람들인 신자들이 모여 사랑의 법칙을 실천하며, 지상에 하나님의 나라를 실현시키기 위한 모임이라고 주장했다. 초대 기독교는 예수 숭배 위에 서 있었던 이러한 신자들의 모임이었다는 것이다.[89]

이에 우치무라는 교회가 그리스도와 살아 있는 친교를 공유하는, 신자들의 사랑의 공동체였던 초대교회의 모습인 에클레시아로 되돌아가야 한다고 했다. 우치무라는 초대교회의 단순성을 회복한 진정한 에클레시아에 대해서 이렇게 말했다. "그리스도는 말하셨습니다. 내 이름 때문에 두 세 사람이 모인 곳에는 나도 그들 중에 있느니라." 따라서 우치무라는 두 세 사람 이상의 진정한 신자가 그리스도의 이름에 의해 모이는 곳에 진정한 교회가 있다고 생각했다. 이는 우치무라가 지향하는 교회가 「작은 교회」임을 말해주는 것이다. 그리고 그 중심은 그리스도이다. 그리스도 같지 않은 사람은 기독교 신자가 아님과 동시에, 그리스도 같지 않은 교회는 그리스도의 교회가 아니라는 것이다.[90]

그리하여 우치무라의 교회는 바로 그리스도였다. 그는 이렇게 고백했다. "그리스도는 나의 모든 것이다. 그는 내 친구다. 내 형제다. 내 교회다. 내 나라다. 그 안에 있어 나는 아무 부족이 없다. 그리스도는 내 영의 우주다."[91]

우치무라에게 있어 모든 일은 그리스도를 안 다음이었다. 실업도,

---

[89] 위의 책, 312쪽.
[90] 양현혜, 「김교신과 무교회주의」 1, 『기독교사상』 38권 5호, 1994.5, 114-116쪽; 內村鑑三(김유곤·김윤옥 역), 『內村鑑三全集』 제8권, 359-360쪽, 379쪽.
[91] 우치무라 간조(최운결 옮김), 『소감』, 설우사, 1998, 29쪽.

정치도, 문학도, 철학도, 종교마저도 그리스도를 안 다음의 일이었다. 그래서 우치무라는 자신이 그리스도가 되는 것을 목표로 했다. 그의 손이 되고, 그의 발이 되는 것이다. 우치무라는 이미 죽고, 그리스도로 하여금 그 안에 살게 하는 것이었다. 그리스도는 그의 구주였으며, 그의 생명이며 부활이었다. 우치무라에게 교회가 없지만, 그러나 그리스도가 있으므로 그에게 또한 교회가 있다고 했다. 왜냐하면 그리스도가 곧 그의 교회였기 때문이다. 그에게 그리스도가 있으므로 그는 완전한 교회에 속한 자라고 했다.[92]

그런데 우치무라는 그리스도의 제자들은 그 스승과는 달리 중점을 교회에다 두었으며, 그러한 결과 마침내 교회는 오늘날과 같은 것이 되고, 이 나쁜 결과를 가져오는 데 가장 힘이 된 사람이 바로 사도 바울이라고 지적했다. 사도 바울에 의해서 교회와 신학이라는 쌍둥이가 세상에 태어난 것이라고 했다. 그러나 바울도 물론 교회의 오늘날의 변태를 예상하고 이에 관한 그의 사상을 말했던 것은 아니라고 하면서, 그의 과실은 다만 지나치게 교회에 중점을 둔 점임을 주장했다.[93]

따라서 우치무라는 "우리들은 교회문제에 관해서도 역시 사도를 떠나 직접 그리스도에게 돌아가야 마땅하다"고 하면서, "그리스도가 「나의 에클레시아」라고 말씀하신 것은 부패할 위험이 조금도 없는 것이다. 이것은 단순히 사랑을 법칙으로 하는 「가정적 단체」이다. 「두세 사람이 내 이름으로 모이는 곳에는 내가 그들과 함께 있기 때문이다(마태 18장 20절)"라고 말했다.[94] 여기에서 우치무라의 교회는

---

[92] 위의 책, 31쪽, 34-37쪽.
[93] 內村鑑三(김유곤·김윤옥 역),『內村鑑三全集』제8권, 356쪽.

교회적 조직과 제도를 가지지 않는 무교회 및 「작은 교회」로 나아갔다.

우치무라는 "이를 테면 교회에 감독이 있고, 장로가 있고, 신학자가 있고, 헌법이 있고, 신조가 있고, 또한 일종의 정부나 정당과 같은 것, 교세 확장을 꾀하는 내 신앙을 사회의 세론으로 하여 민중을 제도하려고 떠들어대는 자들이 있는, 그것을 교회라고 말들 하지만, 이는 그리스도가 세우신 교회가 아닙니다. 우리들은 그러한 교회에 대해서는 공공연하게 무교회주의를 주장합니다"라고 했다.[95]

특히 우치무라는 루터는 종교개혁 이후에도 성직제도 및 성례전을 유지함으로써, 종교개혁은 로마 가톨릭교회로부터의 완전한 단절이 아니라, 그 제도와 전통을 어느 정도 보존하는 결과가 되었다고 주장했다.[96]

이에 우치무라는 루터의 종교개혁은 저지된 운동으로 끝났다고 보고, 현재의 기독교는 제2의 종교개혁이 필요하다고 생각했다. 그가 말하는 제2의 종교개혁이란 인간의 율법적 행위에 의한 의인의 추구를 일체 배제하고, 단지 오직 하나님의 은혜에 의한 신앙만의 신앙을 관철하는 것, 또한 프로테스탄트주의를 논리적 귀결까지 철저화한 '만인사제주의'를 관철하고, 현재 교회에서 나타나고 있는 모든 제도적·규범적 「교회주의」의 흔적을 제거하는 것이었다.[97]

이처럼 우치무라는 진정한 교회는 바로 무교회라고 하면서, 이는 진정한 그리스도의 몸이라고 주장했다. 그는 루터의 과오는 교회를

---

94) 위의 책, 356-358쪽.
95) 위의 책, 359쪽.
96) 양현혜, 『윤치호와 김교신』, 한울, 2009, 128쪽.
97) 양현혜, 『윤치호와 김교신』, 128쪽; 양현혜, 「김교신과 무교회주의」 1, 앞의 잡지, 113쪽; 김요한, 앞의 논문, 19-20쪽.

떠나 따로 교회를 세운 일이라고 하면서, 프로테스탄트주의를 그 당연한 결론에까지 가지고 간다면 무교회주의가 된다고 주장했다.[98]

한편 우치무라의 무교회는 오늘날의 교회제도나 조직 및 건물지상주의라는 외형에 치우친 교회나 제도에 의해 나무와 돌로써 세워진 교회가 아니라, 성경 위에 세워진 교회를 지칭했다. 이에 대해 그는 다음과 같이 주장했다.[99]

"교회를 목회하는 자가 반드시 종교가가 아니다. 신학을 강의하는 자가 반드시 종교가가 아니다. 전도를 계획하고 이 세상을 그리스도의 나라로 만들려고 하는 자 또한 반드시 종교가가 아닌 것이다. 종교가는 하나님과 가깝게 교제하는 사람이다…내게도 또한 교회가 있다. 손으로써 만든 땅 위의 교회가 있다. 그러나 이것은 나무와 돌로써 만들고 강단과 좌석을 갖춘 교회가 아니다. 나의 교회는 검정과 하양으로써 만들어진 종이 위의 교회이다. 그 목사는 저자이며, 교인은 독자이다. 가장 간단하며 가장 값싼 교회이다. 그러나 가장 튼튼한 교회이다. 교회는 본디 이런 것이었다. 교회는 가톨릭교회 또는 성공회 또는 루터교회이기 전에 한 권의 성경이었다. 그리고 사람이 만든 이러한 교회가 다 쓰러진 후에 종이 위의 교회인 성경으로서 남을 것이다. 하나님은 영구적인 교회를 돌과 벽돌로써 만드시지 않고 그것을 썩기 쉬운 종이 위에 세우셨다. 그러므로 나도 또한 내 교회를 종이 위에 세우련다. 그리고 나무와 돌로써 만든 교회가 다 썩어 없어진 후에도 남아 있으련다."

---

98) 內村鑑三(김유곤·김윤옥 역), 『內村鑑三全集』 제8권, 357-360쪽, 373-374쪽.
99) 우치무라 간조(최운걸 옮김), 『소감』, 251-254쪽; 김요한, 앞의 논문, 21쪽.

이처럼 우치무라의 교회는 바로 성경이었다. 그것은 나무와 돌로써 만들고 강단과 좌석을 갖춘 교회가 아니다. 그의 교회는 검정과 하양으로써 만들어진 종이 위의 교회였다. 그 목사는 저자이며 교인은 독자였다. 가장 간단하며 가장 값싼 교회였다. 그러나 가장 튼튼한 교회라는 것이다.

우치무라는 성경은 하나님에 관하여 기록한 책으로, 곧 하나님의 본성, 하나님의 의지, 하나님의 권능, 하나님의 자애 등을 가장 명확하게, 그리고 가장 진실하게 우리에게 가르쳐주고 있다고 했다. 그리하여 우치무라는 성경은 하나님이 인류에게 준 가장 큰 선물이라고 했다.[100)]

또한 우치무라의 교회는 삶의 터전이자 일상생활의 공간이었다. 그는 만일 우리에게 교회가 있다고 하면, 그것은 우리의 가정이며, 우리의 서재이며, 우리의 사무실이며, 우리의 전원이며, 우리의 공장이며, 우리의 상점이라고 했다. 여기서 하나님을 섬기며 찬송하며 그의 영광을 나타내려 한다고 했다. 우리에게 특별히 신성한 곳이 없다. 우리가 앉는 곳, 서는 곳, 모두가 신성하다. 그곳에서 하나님께 예배드리면 족한 것이다. 그리고 예배란 하나님을 사랑하고, 사람을 사랑하는 일이라고 했다. 그의 신앙과 봉사는 이것이었다. 이것을 제외하고는 그에게 종교란 없었다. 우치무라는 "교회가 무엇이냐? 의식이 무엇이냐? 교리가 무엇이냐? 신학이 무엇이냐? 만일 내게 사랑이 없다면 나는 무신의 도배이다. 이단의 두목이다"라고 말했다.[101)]

---

100) 우찌무라 간조(김유곤 옮김), 『一日一生』, 설우사, 1998, 101쪽, 249쪽.
101) 우치무라 간조(최운걸 옮김), 『소감』, 244쪽, 249쪽.

한편 우치무라의 교회는 자연이었다. 그는 다음과 같이 고백했다.[102]

"나는 무교회가 되었다. 사람의 손으로 만든 교회를 나는 가지지 않는다. 나를 위로하는 찬미소리는 없다. 나 때문에 축복을 비는 목사도 없다. 그러면 하나님을 예배하고 하나님에게 가까이 나아가기 위한 예배당은 가지지 않았단 말인가? 저 서산에 올라가 넓은 들을 눈 아래 굽어보며, 속세 떠나기 천 길, 홀로 무한과 교통할 때 산들바람이 소나무를 흔들어 찬송을 부르고, 머리 위의 독수리, 매가 나래를 펴 하늘의 축복을 전해 주고 있지 않은가? 석양이 지려하고, 동산의 보랏빛, 서쪽 구름의 분홍빛이 흐르는 물에 녹아드는 때에 홀로 제방 위를 걸으면서 이미 떠나간 성자와 영교(靈交)하노라면 벳새다의 바위산과 성 마르코 성당의 높은 단이 내게 은근한 설교를 들려주는 것이 아닌가? 노한 파도가 해안을 때려 흰 거품과 모래를 날리는 곳, 베스호렌의 개선가, 던바의 포성, 모두가 내 용기를 북돋아 주고 있지 않은가? 그렇다! 나는 무교회가 아니다."

이는 우치무라의 교회관이 자연에까지 미치는 것을 의미했다. 자연의 모든 것들이 신성한 하나님의 교회가 되기 때문에 그는 무교회를 주장하지만 무교회가 아님을 밝힌 것이다.

또한 홋카이도에 있는 삿포로 농업대학에서 기초가 놓여졌던「자연」혹은「천연」에 관한 연구는 우치무라 사상형성에 중대한 의미를 가졌다. 우치무라의 자연연구에서 중요한 것은 그가 자연을 과학적 연구대상으로서 보는 것뿐만 아니라, 그것에 영향 받아 자연과 더불어 살려는 입장을 평생 지니고 있었다는 점이다. 그는 자신을

---

102) 우치무라 간조(박수연 옮김),『기독신도의 위로』, 59쪽.

삿포로 농업대학을 둘러싼 자연에게 길러진 「홋카이도 자연의 아들」이라고 말하는 것을 거부하지 않았다. 홋카이도는 메이지 초년 새로운 개척지, 개척해야 하는 자유로운 자연이었다. 그 자연의 아름다움은 장대하고 원시적인 자연 그 자체가 만들어낸 아름다움이었다. 그는 수차례 홋카이도의 들판이나 강, 그리고 장대한 산맥, 산림을 회상하면서 찬미하고 거기에서 하나님의 목소리를 들을 수 있었음을 감사했다.[103]

그리하여 우치무라의 종교심을 길러 준 것은 앞서 언급한 바와 같이 홋카이도에 있었을 때 주로 산천초목과 바람, 달, 들짐승 등 모두 자연물이었다. 그는 박물학의 연구에 종사하고 있었기 때문에, 그를 만유의 하나님께 접근시켜 준 것은 참으로 홋카이도의 자연물이라고 고백할 수 있었다.[104]

우치무라는 "자연은 하나님이 아니다. 그러나 하나님은 자연으로 우리를 지탱하시고, 먹이시고 지키시고 우리를 가르치신다. 이리하여 우리가 자연을 접촉하고 자연 안에서 생존하며 하나님을 만나고 하나님의 품속에서 사는 것은, 참으로 우리가 우리들의 일상생활에서 「하나님 안에서 살고 움직이며 또 하나님 안에 존재하기 때문(사도행전 17장 28절)이다」"라고 했다. 그리고 "우리는 땅 위에 살면서 하나님의 성전에 있는 것이다. 신앙의 눈으로 보면 땅 그 자체가 하나님이 만드신 기초가 있는 도시다"라고 하면서, 꽃이 들에서 피는 것은 하나님의 미소요, 이슬이 아침 햇살에 반짝이는 것은 아버지의 얼굴이며, 바람이 가지를 흔드는 것은 그의 속삭임이라고 했다.[105]

---
103) 양현혜, 『우치무라 간조』, 71-75쪽.
104) 內村鑑三(김유곤·김윤옥 역), 『內村鑑三全集』 제7권, 387-388쪽.

특히 우치무라는 다음과 같이 하나님과 자연과의 관계를 설명하고 있었다.[106]

"하나님은 참으로 충실한 농부이다. 그는 식물의 세밀한 데까지 간여하신다. 그는 씨를 보호하고, 이를 따뜻이 간직하고, 이를 촉촉하게 하고, 그 싹이 트면 기뻐서 이를 축하하신다. 그는 공중의 새를 지키시며, 그 중의 한 마리도 그의 허락 없이는 땅에 떨어지지 않는다(마태복음 10장 29절). 그는 또한 들의 백합꽃을 사랑하시며 그 꽃을 장식하시되 솔로몬의 지극한 영광의 때에도 볼 수 없었던 아름다움으로 장식해 주셨다(마태복음 7장 29절). 과연 악마는 도시를 만들고, 하나님은 전원을 만드셨다. 하나님은 서늘한 나뭇그늘 사이를 산책하시며, 새싹이 움트는 논밭 고랑 사이를 거니신다. 그는 농부의 심정으로 씨앗이 움트는 것을 기뻐하신다. 이 하나님을 송축하리로다! 그는 성전의 성소 안에 계시면서 백성을 심판하시는 하나님이 아니다. 논두렁 사이로 내려가서 농부들과 더불어 논밭을 갈고 김을 매는 하나님이시다."

이러한 우치무라의 자연관은 자연환경에 대한 인간중심적인 정복과 지배라는 기존의 기독교적 자연관에서 벗어나 자연환경에 대한 인간의 무차별적 파괴와 착취를 거부하고, 자연환경의 중심은 인간이 아니라 하나님이고, 자연환경의 모든 것은 하나님의 소유이며, 자연환경은 모든 생명을 위한 하나님의 은혜라고 선언한 것이다. 그리하여 우치무라는 모든 자연환경을 이용대상으로 삼는 자본주의 사회의 공격적이고 착취적인 태도를 지양함으로써, 자연환경을 그

---

105) 內村鑑三(김유곤·김윤옥 역), 『內村鑑三全集』 제9권, 225쪽.
106) 우치무라 간조(김유곤 옮김), 『一日一生』, 153쪽.

자체로서 존엄성과 권리를 가진 것으로 인식하고, 이를 통해 모든 피조물이 하나님의 창조질서 안에서 하나가 되는 새로운 창조 공동체를 세울 수 있는 비전을 제시하고 있다.

우치무라는 하나님의 속성은 성서라는 책에 담겨있지만, 자연이라는 책에도 직접 반영되어 있다고 여겼던 것이다. 즉 우치무라는 성서라는 책과 자연이라는 책을 함께 읽음으로써 신의 뜻을 온전히 이해하고자 했던 것이다.[107]

따라서 우치무라는 종교와 과학의 관계에 대해 아래와 같이 말했다.

> "사람들은 종교와 과학은 모순된다고 말한다. 하지만 나는 아직도 그런 주장을 인정할 수 없다. 종교는 영계의 과학적 고찰의 결과라고 할 수 있으며, 과학은 물질계의 종교적 관찰이라고 말해도 좋을 것이다. 우리는 종교를 탐구함에 있어서 과학적인 방법을 응용하기를 두려워할 필요가 없을 뿐만 아니라, 보통의 과학적 상식에 어긋나는 종교적 사상은 받아들이지 않고 버린다. 또한 이와 대조적으로, 과학적 연구법에는 종교적 정신이 소용없다고 믿는 사람이 있다면 그 사람은 아직도 과학과 종교를 둘 다 모르고 있는 사람이라고 말할 수밖에 없다. 그것은 진실하고 솔직한 마음, 겸손한 마음, 모든 것에 우선하여 진리를 사랑하는 마음이야말로, 종교에서나 과학에서나 시작부터 끝까지 가장 필요한 것이기 때문이다."[108]

> "과학은 자연계에 있어서의 사실의 관찰이다. 종교는 심령계에 있어서의 사실의 관찰이다. 둘 다 사실의 관찰이다. 다만 관찰의 영역을

---

107) 신재식, 『예수와 다윈의 동행』, 사이언스북스, 2013, 127쪽, 137쪽.
108) 우치무라 간조(김유곤 옮김), 『一日一生』, 28-29쪽.

달리할 뿐, 둘은 목적을 같이 하고, 방법을 같이 한다. 사실을 알려고 한다. 정확하려고 한다. 과학의 적은 종교가 아니라 사변이다. 종교의 적은 과학이 아니라 신학이다. 과학과 종교는 좋은 형제이다."[109]

이처럼 우치무라는 과학과 종교의 관계를 밀접하게 생각하고 있었으며, 종교를 믿는 데 있어서 과학적 방법을 응용하는 것을 두려워하지 말 것을 권했다. 그리하여 그는 보통의 과학적 상식에 어긋나는 종교적 사상은 거부한다고 했다. 이 같은 태도는 과학과 신앙을 분리시키면서 미신적이고 신비주의적인 신앙을 보이고 있는 기존의 신학과 교회를 비판한 것이라고 볼 수 있다.

그는 "세상이 말하는 기독교에 미신이 아주 없지는 않다"고 하면서, 이른바 기독교라고 하는 것이 완고와 무지의 소굴로 화했던 적은 여러 번 있다고 말한 바 있다.[110]

요컨대 우치무라는 자연을 「하나님의 성전」으로 보며, 자연 속에서 하나님을 만나고, 자연을 하나님을 아는 계시로 인식한 「자연생태적 신앙」 및 「자연친화적 신앙」을 보여준 것이었다.

자연의 파괴는 곧 인간의 파멸을 의미한다. 그동안 인간에 의해 약탈당해 온 자연은 21세기 우리 시대의 가장 아픈 곳이자, 가난한 곳이 되었다. 그리하여 새로운 종교개혁을 꿈꾸는 화두가 바로 자연의 문제이다. 기독교의 창조신앙과 예수의 사상은 인간과 인간의 형평성과 평등성 및 인간과 자연과의 형평성을 강조한 것이다. 21세기

---

109) 우치무라 간조(최운걸 옮김), 『소감』, 58쪽, 64쪽, 265쪽.
110) 우치무라 간조(김유곤 옮김), 『一日一生』, 26쪽.

새로운 종교개혁은 그동안 인간의 효율성을 강조하면서 자연을 파괴해 온 자본주의에 편승하는 신앙이 아니라, 자연이 주는 은총인 「녹색은총」과 그리스도의 십자가 보혈의 은총인 「적색은총」을 결합하는 신앙을 지향하는 것이다.[111]

우치무라의 자연관은 이러한 21세기 기독교의 비전을 이미 잉태하고 있었던 것이다.

한편 우치무라는 기독교인은 중개자 없이 그리스도와 직접적인 살아 있는 관계를 사는 사람이라 생각하기 때문에 평신도와 성직자를 구별하는 「교회의 계급주의」에 반대했다. 더 나아가 「교파주의」나 그에 부수되는 「종교적 배타주의」와 「불관용주의」에도 반대했다.[112]

우치무라는 앞서 언급한 바와 같이 개방적이고 열린 신앙을 가지고 있었다. 우치무라는 기독교가 다른 종교와 전혀 무관하지 않다는 것을 인정했다. 실로 기독교는 위대한 십대 종교 중 하나라고 보았다. 그래서 그는 어떤 사람들처럼 기독교를 유일하게 가치 있는 종교로 보이려고 다른 종교는 몽땅 얕잡아 보는 일은 하지 않을 작정이라고 고백한 바 있었다. 그러나 그는 기독교보다 더 완벽한 종교는 아직 찾지 못했다고 했다.[113]

또한 우치무라는 "나는 나 자신 무교회 신자이다. 그러나 모든 교회에 대해 깊은 존경을 갖는다. 신교의 모든 교회에 대해서 뿐 아니라 그리스 정교회에 대해서, 가톨릭에 대해서 나는 깊은 성실한 존

---

111) 이정배, 「은총의 감각을 회복하라」, 성문밖교회 생태사경회, 2018.10.28.
112) 양현혜, 『김교신의 철학』, 59쪽.
113) 우찌무라 간조(양혜원 옮김), 『회심기』, 278-279쪽.

경을 표한다. 나는 나의 무교회주의에 어떤 진리가 있다는 것을 안다. 또 모든 교회에 어떤 다른 진리가 있는 것도 안다. 진리는 한 사람 혹은 한 단체가 독점할 수 있는 것이 아니다. 나도 또 나의 유한하고 미약함을 알기 때문에 나의 신앙을 확신함과 동시에 또 모든 다른 신앙에 대해서 깊은 존경을 표한다. 그렇기 때문에 나는 교회를 헐려고 하지 않는다. 되도록 이를 세우려고 한다. 이와 싸우려고 하지 않는다. 되도록 이와 협력하기를 바란다. 나는 내가 가진 것을 교회와 나누기를 원한다. 교회는 또 그 가진 것을 내게 나눌 수 있을 것이다. 우리들은 서로에 대해 굳이 원수가 되려고 할 필요가 없는 것이다"라고 개방적인 사상의 면모를 보여주었다.[114]

우치무라는 "나의 무교회주의는 주의를 위한 주의는 아니었다. 사람이 구원되는 것은 행위에 의하지 않고 신앙에 의한다는 신앙의 귀결로서 주창한 것이었다"고 하면서, 교회 공격을 위한 주의가 아니었으며, 신앙 창도를 위한 주의였다고 밝히면서 결론적으로 무교회주의는 십자가가 제일주의이며, 무교회주의는 제2, 혹은 제3주의라고 했다. 그리고 우치무라가 때로 강하게 교회를 공격한 것은 그 신앙에 있어서 복음의 진리에 맞지 않은 것이 있었기 때문임을 밝혔다. 그리고 자신은 거만하고 무례한 선교사를 미워했으나 아직까지 교회 자체를 미워한 적은 없다고 했다. 그는 교회의 나쁜 반면과 더불어 좋은 반면이 있다는 것을 알았기 때문이라는 것이다. 교회는 썩어도 성령은 아직 아주 그 안에서 떠나지 않았기 때문에 교회를 존경하지 않을 수 없다고 했다. 그렇지만 이는 교회와 화목하려고

---

114) 內村鑑三(김유곤·김윤옥 역), 『內村鑑三全集』 제8권, 439쪽.

하는 것이 아니며, 교회나 선교사가 그를 좋아하지 않기를 바란다고 말했다.115)

우치무라는 "무교회주의는 나의 신앙이다"라고 선언하면서, "내가 무교회 신자인 것은 어떤 사람이 감리교회 신자며, 또 어떤 사람이 침례교회 신자며, 어떤 사람은 성공회 신자며, 또 다른 사람은 조합교회 신자인 것과 똑같다. 이것은 내 편의대로 내 성질에 맞게, 나의 신앙을 돕는 주의이기 때문이다. 나는 모든 사람이 나처럼 무교회 신자가 아니면 안 된다고는 믿지 않는다. 나는 교회문제가 기독교의 근본문제라고는 믿지 않는다. 나는 사람들에게 내가 무교회 신자인 것이 받아들여지기를 바라는 것처럼, 나는 또한 그 사람들이 그 원하는 교회에 들어가는 것을 허락하는 바이다. 나는 남이 나의 무교회 신자임을 공격하기 전에는 그 사람에게 공격의 화살을 던지지 않는다. 나는「내가 무교회 신자이다」라고 몇 번이나 밝히 말했다. 그러나 아직까지 한 번도 남에게「당신도 나와 같이 무교회 신자가 되라」고 권한 적은 없다고 생각한다"고 했으며, "뿐만 아니라, 나는 교회를 돕는 데 주저하지 않는다. 물론 그 교회도 나의 무교회주의를 존중해 주기를 요구한다. 나는 어떤 교회에나 장점이 있는 것을 안다. 그렇기 때문에 그 장점을 도우려고 한다"고 말했다.116)

우치무라는 자신도 사교적인 인간이기 때문에 때로는 예배당에 모여, 회중과 함께 하나님을 찬미하고 기도하는 즐거움을 원치 않는 것은 아니라고 말했다. 교회의 위험물인 우치무라는 그 앞에 나서서 소감을 말하거나 남을 권면할 자유가 없으므로, 몰래 어두운 한 구

---

115) 위의 책, 452-453쪽.
116) 위의 책, 441-442쪽.

석에 자리를 잡아 마음으로 회중과 함께 노래하고 함께 기도할 뿐이었다. 이단의 괴수인 그는 공공연히 단에 올라서서 엄숙하게 복음을 전할 특권이 없으므로, 그는 고독에 잠겨 침체한 자, 또는 가난하여 사람 눈에 띄기를 꺼리는 자, 또는 죄로 인해 침침한 구석에서 하나님의 용서를 비는 자를 찾아가서 나사렛 예수의 가난과 고독과 은혜를 전하겠다고 말했다.[117]

이상과 같이 우치무라는 루터의 종교개혁의 정신을 이어받으면서도 그 문제점을 극복하기 위해 무교회주의라는 신앙적 입장을 취했다. 또한 그는 사도 바울의 사상을 기반으로 사도 바울이 밝힌「하나님의 에클레시아」란 의미는 단순히 회합 또는 회중의 의미로써, 사랑의 법칙을 실천하여 지상에 하나님의 나라를 실현시키기 위해 구성된 신자들의 모임이라고 해석했다. 그리하여 초대 교회는 그리스도와 살아 있는 친교를 공유하는 신자들의 사랑의 공동체였다고 주장했다. 즉 두 세 사람 이상의 진정한 신자가 그리스도의 이름에 의해 모이는 곳에 진정한 교회가 있다는 것이다. 그리고 이는 사랑을 법칙으로 하는「가정적 단체」를 의미한다고 주장했다.

우치무라는 자신의 무교회주의란 이와 같은 초대교회의 모습으로 회복되는 것이라고 했다. 따라서 우치무라의 교회란 그리스도를 중심으로 하며, 그리스도가 교회인「작은 교회」를 의미한 것이었다.

그러나 우치무라는 사도 바울과 사도들은 후에 그리스도가 아니라 교회 자체에다 중심을 두는 오류를 범했다고 보았다. 그리하여

---

[117] 우치무라 간조(박수연 옮김),『기독신도의 위로』, 59-60쪽.

오늘날과 같이 교회제도와 조직을 중시하는 교회로 변질되는 결과를 낳게 되었다고 주장했다. 특히 루터 역시 종교개혁 이후 성직제도와 성례전을 유지함으로써 가톨릭교회의 제도와 전통을 보존하는 결과를 낳게 되었다고 보았다. 그리하여 우치무라는 루터의 종교개혁의 정신과 사도 바울의 사상을 계승·발전시키면서도, 이들이 지닌 교회숭배 문제를 극복하기 위해 모든 제도적·규범적 교회주의의 흔적을 제거하고, 교회적 조직과 제도를 가지지 않는 무교회주의로 나아갔다. 그리고 프로테스탄트의 당연한 귀결은 바로 무교회주의라고까지 주장했다.

따라서 오늘날의 교회제도나 조직 및 건물지상주의라는 외형에 치중한 교회와는 달리 우치무라의 교회란 그리스도이며, 성경이었고, 이를 토대로 하는「작은 교회」였고, 자연이었으며, 삶의 터전이자 일상생활의 공간들로 나타났다. 이로써 우치무라는 모든 제도적·규범적 교회주의 및 교회의 계급주의에 반대했으며, 교파주의나 그에 부수되는 종교적 배타주의와 불관용주의에도 반대했다.

이에 따라 우치무라는 개방적이고 열린 신앙자세를 취하였다. 그는 무교회주의를 주장하면서도 무교회주의를 위한 주의를 외치지 않았고, 교회공격만을 위주로 하는 주의도 아니었다. 그리고 다른 모든 교회에 대해 존경심을 갖고 있었고 협력하려 했던 것이다.

제4절 애국사상과 일본적 기독교

1. 두개의 J(예수와 일본)

(1) 신앙과 애국심

우치무라는 다음과 같이 두 개의 J에 대해 설명했다.[118]

> "우리에게 사랑스러운 이름이라고는 천상천하에 단 두 개뿐입니다. 그 하나가 예수입니다. 그 다음이 일본입니다. 이를 영어로 말하면 그 첫째는 Jesus요, 둘째는 Japan입니다. 둘 다 J로 시작되기 때문에 이를 두 개의 J라고 말합니다. 예수 그리스도를 위해서 입니다. 일본을 위해서 입니다. 예수는 우리의 미래에 생명이 있는 것이고, 일본은 우리의 현재 생명이 있는 곳입니다. 그런데 하나님을 믿는 사람에게는 미래나 현재나 다 동일한 것이기 때문에 우리에게 있어서는 예수와 일본은 동일한 것입니다. 즉 우리들의 믿음은 나라를 위한 것이고, 우리들의 애국심은 그리스도를 위한 것입니다. 우리가 그리스도를 떠나서는 참된 마음으로 나라를 사랑할 수 없듯이, 또한 나라를 떠나서는 열심히 그리스도를 사랑할 수가 없습니다. 우리가 기독교를 믿은 첫째 이유는 그것이 우리가 사랑하는 이 일본을 구원하는 유일의 능력이라고 믿었기 때문입니다."

---

118) 內村鑑三(김유곤·김윤옥 역), 『內村鑑三全集』 제10권, 432-433쪽.

이렇게 우치무라는 예수 그리스도에 대한 사랑과 일본에 대한 애국심을 동일선상에서 바라보았으며, 그가 기독교를 믿게 된 첫째 이유는 일본을 구원하는 유일한 능력이 기독교에 있기 때문이라고 밝혔다.

우치무라가 자신의 조국인 일본에 대한 사랑을 잘 나타내며 고양시킨 것은 바로 그가 일본과 이별하고 미국으로 떠난 때의 순간이었다. 그 이상한 무엇이 집에 있을 때는 단순한 시내와 계곡, 산과 언덕 무더기에 불과하더니, 이제는 살아 있는 대상으로 바뀌었다. 일본을 떠나 미국을 향하는 배 위에서 소용돌이치는 수평선 아래로 조국 땅이 사라지고 있었고, 우치무라는 그때 매우 엄숙한 마음으로 퀘이커 교도 시인의 다음과 같은 말을 떠올렸다.[119]

> "땅 중의 땅이여, 그대에게 주리라.
> 우리의 마음과, 기도와, 아낌없는 봉사를.
> 그대를 위해 그대의 아들들은 고귀하게 살 것이며,
> 그대가 위기에 처했을 때 그대를 위해 죽으리."

우치무라는 미국에 있는 동안 조국인 일본의 실제 상황과 거대한 전체의 한 부분으로 일본이 가지는 장점과 단점, 강점과 약점을 이해하게 되었다. 일본에 있는 동안 그의 모국에 대한 시각은 극도로 치우쳐 있었음을 알게 되었고, 아직 이교도였을 때는 조국을 우주의 중심으로 여겼고, 세상의 부러움을 사는 나라로 믿어 왔다. 그러나 그가 회심했을 때 그 생각은 많이 달라졌다. 그는 미국과 청교도의

---

[119] 우찌무라 간조(양혜원 옮김), 『회심기』, 146-148쪽.

고향인 영국 그리고 루터의 조국 독일에 대해서 들었다. 츠빙글리의 자랑인 스위스, 녹스(스코틀랜드의 종교개혁자)의 스코틀랜드, 아돌푸스의 스웨덴에 대해서도 들었다. 그리하여 그의 마음에 그의 조국 일본이 아무짝에도 쓸모없는 나라로 비쳐졌다. 일본이 매사추세츠나 영국처럼 될 수 있을지 매우 의심스러웠다. 심지어 일본이 흔적도 없이 사라진다 해도 세상은 결코 더 나빠지지 않을 것이라고 진지하게 믿었다.[120]

그러나 멀리 미국에서 바라본 그의 조국 일본은 더 이상 아무짝에도 쓸모없는 나라가 아니었다. 그의 나라가 정말로 아름다워 보이기 시작했던 것이다. 이교도 시절에 보았던 괴상한 아름다움이 아니라, 자체적으로 역사적 개성을 가지고 우주 속에서 확고한 자리를 차지하고 있는 진정한 의미에서의 조화로운 아름다움을 가진 나라로 보였다. 민족으로 존재하는 것도 하나님의 섭리에 의한 것이요, 세계와 인류에 대한 나름의 사명은 분명히 선포되었으며, 지금도 선포되고 있다고 믿었다. 그리고 일본이 높은 이상과 고귀한 야망을 가지고 세계 인류를 위해 존재하는 신성한 실체로 보였다.[121]

특히 우치무라가 읽은 구약성경의 예레미야는 미래 예언은 거의 없고 현재에 대한 경고로 가득한 책임감이 있었음을 알게 되었고, 예레미야에게 나타난 하나님은 일본을 그냥 내버려 두지 않고 사랑하시며, 가장 기독교적인 민족을 보살피신 것처럼 그 오랜 세월 동안 일본도 돌보셨음을 깨닫게 되었다. 그 순간 애국심이 이제 백배는 더 강렬하고 인상적으로 우치무라에게 돌아왔다. 그는 일본지도

---

[120] 위의 책, 173-175쪽.
[121] 위의 책, 175-176쪽.

를 보고 눈물을 흘리며 기도했다. 러시아를 바벨론에 비유하고, 러시아 황제를 느부갓네살에, 그리고 일본을 오직 의의 하나님을 통해서만 구원받을 수 있는 무력한 유대 땅에 비유했다. 이때부터 2년간 성경에서 선지서 외에는 거의 읽은 것이 없었다. 그리고 그의 종교사상 전반이 선지서 때문에 바뀌었다. 그리스도와 사도들로부터 그의 영혼을 어떻게 구원할 것인가를 배웠다면, 선지자들로부터는 그의 조국 일본을 어떻게 구원할 것인가를 배웠다.[122]

우치무라는 하나님의 섭리가 일본에도 미친다는 생각을 했으며, 모든 좋은 선물이 하나님께서 주신 것이라면 일본 동포들의 칭찬할 만한 몇몇 면모들은 위로부터 온 것임을 확신했다. 그리하여 일본의 고유한 은사와 혜택으로 하나님과 세계를 섬겨야 한다고 생각했다. 하나님은 2천 년 동안 노력해서 얻은 일본의 민족적 특성이 미국과 유럽의 사상으로 완전히 대체되는 것을 원치 않으신다고 믿었다. 기독교의 아름다움은 기독교가 하나님이 각 민족에게 주신 모든 독특한 특성을 거룩하게 만들어준다는 데 있다고 보았다.[123]

그리하여 조국인 일본에 대한 우치무라의 애국심은 철저했다. 애국에 대한 다음과 같은 그의 견해를 들어보자.

> "종교가는 애국자여야 한다. 박애주의를 표방하면서 국가 존립의 이유를 깨닫지 못하거나, 국가의 위신을 희생시켜 가면서 외국 선교사의 명령에 따라서만 고분고분 움직이는 것은 아직도 종교의 큰 뜻을 알지 못하는 사람이다. 진정한 종교가는 한 사람의 예외도 없이 모두

---

122) 위의 책, 204-205쪽.
123) 위의 책, 234쪽.

애국자였다. 나라를 도외시한 종교 같은 것은 사교라고 여기고 물리쳐 버려도 괜찮다. 만일 천사의 모습을 하고 나타나서 나에게 한 종교를 전수하면서 말하기를 '나는 그대에게 종교를 전해 주겠다. 그러므로 그대는 애국심을 버리고 이것을 받아들이시오'라고 한다면 나는 그때 그에게 이렇게 말하겠다. '나는 그런 종교는 필요 없다. 나는 오히려 우리나라를 지키며 종교 없는 사람으로 살다가 죽겠다. 내 가슴 속에 불타오르는 한 가닥의 애국심, 나는 이것을 다른 그 무엇과도 바꾸지 않겠다. 그대는 나와 아무런 상관이 없다. 떠나가고 다시는 내게 오지 말아라."[124]

또한 우치무라는 신앙과 애국심에 대해 이렇게 말했다.[125]

"나는 나의 나라를 배반하고 나의 종교를 믿을 수 없다. 나는 나의 종교를 버리고 나의 나라에 충성할 수 없다. 나의 신앙은 애국심으로 격려되고, 나의 애국심은 신앙으로 깨끗하게 된다. 외국 사람에게 의뢰하는 종교와 박애에 뿌리박지 않은 애국심은 내가 한가지로 배척하는 바이다."

이처럼 그는 종교가는 애국자여야 한다고 강조하면서, 애국하는 마음, 이것이 우리의 충심이라고 주장했다. 이 애국심은 우치무라의 마음을 사로잡고 그의 생명을 조인다고 했다. 그리고 이를 위해 살고, 이를 위해 죽는다 해도 오히려 부족한 감이 있다고 했다.[126]
특히 우치무라에게 구체적인 애국심의 발현이라는 측면에서 모범

---

124) 우치무라 간조(김유곤 옮김), 『一日一生』, 22-23쪽.
125) 우치무라 간조(최운걸 옮김), 『소감』, 123쪽.
126) 우치무라 간조(김유곤 옮김), 『一日一生』, 142쪽.

이 될 만한 이는, 성서 속 예수와 바울이었다. 그는 예수에게 높고 깊고 강한 애국심이 있었다고 보았다. 때문에 그의 제자인 우리도 이것이 없으면 안 되며, 우리나라인 일본을 예수처럼 사랑해야 한다고 주장했다. 게다가 예수처럼 외적(外敵)보다는 내적(內敵)을 증오해야 한다고 했다. 우리들 중에도 또한 많이 존재하는 학자와 바리새인의 부류에 대해 저들의 얼굴을 두려워하지 않고, "위선자여", "독사의 무리여"라고 부를 용기를 가져야 한다고 주장했다. 곧 검으로써 하지 않고, 의로써 나라를 구하는 행위에 나서야 한다는 것이다. 그리하여 우치무라는 예수가 가르친 애국심에 따라 사랑하는 일본에 대한 비판적 자세를 견지하고자 했다.[127]

또한 우치무라는 바울로부터 뜨거운 동포사랑을 배웠다. 사도 바울은 로마서 9장 3절에서 이렇게 그의 동포사랑을 고백했다.

"나는 내 혈육을 같이 하는 내 동족을 위해서라면 나 자신이 저주를 받아 그리스도에게서 떨어져 나갈지라도 조금도 한이 없겠습니다."

이러한 사도 바울의 애국심을 본받아 우치무라는 자신이나 자신의 교회가 없어지더라도 자신의 동포가 구원받게 되기를 아래와 같이 갈망했다.[128]

"나의 이름은 지워져도 좋습니다. 원하옵나니, 하나님의 거룩한 이름이 드높아지기를. 나의 교회는 잃어도 좋습니다. 원하옵나니. 내 동

---
127) 박은영, 앞의 논문, 408-409쪽.
128) 우치무라 간조(김유곤 옮김), 『一日一生』, 88쪽.

포가 구원받게 되기를. 나와 나에게 속한 모든 것은 사라져 없어지더라도 나의 하나님의 영광은 나날이 드높아지기를."

심지어 우치무라는 설사 자기를 괴롭히는 국가라고 해도 사랑해야 하는데, 왜냐하면 이 세상의 모든 정치적 권능은 신의 세운 바이기 때문에 기독교인이라면 반드시 이 세상의 정치적 권능에 복종해야 한다는 것이다. 우치무라는 로마서 13장 1-2절에 언급된 바울의 「국권복종론」, 즉 "각 사람은 위에 있는 권세들에게 복종하라. 권세는 하나님으로부터 나지 않음이 없나니 모든 권세는 다 하나님께서 정하신 바라. 그러므로 권세를 거스르는 자는 하나님의 명을 거스름이니, 거스르는 자들은 심판을 자취하리라"란 말씀에 따라, 국민이 그리스도적 사랑의 대정신을 가지고 이 세상의 정치적 권능에 복종하는 것은 일국의 평화로운 질서를 유지하기 위해 꼭 필요하다고 여겼다.129)

따라서 우치무라는 불경사건과 비전론 주장으로 국가와 겨레로부터 버림을 받았지만, 그럼에도 불구하고 그는 자신의 조국인 일본을 사랑했다. 그는 아래와 같이 말했다.130)

"애국은 사람의 지성(至誠)이다. 우리가 부모, 처자를 사랑하는 것은 누가 시켜서 하는 것이 아니다. 사랑하지 않을 수 없기 때문이다. 보통 감정을 가진 사람으로서 자기가 태어난 국토를 사랑하지 않을 사람이 어디 있겠는가? 새나 짐승도 자기의 굴을 잊어버리지 않거든 하물며 사람에 있어서랴. 옛날 유대의 애국자는 바벨론 강가에 앉아

---
129) 박은영, 앞의 논문, 410쪽.
130) 우치무라 간조(박수연 옮김), 『기독신도의 위로』, 31-33쪽.

고국의 시온을 생각하면서 눈물로 노래했다...이것이 애국이다. 진정은 내 영에 붙어 있는 것이다. 아니 내 영의 일부분이며, 내가 밖에서 배워서 얻은 것이 아니다...그러므로 내가 일본을 사랑한다고 할 때 결코 내 덕을 자랑하는 것이 아니고, 보통 인간으로서의 나의 진정을 말하는 데 지나지 않는다. 나는 미국이 일본보다 더 부유하고 기예가 발달했음을 잘 안다. 그러나 나는 그것 때문에 일본에 대한 나의 애국심을 미국에 바칠 수는 없다...그런데 만일 애국이 진정이라면 진리의 하나님을 사랑하는 것도 또한 진정이다. 이리하여 완전한 사회에 있어서는 이 둘이 결코 충돌하는 것이 아니다. 나라를 위해 하나님을 사랑하고, 하나님을 위해 나라를 사랑하여 온 국민이 다 신성한 애국자가 될 수 있는 것이다...그런데 세상에는 참된 애국자로서 국민에게서 버림받은 사람이 적지 않다. 예수 그리스도가 그 첫째이다. 소크라테스가 그 둘째이다...나는 현재의 나 자신을 불완전한 자로 인정함과 동시에 또한 오늘의 사회를 완전한 것이라고 인정할 수 없다. 내가 겨레에게 버림받은 것은 어쩌면 그 죄가 내게 있을 지도 모른다. 내가 부주의했던 것이 그 첫째요, 과격했던 것이 그 둘째였으리라."

우치무라는 나라에 대한 사랑이 진정이라면 진리의 하나님을 사랑하는 것도 또한 진정이라고 하면서, 이 둘은 결코 충돌하는 것이 아니라, 나라를 위해 하나님을 사랑하고, 하나님을 위해 나라를 사랑하여 온 국민이 다 신성한 애국자가 될 수 있다고 보았다. 그와 같은 사회에 있어서 사람이 만일 나라에서 버림을 받았다면, 이것은 바로 하나님에게 버림받은 것이라고 여겼다, 그가 국가와 사회로부터 버림받은 이유는 그 죄가 바로 자신에게 있다고 보았기 때문이다. 즉 그가 과격했다는 사실과 부주의했다고 보았기 때문이다.

그러면서 우치무라는 나라로부터 버림을 받은 이후 자신이 일본국을 잊었다면 그의 오른 손의 재주를 잊게 해달라고 하면서, 만일 자식 된 자가 그 어머니를 잊을 수 있다면, 그도 그때에야 나라를 잊을 수 있을 것이라는 강한 애국심을 보였다. 그리고 억지로 이혼 당한 여인이 그 남편을 사모하기를 이전보다 더하듯이, 자신도 버림 받은 후로 일본을 사랑하는 마음이 더욱 절실하다고 고백했다.[131]

그리하여 우치무라는 자신의 천직을 '두 J', 즉 예수(Jesus)와 일본(Japan)에 두었다. 그리고 이를 그의 무교회주의의 핵심 사상으로 삼았던 것이다.[132]

그러나 우치무라는 그가 일본을 사랑하는 사랑은 보통 일본에서 볼 수 있는 애국의 사랑은 아니라고 했다. 국리·민복은 대개의 경우 그의 애국심에 큰 관심을 끄는 것이 아니라고 하면서, 그도 역시 일본을 세계에서 첫째가는 나라로 만들고자 하는 것이 소망이지만, 무력으로 세계를 통치하고 금력으로 세계를 지배하고자 하는 소망은 마음속에 일어나지 않는다고 했다. 그는 일본이 의로 일어나고 의로 세계를 통솔하게 되기를 원한다고 고백했으며, 그의 애국심은 이사야, 예레미야, 에스겔, 예수, 바울, 단테, 밀턴 등에 의해 양성된 애국심이라고 밝혔다.[133]

한편 우치무라는 일본을 사랑했으며, 일본의 국토와 지리를 사랑했다. 그리하여 그는 지리를 연구했다. 왜냐하면 우치무라가 말하기를 "지리학의 본령은 오늘에 있어서의 지구 표면의 모습이다. 그 과

---

[131] 위의 책, 37쪽.
[132] 문정길, 「김교신과 민족기독교」, 『성서연구』 252호, 1975.11, 17쪽; 황인혁, 앞의 논문, 26쪽.
[133] 內村鑑三(김유곤·김윤옥 역), 『內村鑑三全集』 제10권, 501쪽.

거의 역사와 내부의 구조는 지질학에서 배울 수 있고, 그 공간에서의 운동과 그 밖의 천체와의 관계는 천문학에서 다루고 있다. 지리학이 만일 과거를 더듬어 올라가지 않을 수 없다면, 그것은 현재를 해명하기 위해서 하는 것이다. 또 미래를 통찰한다고 해도 역시 그것은 현재의 진의를 알기 위한 것이다. 지리학은 참으로 현재적이다"라고 하였으며, 더 나아가 다음과 같이 지리학의 중요성을 설파했다.134)

> "지리학은 참으로 제 학문의 기초가 된다. 우리가 땅의 일을 모르고서 어찌 하늘의 일을 깨달을 수 있단 말인가? 우리의 지식은 땅에서 시작된다…우리는 이미 산천의 아들이다. 그 언덕은 우리의 유원지이고 그 시냇물은 우리의 어장이다…모든 것은 땅에서 시작하여 하늘에서 끝을 맺는다. 산업, 정치, 미술, 문학, 종교는 이 절정과 절하의 양극단에 걸친 인생의 계단이다. 땅을 알지 못하고 이 사다리를 오르려 하는 사람은 꿈속에서 구름 위에 오르는 것과 같아서 시작이 없기 때문에 끝을 맺을 수 없는 것이다."

우치무라는 지리는 역사의 물질적 기본이라고 말하지만, 기독교와 같은 역사적 종교를 배우는 데는 지리학의 지식은 가장 필요하다고 보았다. 만일 지리학이 없는 역사는 달나라의 정치론과 같은 것이라고 한다면, 지리학이 없는 성서 지식은 금성 혹은 목성의 윤리학이라고 해도 좋다고 했다.135)

우치무라는 지리학을 공부하지 않고 정치를 논하지 말라고 했으

---

134) 內村鑑三(김유곤·김윤옥 역), 『內村鑑三全集』 제2권, 173-174쪽.
135) 內村鑑三(김유곤·김윤옥 역), 『內村鑑三全集』 제5권, 설우사, 1975, 43쪽.

며, 지리학을 통해서 우리는 건전한 세계 관념을 길러야 한다고 주장했다. 국가만이 하나의 독립인의 구실을 할 수 있는 사회는 아니며, 지구 그 자체가 하나의 유기적 독립인이라고 하면서, 국가도 지구라고 하는 한 독립인의 일부에 지나지 않는다고 주장했다. 그리고 말하기를 "진리를 사모하는 성의를 가졌다면 지리학은 일종의 애가이다. 산수로 그려진 철학이다. 조물주의 손으로 된 예언서이다"라고 했으며, 그리하여 그는 지리교육은 보통교육 중에서도 매우 요긴한 자리를 차지한다고 했다.[136] 그리하여 우치무라는 1894년 5월 『지리연구』라는 책을 발간했다.

우치무라는 애국심이 그의 마음을 빼앗고 생명을 결박하여 그가 이를 위해 살고 이 때문에 죽는다 해도 오히려 거기 보답하기에 부족함을 느낀다고 말하면서, 사람의 나라에 대한 정은 그 어머니에 대한 정과 같다고 주장했다. 그러면서 "나는 내 국토의 일부이며, 내가 이 국토에 발을 붙이고 있는 것은 내가 이 흙의 화현이기 때문이다. 나라를 사랑하지 않는 자는 자기를 사랑하지 않는 자이다. 내가 이 땅을 위해서 일하는 것은 자연의 이치이며, 내가 내 나라를 잊어버린다면 나는 내 자연을 잃고, 나는 우주와 분리된 자이다"라고 강조했다.[137]

이와 같이 우치무라는 예수 그리스도에 대한 신앙과 애국심을 동일선상에서 생각했으며, 일본을 위해 살고 이를 위해 죽는다 해도 오히려 부족한 감이 있다고까지 했다. 이러한 애국심은 그가 미국에

---

136) 內村鑑三(김유곤·김윤옥 역), 『內村鑑三全集』 제2권, 176-181쪽.
137) 우치무라 간조(박수연 옮김), 『기독신도의 위로』, 125-126쪽.

있을 때부터 발현된 것이다. 그는 일본이 가지는 장점과 단점에 대해 이해하게 되었으며, 구약성경의 예언서들로부터 그의 조국인 일본을 어떻게 구원할 것인가를 배웠다. 더 나아가 그의 애국심은 예수와 바울로부터 배운 것이기도 했다. 특히 바울의 동포사랑과 세상의 정치적 권능에 복종해야 한다는 「국권복종론」은 우치무라에게 지대한 영향력을 끼쳤다. 그리하여 그의 일본에 대한 사랑은 국토와 지리에까지 미쳐 그는 일본 국토의 일부이며, 그가 일본 땅을 위해서 일하는 것은 자연의 이치라고 주장했다.

이러한 우치무라의 애국심은 철저히 일본주의에 근거한 민족주의 사상이었다.

(2) 일본사회의 타락상

우치무라는 당시 일본의 상황에 대해 다음과 같이 밝히면서 자신이 해야 할 일을 고민했다.[138]

> "아! 이 나라를 어떻게 할 것인가. 이제 덕의는 온 땅에서 사라졌다. 신의는 겨우 경제상의 가치로서만 믿어지고 있을 뿐이다. 교육자로 자처하는 자도 금력의 실권을 믿고 먼저 가계 천대의 대책을 세우지 않고는 나가서 대의명분을 천하에 외치지 않는다. 사람은 국가를 이용할 뿐이지 사랑하지는 않는다. 이욕의 대세에 대항할 수 없음을 알고 자기도 그 대세를 따라 달린다. 나는 안다! 국가의 멸망은 모사가 부족한 데서가 아니라 의사인인(義士仁人)이 부족하기 때문에 오는

---
138) 위의 책, 126쪽.

것임을. 내가 지금 한 팔을 나라를 위해 빌려 주지 않는다면 천 년 후의 사람들은 나를 뭐라고 말할 것인가. 무력으로써 할 자는 무력으로써 하라, 지식으로써 할 자는 지식으로써 하라. 나에게는 하나의 정신, 곧 야훼의 대도가 맡겨져 있다. 나는 나의 최선으로써 이 나라에 제공하려 한다. 나는 내 종교로써 이 나라를 위해 일하리라. 나는 이 백성을 제도하여 이 나라를 진흥시키리라. 내가 나라를 위해 하는 일은 이 한 길이 있을 뿐이다."

우치무라는 당시의 일본사회를 목격하면서 이사야 예언서에서 말한 "발바닥에서 머리까지 성한 곳이 없이 상처와 타박상과 새로 맞은 흔적 투성이다. 그런데도 이를 짜고, 싸매고, 기름을 발라 유하게 해 주는 사람이 없다"고 했다. 또한 시편 53장 1-3절의 "하나님이 하늘에서 인생을 굽어 살피셔서 지각이 있는 자와 하나님을 찾는 자가 있는가 살펴보셨으나 그들은 모두 타락했고, 함께 더러운 자가 되어 있다. 선을 행하는 자가 없으니 한 사람도 없다"라는 기록은, 오늘날 일본사회 상태를 잘 드러내 주는 구절이라고 말했다.[139]

또한 우치무라는 자연의 아름다움으로 평하자면 일본은 세계 제일의 나라지만, 사람의 마음이 썩은 것으로 말하면 일본은 세계 최악의 나라의 하나라고 보았다. 그리고 탄식하기를 "이 넓고 아름다운 일본에 태어났으나, 이제는 깨끗한 휴양지라고는 하나도 발견할 수 없다. 온갖 곳에서 음탕한 노래가 들리고 더러운 소리가 드높다. 도시만 더러운 것이 아니다. 해변가에도 산골짜기도 지금은 썩은 흔적이 없는 곳이 없다. 일본 전토가 속화되었다고 해도 아무도 이 말

---

[139] 內村鑑三(김유곤・김윤옥 역), 『內村鑑三全集』 제10권, 353쪽, 386쪽.

을 부정하는 사람은 없을 것이다"라고 했다.140)

더구나 우치무라는 당시 일본의 종교계도 난마상태에 있다고 보았다. 19세기의 일본사람처럼 어려운 것은 없다고 보았으며, 일본사람들이 참으로 암흑을 걷고 있었지만 그들을 굳건하게 이끌어줄 지도자가 없다고 개탄했다. 이러한 상황에 대해 그는 다음과 같이 밝혔다.141)

> "나라는 당파로 갈라지고 당파는 수령에 따라서 각기 가치를 달리하고, 한 깃발 아래서도 화합할 수 없는 원한과 적의가 있다고. 이익에 따라 합하고 이익을 따라 갈라져서, 하나의 주의로 우리를 총괄하여 승리의 전장으로 이끌어가는 따위 일은 우리 가운데서 찾아볼 수 없다. 우리에게는 회의가 있을 뿐 확신이 없다. 우리에게는 호소할 불평만 있고 세상에 나타내 보일 환희와 만족이 없다. 우리는 이미 모든 것을 부정하였다. 즉 불법(佛法)은 믿을 것이 못된다. 유도(儒道)는 이미 진부해졌다. 기독교는 국가에 해롭다 등등, 부정의 소리는 사방에 가득 차 확고한 정의를 얻을 수 없다. 우리의 생각치고 어느 하나 부정하지 않은 것이 없고, 우리의 영원한 희망으로 채워진 것이 하나도 없다. 우리는 바람으로 키워지고 있다."

특히 우치무라는 당시 일본의 기독교는 교파가 극도로 분열되어 가고 있는 구미 각국의 선교사들에 의해 전도를 받아 분열되어 있으며, 기독교 신도가 일치되기는 곰과 사자가 일치되기를 바라기보다 더 어려운 일이라고 말했다.142)

---

140) 內村鑑三(김유곤·김윤옥 역), 『內村鑑三全集』 제9권, 226쪽.
141) 우치무라 간조(박수연 옮김), 『기독신도의 위로』, 178-181쪽.

더 나아가 우치무라는 일본의 죄악상을 이렇게도 비판했다. "전에는 이웃 나라를 돕는다는 미명 하에 전쟁을 일으켜 동양의 평화를 교란하는 터전을 닦았고, 이번에 다시 대국과 동맹을 맺어서 소국을 압제하는 데 참여했다. 이것을 생각하고, 조국의 앞날을 위해 떨지 않을 참된 국민이 어디 있으랴? 내가 여기서 일본의 큰 죄악을 규탄하는 것은 하늘의 진노를 두려워하기 때문이다." 그리고 "오늘날의 우리는 그 멸망의 시기가 멀지 않았음을 짐작할 수 있을 것"이라고 진단했다.[143]

우치무라는 당시의 일본사회에 대한 신문기사가 전해 주는 대답은 오직 하나, 그것은「멸망」이라고 하면서, 다음과 같이 일본사회의 타락상과 부패를 드러냈다.

> "위정자의 타락, 교육자의 타락, 승려 목사의 타락, 사기, 뇌물, 간음, 절도, 강도, 살인, 매독, 이간, 모함, 배신…이것이 우리가 매일 신문에서 읽고 듣는 사실들입니다. 성서에 기록된 죄의 목록 가운데서 오늘날의 일본인이 범하지 않는 죄는 하나도 없어 보입니다. 음행, 더러움, 방탕, 우상숭배, 마술, 원수 맺기, 싸움, 시기, 분노, 당파심, 분열, 분파, 질투, 술주정(갈라디아서 5장 19-21절). 이 중에서 일본인이 짓지 않은 것이 어떤 죄입니까?"[144]

이러한 일본사회를 바라보면서 우치무라는 소망이라든가 기쁨이라든가 하는 것은 눈을 닦고 보아도 보이지 않고, 다만 있는 것이라

---

142) 우치무라 간조(김유곤 옮김),『一日一生』, 172쪽.
143) 內村鑑三(김유곤・김윤옥 역),『內村鑑三全集』제10권, 354쪽, 373쪽.
144) 위의 책, 434쪽.

고는 실망과 비분강개뿐이라고 실토했다. 그 이름만은 벚꽃의 나라이지만, 사실은 비분의 나라이며 절망의 나라라고 진단했다.[145]

그러면서 우치무라는 오늘날의 일본에 태어난 것을 후회한다고까지 말했다. 그리고 "나는 오늘날의 일본사회를 혐오한다"고 했다. 그러나 그가 미워하는 것은 일본 그 자체가 아니라 명치(明治)정부와 그 노복들이 나쁘다고 밝혔다. 지금 일본국가와 일본사람은 그 천성을 상실해 버렸고, 완전히 천의(天意)와는 어긋난, 가장 미운 백성이 되어 버렸다고 실토했다. 그러면서 "나는 일본답지 않은 이런 일본에 이제는 완전히 질려버렸다"고 말했다.[146]

이상과 같이 우치무라는 당시의 일본사회의 타락상을 목격하면서, 구약성경의 예언서 기록은 오늘날 일본사회 상태를 잘 드러내주어 발바닥에서부터 머리까지 성한 곳이 없다고 보았다. 즉 일본 전토가 속화되고 부패했으며, 더 나아가 일본인의 정신을 지배하는 종교계마저 난마상태에 빠져 극도로 분열하고 서로 증오하고 대립하는 것으로 일관하고 있다고 주장했다. 그리하여 우치무라는 당시의 일본사회는 「멸망」으로 치닫고 있다고 진단했다.

이러한 절망적인 일본사회에서 우치무라는 야훼의 대도인 자신의 종교로써 일본인을 제도하여 일본을 진흥시키리라 결심했다. 이러한 생각에서 우치무라는 무교회주의와 일본적 기독교를 제창했던 것이다.

---

145) 위의 책, 435쪽.
146) 위의 책, 388-390쪽.

(3) 일본의 천직

사정이 위와 같았기에 우치무라는 일본의 운명을 가장 염려하면서 일본이 구원받지 못한다면 자신의 구원이 무슨 필요가 있겠는가고 반문했다. 그리고 그는 "나는 나의 생명보다도, 내가 사랑하는 이 일본이 구원받기를 원합니다. 오오 나의 하나님, 원컨대 이 불쌍한 이 나라를 구원해 주시옵소서"라고 절박한 마음을 토로했다.[147]

그러나 우치무라는 일본에 대해 소망의 마음을 잃지 않았다. 왜냐하면 하나님의 본성은 정의의 하나님과 인애의 하나님이시기 때문에 일본에 대한 하나님의 섭리가 존재한다는 것이고, 또한 일본인이 가지고 있는 자유와 진보의 특성 그리고 그 국토가 놓인 위치 등으로 인해 일본인이 미약하나마 멀지 않아 기독교 국가로서 세계의 큰 빛을 맞아들일 것이라고 보았으며, 일본으로 하여금 서양과 동양의 중개자로서의 역할 및 천직을 수행할 수 있으리라고 소망했다.[148]

우치무라는 일본이 전 세계를 위해 무엇을 할 수 있을까에 대해 다음과 같이 물었다.

"이집트와 바벨론은 인류 문명의 선구자였다. 페니키아는 이를 세계에 전파했고, 유대는 세계에 고상한 도덕과 의를 기여했고, 그리스는 이를 갈고 닦았으며, 로마는 이를 보존했고, 독일은 이를 개혁했으며, 영국은 이를 견고케 하였고, 미국은 이를 실천에 옮겼다. 그렇다면 일본은 인류 문명 이후의 진보 및 발전에 무엇인가 기여할 만한 것이

---

147) 위의 책, 433쪽.
148) 위의 책, 438-441쪽.

있는가? 일본은 겨우 다른 나라의 문명을 흡수해서, 그들이 천신만고
해서 우리에게 제공한 문명의 과실을 만끽하기만 하고 그것으로 만족
할 것인가? 그렇지 않으면 일본도 다른 강대국들과 같이 세계발전에
공헌할 만한 것이 있는가?"[149]

우치무라는 이렇게 물으면서 일본의 천직에 대해 지리학상의 위치 및 형상, 그리고 일본민족의 특징 및 역사상의 징후 등을 통해서 살펴본 결과, 동양 국민 가운데 일본인만이 구미의 문명을 이해할 수 있고, 또 문명 국민 중에 일본인만이 동양 사상을 가지고 있어서 동서양의 중간에 놓여 있는 징검다리 역할을 할 수 있다고 주장했다. 즉 일본은 동서양의 중재자, 기계적인 구미를 이상적인 아시아에 소개하고, 진취적인 서양으로 하여금 보수적인 동양을 개화하게 하는 것, 이것이 일본의 천직이라고 믿고 있었다.[150]

우치무라는 동서양의 중간에 위치하고 있으면서 서방을 초대하고, 동방을 변호하여, 전자의 사나움을 부드럽게 해주고, 후자의 어리석음을 깨우쳐 줌으로써 양자의 화목을 이룩하는 일은, 일본 말고는 다른 국민은 할 수 없다고 주장했다. 그리하여 그는 동양 6억의 민중은 일본인이 궐기하여 활동하기만을 기다리고 있다고 믿었다. 그는 일본은 아시아의 정문을 지키는 나라이며, 일본의 일거일동이 아시아의 위신에 큰 관련이 있다고 인식했다.[151]

그리고 우치무라는 일본이 제2의 종교개혁의 역할을 하는 나라로 뽑히기를 원했다. 이에 대해 다음과 같이 언급하고 있다.[152]

---

149) 위의 책, 421쪽.
150) 위의 책, 421-427쪽.
151) 위의 책, 431쪽.

"제2의 종교개혁도 제1의 종교개혁(루터의 종교개혁)과 마찬가지로, 행위에 대한 믿음의 발흥이다. 제1의 개혁 시에 행위의 역할은 이탈리아가 담당하였다. 제2의 개혁 시에는 미국이 행위의 역할을 담당한다. 제1의 개혁 시에 믿음으로의 개혁의 주역은 독일이 뽑혔다. 제2의 개혁에서는 우리나라가 뽑히기를 원한다. 우리는 손에 바울의 서신을 갖고 있지 않느냐. 우리는 이것을 가지고, 약하고 천한 사업의 초급학문을 탈피하여야 한다."

이상과 같이 우치무라는 「멸망」으로 치닫고 있는 일본의 운명을 염려하면서, 일본을 구원할 수 있는 길은 바로 일본에 대한 하나님의 섭리와 사랑이라고 보았다. 그리하여 우치무라는 하나님은 일본에게 천직을 맡겨서 일본으로 하여금 세계 인류에게 공헌하도록 한다고 믿었다. 즉 일본이 동서양의 중재자, 구미세계를 아시아에 소개하고, 진취적인 서양으로 하여금 보수적인 동양을 개화하도록 하는 것이었다. 이는 우치무라의 강력한 민족주의 사상에서 나온 일본주의에 기반을 둔 사상이었다고 볼 수 있다.

2. 일본적 기독교

우치무라가 주장하는 일본적 기독교란 바로 루터의 종교개혁과 바울의 독립사상 및 순복음주의 신앙을 기반으로 만들어진 것이었다. 이를 몇 가지로 정리해 보면 다음과 같다.

첫째, 독립적 기독교라는 것이다. 즉 일본의 기독교를 서구 강대

---

152) 우치무라 간조(김유곤 옮김), 『一日一生』, 158쪽.

국들, 특히 미국의 기독교로부터 독립시켜「일본국 자생교회」를 수립한다는 것이었다.

우치무라는 간단명료하게 일본적 기독교에 대해 다음과 같이 정리했다.153)

"일본적 기독교란 일본에만 특별히 있는 기독교는 아니다. 일본적 기독교란 일본인이 외국인의 손을 거치지 않고, 직접 하나님께로부터 받은 기독교다. 그것이 무엇인지는 일목요연하다. 이와 같은 의미에서 독일적 기독교가 있다. 영국적 기독교가 있다. 스코틀란드적 기독교가 있다. 미국적 기독교가 있다. 그 밖에 각 나라의 기독교가 있다. 그리고 또 이런 의미에서 일본적 기독교가 없어서는 안 된다. 「사람의 속에는 심령이 있고, 전능자의 입기운이 사람에게 총명을 주신다.」(욥기 32장 8절) 일본 혼이 전능자의 입기운에 접할 때 거기에 일본적 기독교가 있다. 이 기독교는 자유다. 독립이다. 독창적이다. 생산적이다. 참된 기독교는 모두 이래야 한다. 일찍이 다른 사람의 믿음으로 구원받은 사람은 없다. 그와 같이 다른 나라의 종교로 구원받을 나라도 없을 것이다. 미국의 종교도 영국의 믿음도 그것이 비록 최선의 것이라 하더라도 일본을 구원할 수는 없다. 일본적 기독교만이 능히 일본과 일본인을 구원해 낼 수가 있다."

우치무라는 바울은 히브리 사람 중의 히브리 사람이었고, 루터는 독일이 낳은 최대 최선의 기독교 신자였다고 하면서 그 나라를 사랑하지 않고, 그 나라의 특성을 띠지 않은 사람으로서 좋은 기독교 신자가 되었던 예는 없다고 했으며, 비일본적인 일본인이 참으로 좋은

---

153) 內村鑑三(김유곤·김윤옥 역), 『內村鑑三全集』 제10권, 480-481쪽.

기독교 신자가 될 턱이 없다고 보았다. 일본인이 되기를 꺼리고 미국인이나 영국인의 흉내만 내려는 일본인은 일본의 반역자이며, 그리스도의 적이라고까지 주장했다.154)

우치무라가 처음 생각한 기독교 국가인 미국은 고상하고 종교적이고, 청교도적인 나라였다. 그는 언덕마다 예배당이 있고, 찬송가와 찬양소리로 바위들이 울리는 모습을 상상했다. 미국인들이 주로 하는 이야기는 히브리 문화와 관련된 이야기일 것이라고 생각했고, 그룹과 그룹들, 할렐루야와 아멘 같은 말들은 그들의 일상에서 흔히 들을 수 있다고 생각했다. 그의 생각 속에 그려진 미국의 모습은 「성지」 그 자체였다.155)

그러나 우치무라는 미국에 체류했던 3년 간, 미국에 대해 과도한 기대만큼이나 커다란 좌절과 환멸을 맛보았다. 기독교국 미국의 비기독교적 특징과 조우했던 것이다. 이에 대해 우치무라는 다음과 같이 지적했다.156)

"어린아이도 쉽게 이해할 수 있는 단순한 도덕을 무시한 채 수백만 달러의 금과 은을 의지하는 합법적인 복권, 투계와 경마 그리고 미식축구 경기에서 볼 수 있는 광범위한 도박 성향과, 스페인의 투우보다 더 비인간적인 권투, 자유공화국의 국민보다는 호텐토트족(남서 아프리카 칼라하리 사막에 사는 미개 종족)에게 더 어울릴 것 같은 사형제도, 전 세계 무역 가운데서 비길 만한 것이 없는 광범위한 술 거래, 정치적 선동, 종교 교단 간의 질투, 자본가의 독재와 노동자의 오만,

---

154) 위의 책, 483쪽.
155) 우찌무라 간조(양혜원 옮김), 『회심기』, 144쪽, 151-152쪽.
156) 위의 책, 167쪽.

백만장자의 어리석은 행동들, 아내에 대한 남편의 위선적인 사랑 등 이루 헤아릴 수 없다."

우치무라는 미국에서는 돈이 전능한 힘이라는 사실을 알게 되었고, 샌프란시스코에 도착하자마자 지갑을 소매치기 당하여 큰 시험에 빠지게 되며, 소매치기와 도둑질이나 노상 강도질 등 미국에도 모든 죄가 있다는 것을 알게 되었다. 금고와 트렁크뿐만 아니라, 온갖 문과 창문, 장롱, 서랍장, 아이스박스, 설탕통 등 모든 것을 열쇠로 잠근다는 사실을 알게 되었다.[157]

또한 미국인들 사이에 잔재해 있는 심한 인종적 편견만큼 기독교 국가를 오히려 이교도 국가처럼 보이게 한 일이 없다고 우치무라는 말했다. 도미 전에는 지상의 낙원처럼 여겼던 미국에서 흑인이나 중국인과 같은 이방인들이 기독교인들에게 심한 인종차별을 받고 있다는 사실만큼 우치무라를 실망시킨 일은 없었다. 그에게 미국은 결코 이상적인 나라가 아니었던 것이다.[158]

우치무라는 "지금의 미국 사람은 전대의 미국 사람과 같지 않다. 그들은 지금 천부(天賦)의 부에 삼키어지고 있다. 그렇다. 그들의 다수는 벌써 이미 삼키워 버린 바가 되었다. 그들은 지금 하나님과 자유를 추구하지 않고 흙과 금을 추구하고 있다. 그들은 지금 하늘에 보화를 쌓으려 하지 않고 땅에서 크려고 한다. 그들의 이상적 인간은 순전히 땅에 속한 인간이다"라고 하여, 오늘날의 미국인을 폄하했다.[159] 이제 우치무라에게서 이미 기독교 이상국가인 미국의 이미

---

157) 최선미, 앞의 논문, 25쪽.
158) 위의 논문, 26쪽.
159) 內村鑑三(김유곤·김윤옥 역), 『內村鑑三全集』 제2권, 317-318쪽.

지는 없어졌다. 그리하여 우치무라는 다음과 같이 고백했다.

> "나는 기독교국에 전연 마음을 뺏기지는 않았다는 것이다. 3년 반 동안 그곳에 머물러 있으면서, 더할 수 없이 두터운 대접을 받고, 가장 친한 우의를 거기서 맺었음에도 불구하고, 나는 기독교국에 완전히 친숙해지지 못했다. 처음부터 끝까지 한 사람의 외국 사람으로 머물러 있었으며, 결코 그 이상이 되려고는 하지 않았다…기독교국에서의 최후의 순간까지「즐거운 나의 집」인 조국을 동경하고 있었던 것이다. 미국 사람이 되고 싶다든가, 영국 사람이 되고 싶다든지 하는 생각은 가져 본 일이 없었다. 차라리 이교도인 것을 나의 특권으로 생각하고, 크리스천으로서가 아니라, 한 사람의 이교도로서 이 세상에 태어난 것을 하나님께 감사한 것이 한두 번이 아니었다."[160]

우치무라는 미국인은 위대한 국민이며 자유의 백성이자 의지의 국민이지만, 미국은 위대한 철학도 없고 위대한 미술도 없을 뿐만 아니라, 위대한 종교나 신학자가 있지 않다고 보았다. 신앙의 면에서 항상 천박하고 불경건한 미국인은 세계 각국에 자기 종교를 전파하면서도 아직 한 번도 근본적으로 성공을 거둔 예는 없다고 주장했다. 경건심이 부족한 미국인은 이교도의 마음속으로 파고 들 줄을 모른다고 했다. 특히 동양인에게 있어서 그렇다고 했다. 동양인은 내세적인 데 비해 미국인은 현세적이라는 것이다. 미국인은 남의 신앙의 밀실에 난입해서 이를 유린하면서도 별로 큰 무례를 저질렀다고 생각지 않는다고 했다. 미국인은 깊은 내세관이 없기 때문에 명확한 천국의 복음을 전할 수 없다고 보았다. 땅의 일에는 위대한 미

---
160) 위의 책, 144-145쪽.

국인이지만, 하늘의 일에는 위대하지 못하다는 것이다. 정치에는 미국인이 위대하지만 종교의 일에는 위대하지 못하다는 것이다. 따라서 우치무라는 일본인은 석유채굴, 자동차 제조, 수력 사용 등의 면에서 미국인을 스승으로 모시듯이 신앙 면에 있어서 그들을 스승으로 모실 수 없다고 말했다. 미국인이 신앙 면에서 천박하기 때문에 일본인은 미국인의 교화를 받을 수 없다고 보았던 것이다. 그렇다면 일본인은 미국인을 의지하지 말고, 하나님을 의지함으로써 자신의 구원을 완성해야 한다고 주장했다. 일본인이 미국인에 의지하지 않고 프랑스인에게 의지해서 육군을 본받았듯이, 미국인에게 의지하지 않고 영국인에게 의지해서 해군을 본받았듯이, 그와 마찬가지로 일본인의 종교는 미국인에게 의지하지 말아야 한다고 주장했다. 미국인은 종교의 스승은 아니라고 했다. 종교에 관한 미국인의 지식과 체험은 극히 얕다는 것이다. 우치무라는 종교를 미국인에게서 물려받으면 일본도 역시 그들처럼 천박하게 되어 버릴지 모른다고 보았다. 따라서 그는 신앙을 외국인을 통해 전해 받는 것은 일본의 치욕이며, 특히 이를 종교심이 부족한 미국인을 통해 전해 받아서는 안 된다는 것을 강조했다.[161]

그리하여 우치무라는 "특히 황금에다 최고의 가치를 두는 미국사람에게 월급을 받으면서 우리가 그들의 속박을 받지 않으려 해도 받지 않을 수가 없다"고 하면서, 일본에서 많은 의뢰적 신자를 만들고 있는 선교사들, 특히 미국 선교사들로부터의 독립을 주장했으며, "우리들은 외국인에게 의뢰하는 일본 학교나 교회 운명을 거울삼아

---

161) 內村鑑三(김유곤・김윤옥 역), 『內村鑑三全集』 제10권, 542-547쪽.

어디까지나 비의뢰주의 곧 independence(독립)를 외치지 않을 수 없습니다"라고 했다.162)

특히 우치무라는 치열한 경쟁과 배척, 분쟁, 다툼을 거쳐 들어온 구미인의 선교를 받아 신앙에 들어온 일본 기독교신자들은 그들의 영향을 받아 그들을 닮아 분쟁과 투기와 원한의 사람이 되어 버렸다고 했다. 이것은 가장 슬픈 일이며, 일본의 불행이자 기독교 자체의 불명예라고 주장했다. 그리고 일본에서 교파의 폐단을 없애는 가장 좋은 방도는 교파를 타고 들어와서 교파의식을 계속 심어주는 구미의 교회와 인연을 끊는 데 있다고 했다.163)

우치무라는 경우에 따라서는 일본의 산업발달을 돕기 위해, 외국인의 보조를 받아도 좋다고 보았다. 그리하여 비상시에는 외국 군대를 빌어서 내란을 평정할 필요가 있다고까지 말했다. 그러나 우치무라는 국민의 정신에 가장 깊은 관계가 있는 종교사업에 외국인의 자력을 빌리게 되면, 참으로 가장 위험한 일이고, 국민의 먼 미래를 생각하고, 깊이 국가의 안위를 보살피는 사람은 몸은 비록 서산(西山)에서 굶어 죽을지라도 종교의 전도를 위해서는 결코 외국인의 보조를 받을 것이 아니라고 강조했다. 더욱이 지금의 선교사라는 사람은 영국, 미국, 프랑스, 독일, 러시아 등 모든 강대한 나라에서 보내 온 사람들이라는 것이다. 그리하여 우치무라는 이들 강대국 선교사들에 의해 선교를 받는 나라는 그들 때문에 대단한 위험과 해를 입어 결국 강대국의 영토로 전락하거나 속령이 되는 일이 있다고 말했다. 그것뿐만 아니라 강대국의 전도는 정신의 전도에 그치지 않고, 그의

---

162) 內村鑑三(김유곤·김윤옥 역), 『內村鑑三全集』 제8권, 506쪽, 526쪽.
163) 內村鑑三(김유곤·김윤옥 역), 『內村鑑三全集』 제10권, 482쪽.

국풍, 습관, 국민적 편벽의 전도에까지 미친다고 주장했다. 그는 말하기를, 우리는 주 예수 그리스도의 지배를 받아야 하는 데, 우리의 영혼과 육체도 강대국의 지배를 받게 된다고 했다. 즉 외국 강대국 선교사들에 의해 사랑받는 선교활동은 일본사람을 살리는 복음이 아니라, 죽이는 복음이라고 역설했다.[164]

그리하여 우치무라의 마음속에는 외국 선교사들, 특히 영·미 계통의 선교사들에 대한 반감 같은 것이 강하게 자리하고 있었다. 그는 자신에게 20명의 아이가 있다고 하면, 단 한 아이도 기독교 계통의 학교에 보내지 않을 것이라고 말할 정도로 선교사들에 대한 감정이 좋지 않았다.[165] 우치무라는 이렇게 말했다. "나는 분명히 말한다. 나는 평생 선교사 축에는 끼지 않겠다."[166]

즉 우치무라는 외국 선교사에게 의지하지 않는 기독교, 이것만 지키고 있으면 끄떡없다고 여겼다.[167] 그리고 그 길은 바로 영국, 미국 선교사들이 싫어하여 원조를 하지 않는 무교회주의를 취하는 것이라고 주장했다.[168]

요컨대 우치무라는 외국 선교사 그 중에서도 특히 강대국 미국 선교사들의 보조와 도움으로부터 독립되는 「일본국 자생교회」인 일본적 기독교를 제창했던 것이다. 이것이 바로 우치무라가 이상적으로 생각했던 교회였다.[169] 이러한 우치무라의 독립사상은 「반미주의」

---

164) 內村鑑三(김유곤·김윤옥 역), 『內村鑑三全集』 제7권, 173-177쪽.
165) 진설현, 앞의 논문, 13-14쪽.
166) 內村鑑三(김유곤·김윤옥 역), 『內村鑑三全集』 제6권, 480쪽.
167) 內村鑑三(김유곤·김윤옥 역), 『內村鑑三全集』 제10권, 398쪽.
168) 진설현, 앞의 논문, 13-15쪽.
169) 內村鑑三(김유곤·김윤옥 역), 『內村鑑三全集』 제7권, 395쪽.

의 속성을 강하게 드러낸 것이었다.

한편 우치무라는 독립의 의미를 「단독」 내지 「개인주의」로 인식하고 있었다. 그리하여 그는 미국 기독교 신자의 전체 및 그들이 파견한 선교사들에게 배우고 또 길러지는 일본의 많은 기독교 신자가 갖는 잘못은 그들이 단독을 나쁘게 보는 것이라고 하면서, 그들에게 있어 기독교는 곧 공동생활이며, 집회라고 비난했다. 그러나 그리스도를 단체로 보는 것은 미국인적 견해이며, 이것이 반드시 진정한 견해는 아니라고 주장했다. 오히려 성서는 제일 먼저 하나님은 한 분이시며 단독이심을 선포했고, 믿음의 조상이라고 불리는 아브라함도 단독이었다고 주장했다. 그리고 모세나 예언자 엘리야나 예레미야 역시 오늘날 미국 선교사들에 의해 대표되는 사교의 사람이 아니었다고 지적했다. 그 밖에 구약의 용사 기드온, 바락, 입다, 삼손은 모두가 다 단독의 사람이었다고 하면서, 그들은 대중과 함께 나라를 구한 것이 아니라, 하나님께 의지하여 홀로 큰일을 이루었다고 주장했다. 예수도, 바울도, 요한도, 이른바 사교의 사람이 아니었다고 했다. 이들은 하나님과 함께 있어 홀로 싸우고 홀로 이겼다고 했다. 기독교는 결코 「민주주의」가 아니며 신신주의(信神主義)이며, 그 뿌리는 거룩하고 굳건한 「개인주의」라고 주장했다. 미국 선교사들은 많은 저주할 만한 잘못을 일본인에게 전했는데, 그 중에서 가장 큰 것은 그들의 그릇된 민주사상에서 나온 엉터리 「다수주의」라고 비난했다. 그러면서 우치무라는 "우리들은 성서 위에 서서, 신앙에 대해서는 매우 천박한 미국인의 이 사상, 이 주의를 배척해야 하는 것이다"라고 주장했다.[170]

둘째, 우치무라의 일본적 기독교는 바울신앙인 기독교의 근원으로 돌아가는 순복음주의적 기독교라는 것이다.[171] 여기서 기독교의 근원으로 돌아간다는 것은 바로 그리스도로 돌아가는 것이고, 그리스도를 중심으로 하는 기독교를 말한다.[172]

우치무라는 기독교는 자선사업이 아니며, 사회개혁도 아니라고 하면서, 기독교는 그리스도라고 주장했다. 그리스도는 영적 우주이시며, 그 분 자신이 기독교의 본원이요 또한 종국이요, 그 겉이며 동시에 그 내용이고, 그 제사장이요 동시에 그 제물이며, 그 율법이요 동시에 그 실천이라고 주장하면서, 예수 그리스도 안에 완전한 종교가 있으며, 하나님을 섬기는 유일한 성전이라고 했다.[173]

또한 우치무라의 순복음주의적 기독교의 특징은「오직 성서」에 있었다. 우치무라에게 성서는 그리스도와 살아있는 교제를 위한 유일한 방법이었다. 우치무라는 "나는 기독교를 알려 하지 않는다. 성서를 알려 한다. 먼저 기독교를 알고 성서를 아는 것이 아니라, 성서를 알고 기독교를 알려 한다. 나의 기독교 연구는 성서의 본위이다. 그 시작이 성서이며 그 중간이 성서이다, 그리고 그 나중이 또한 성서이다. 나는 성서 이외에 기독교를 구하지 않는다"라고 밝혔다.[174]

그리고 우치무라는 성경연구는 모든 연구 중에 가장 넓고 가장 깊은 연구라고 했다. 즉 성경연구는 "그리스도의 연구다. 하나님의 연구다. 사람의 연구다. 우주의 연구다. 인생의 연구다. 과학의 연구

---

170) 內村鑑三(김유곤·김윤옥 역),『內村鑑三全集』제8권, 506-512쪽.
171) 최선미, 앞의 논문, 29-30쪽.
172) 內村鑑三(김유곤·김윤옥 역),『內村鑑三全集』제7권, 131-133쪽.
173) 우치무라 간조(김유곤 옮김),『一日一生』, 200-201쪽.
174) 황인혁, 앞의 논문, 33쪽; 우치무라 간조(최운걸 옮김),『소감』, 65-66쪽.

다. 역사의 연구다. 시가와 미술의 연구다. 하나님과 만유에 관한 모든 연구다"라는 것이었다.[175]

우치무라는 성경은 인류의 구원에 관한 하나님의 행동과 그 순서를 기록한 책이며, 하나님은 인류를 어떻게 구원하시는가, 또는 우리 인류는 하나님께서 성경에 기록해 놓으신 방법에 따라 어떻게 동포를 구원으로 이끌어야 하는가 하는 문제들을 성경은 가장 밝히 우리에게 가르쳐 주고 있다고 보았다.[176]

우치무라는 그리스도의 언동의 기록을 담고 있는 성경은 위대하다고 하면서, 그러나 낡은 성경만을 읽고 있고, 새 성경을 엮어 나가지 않는 사람은 성경을 올바르게 이해한 사람이 아니라고 했다. 왜냐하면 성경은 아직 미완성의 책이기 때문이라는 것이다. 그러므로 우리는 성경의 마지막 장을 쓸 자료를 제공하면서 살아야 한다고 주장했다.[177]

또한 순복음주의적 기독교는 내세적이다. 우치무라는 이른바 현세적 종교는 종교가 아니라고 주장했다. 내세를 밝히 말해주는 종교가 인생에 필요하다고 했다. 기독교는 이것을 특히 밝혀 주고 있기 때문에 기독교야말로 필요한 종교라고 주장했다.[178]

우치무라는 현세에서 그의 이상이 실현되리라고 생각지 않았다. 그의 희망은 "거룩한 도성 새 예루살렘이 신랑을 맞을 신부가 단장한 것처럼 차리고 하나님께로부터 나와서 하늘에서 내려오는 것을 보았다"에 두고 있었다. 즉 내세에 참여하려는 희망이었다. 우치무

---

175) 우치무라 간조(최운걸 옮김), 『소감』, 58쪽, 64쪽.
176) 우치무라 간조(김유곤 옮김), 『一日一生』, 156쪽.
177) 위의 책, 122쪽.
178) 위의 책, 106쪽.

라는 바울과 같이 죽은 후에 정의의 월계관을 기다리는 사람이라고 했다. 그의 왕국은 그의 모든 희망을 건 나라, 그의 영원한 집, 완전한 자유가 있는 곳, 공의·공도가 완전히 행해지는 곳이었다. 그의 왕국은 그리스도 왕국이었다.[179]

우치무라는 말하기를, "내세의 희망은 미신이 아니다. 또 헛된 욕망이 아니다. 내세의 희망은 한없는 발전의 희망이다. 멸망하지 않을 인류가 품을 정당한 희망이다. 이 희망이 없다면 사람은 금수와 아무 다를 것이 없는 자이다. 사람에겐 영원한 향상성이 있기 때문에 그는 영생을 바라마지 않는다. 그에게 내세가 없다고 말하는 것은 자살을 권하는 것과 같다. 내세의 희망을 가져야만, 사람은 사람다운 사람이 될 수 있는 것이다"라고 했다.[180]

또한 순복음주의적 기독교는 속죄적이다. 우치무라는 하나님이 그의 죄를 사하여 주시지 않는다면 도저히 하나님 앞에 설 수 없는 사람임을 고백했다.[181] 우치무라는 죄악 문제의 철학적 설명은 아직 속 시원히 나와 있지 않다고 했다. 혹은 이것이 영원한 미결문제로 남게 될지도 모른다고 했다. 하지만 그 실제적 해석은 이미 나와 있다고 했다. 그것은 죄를 모르는 하나님의 독생자가 십자가 위에서 수난당하신 일이다. 여기서 인류의 죄는 말소되었다고, 속죄의 희생 제물은 이미 바쳐졌다는 것이다. 거룩하신 분의 "엘리 엘리 라마 사박다니"(마태복음 27장 45절)라는 외침과 함께 죄악 사면의 길은 인류를 위해 열렸다고 했다. 그러므로 우치무라는 "이제 예수 그리스

---

179) 內村鑑三(김유곤·김윤옥 역), 『內村鑑三全集』 제7권, 126-130쪽.
180) 우치무라 간조(최운걸 옮김), 『소감』, 226쪽.
181) 內村鑑三(김유곤·김윤옥 역), 『內村鑑三全集』 제7권, 126쪽.

도 안에 있는 사람에게는 결코 정죄함이 없다(로마서 8장 1절)"는 것은 죄악문제의 실제적인 해석이라고 주장했다.[182]

우치무라는 그리스도가 무엇 때문에 세상에 오셨는지를 묻는다면, 신약성경이 이에 관해 말해 주는 답은 곧 그의 피(죽음)로써 인류의 죄를 대속하기 위함이라고 했다. 그리고 죽었다가 다시 살아나신 후에 승천하셔서 하늘의 문호를 개방하여 사람의 아들들을 하나님의 자녀로 삼는 특권을 주시기 위함이라고 했다. 이것이 그리스도가 이 땅에 오신 가장 큰 목적이라는 것이다. 그 밖의 것은 이 목적을 이루기 위한 여광(餘光)에 불과하다고 보았다. 인류의 죄를 속하고, 성령을 죄에 빠진 사람의 아들들 위에 부어 주시는 길을 열기 위하여는 하나님의 외아들을 보내셔서 세상으로 하여금 그를 십자가에 못 박게 할 필요가 있었다는 것이다. 우치무라는 그리스도의 생애를 속죄의 생애로 볼 때에만 신약성경은 가장 만족스럽게 풀린다고 주장했다.[183]

그리고 우치무라는 이러한 그리스도를 믿는 믿음은 우리를 죄에서 구원해준다고 했다. 하지만 그 믿음도 하나님의 선물이라고 보았다. 내가 믿어서 구원받을 뿐만 아니라, 또한 믿게 하여주심으로써 구원받는 것이라고 했다. 그러기에 우치무라는 "나는 전혀 나 자신을 구원할 힘이 없다는 것을 깨달았다. 그렇다면 나는 무엇을 할 것인가? 나는 나의 믿음조차도 하나님께 구해서 받을 뿐이다. 그리스도 신도들은 끊임없이 기도해야 한다. 그렇다. 그의 생명은 기도다"라고 말했다.[184]

---

182) 우찌무라 간조(김유곤 옮김), 『一日一生』, 164쪽.
183) 위의 책, 34쪽.

우치무라는 말하기를, 죄란 하나님을 떠나는 것이며, 의란 하나님께로 돌아오는 것임을 알게 될 때에 구원이 무엇인지를 비로소 알 수 있다고 했다. 구원이란 단지 죄를 떠나 의로운 사람이 되는 것만은 아니라는 것이다. 구원이란 하나님 편에서 볼 때 사람을 자기에게로 되찾아오는 일이다. 사람 편에서 볼 때, 배반했던 하나님께 돌아오는 일임을 주장했다. 그리고 하나님과 사람과의 사이의 중보자이신 그리스도의 입장에서 볼 때, 양쪽의 조화를 이룩하는 일이다. 그리고 하나님과 사람과의 경우에 있어서는, 양보해야 할 쪽은 하나님이 아니라 오로지 사람 쪽이기 때문에, 구원이란 사람으로 하여금 하나님과 화목하게 하는 일임을 주장했다. 사람을 하나님께 대한 그 본래의 관계로 환원하게 하는 일이라는 것이다.[185] 즉 구원이란 하나님과의 바른 관계를 회복하는 것이라고 보았다.

　　그리고 우치무라는 우리의 죄가 하나님의 사랑과 은혜로 사함 받았는데, 어떻게 우리가 이웃 사람의 죄를 용서해주지 않을 수 있겠는가?라고 하면서, 다음과 같이 하나님의 사랑을 체험한 나 자신으로부터 이웃으로 흘러가게 해야 한다고 주장했다.[186]

> "하나님이 나를 사랑하고 계시다. 하나님의 사랑이 내 심령 속에 넘쳐나는데 어떻게 내가 이웃 사람을 사랑하지 않고 배기겠는가? 사람은 하나님에게서 죄를 사함받기 전까지는 진심으로 남을 용서하지 못한다. 유한한 인간의 영이 무한한 아가페의 사랑을 뭇 사람에게 나누어 준다는 것은, 바람직한 일이긴 하지만 도저히 실행 불가능한 일이

184) 위의 책, 50쪽.
185) 위의 책, 18쪽.
186) 위의 책, 242쪽.

다. 나의 잔이 넘쳐난 후에라야 나는 이웃사람들에게 나의 기쁨과 따사로움을 전해 줄 수 있다. 사랑의 원천은 하나님이시다. 내가 하나님을 만나 접촉한 후에라야 내게 사랑이 넘치며, 그리하여 그 사랑이 내게서 이웃 사람에게로 흘러나가는 것이다."

한편 순복음주의적 기독교는 기적적이다. 우치무라는 기적이란 사람을 만드시고 우주를 창조하신 하나님이 하시는 일이라고 했다. 즉 기적이란 하나님의 능력이 바깥으로 나타난 것이라고 보았다. 따라서 하나님의 기적은 자연에 거역하는 것이 아니며, 자연의 특수한 현상이라고 보았다. 만일 그리스도가 석가나 공자와 같은 인간이고, 그 가르친 교리가 겨우 「인의충효」 등 보통 인륜에 머문다면, 예수는 결코 인류의 구주로서 모실 분은 아니라고 주장했다. 그는 자연에서도 인간에서도 발견할 수 없는 특수한 능력이 있기에 예수는 인간을 구원할 수 있는 분으로서 존경받는다는 것이다. 기적의 힘을 인정하지 않고, 이를 공급하지 않는 종교는 변변치 못한 종교라고 주장했다.[187]

따라서 우치무라는 기독교는 기적을 떠나서는 논할 수가 없다고 했다. 기적을 다 빼버리고 나서 그 다음에 남는 그리스도의 교훈이 기독교라면 기독교란 매우 보잘 것 없는 종교일 것이라고 했다. 기독교가 능력인 까닭은 가장 고상한 도덕을 기적으로써 뒷받침해 주기 때문이라는 것이다. 만일 기독교의 교훈이 빛이라면 그 기적은 바로 힘이라고 했다. 힘없는 빛은 개인과 사회와 국가를 개조할 수

---

[187] 內村鑑三(김유곤·김윤옥 역), 『內村鑑三全集』 제7권, 126-127쪽; 우찌무라 간조(김유곤 옮김), 『一日一生』, 23쪽, 82쪽.

있는 빛이 결코 아니라고 주장했다.[188]

그리고 우치무라는 예수가 이 세상에 와서 계셨다는 것이 벌써 기적 중의 가장 큰 기적이며, 그의 부활은 참으로 큰 기적이라고 주장했다. 하지만 예수의 품성의 성결은 더욱 큰 기적이라고 보았다. 도덕의 법정에서, 하늘을 우러러 한 점 부끄러울 것이 없는 한 사람이 있었다는 사실 그 자체가 가장 큰 기적이라고 주장했다.[189]

그러나 우치무라는 그의 기독교가 상식에 맞는 기독교라고 주장했다. 기적을 믿는 동시에 자연 상도(常道)의 수행을 믿는 기독교라는 것이다. 하나님은 하실 수 없는 일이 하나도 없지만 쉽게 기적을 행하지 않는다고 했다. 기적은 비상한 경우에 하나님이 쓰시는 비상한 수단이라는 것이다. 우치무라는 모든 사물에 순서가 있다고 믿고 있는 것처럼 사람의 믿음도 자라나는 순서가 있다고 믿었다.[190]

따라서 우치무라는 부흥회적 신앙은 거부했다. 그는 지질학상·생물학상으로 급변설이 배격되었듯이 급변설은 사회학이나 역사학에서도 배제되었을 뿐만 아니라, 종교상에 있어서도 급변설의 가치를 인정하지 않는다고 말했다. "처음에는 싹이 돋고 다음에는 이삭이 나오고, 또 그 다음에는 이삭에 알찬 낟알이 맺힌다"(마가복음 4장 28절)고 하신 그리스도의 말씀은 심령의 발달을 식물의 발생 순서에 비한 것인데, 급변적인 변동을 부인하는 것이라고 했다. 마태복음 13장 31절 이하의 겨자씨의 비유와 누룩의 비유는 모두 진화적인 발달을 말하는 것으로서 거기에는 급변의 뜻이 전혀 없다는 것이다.

---

188) 우찌무라 간조(김유곤 옮김), 『一日一生』, 104-105쪽.
189) 위의 책, 44쪽.
190) 內村鑑三(김유곤·김윤옥 역), 『內村鑑三全集』 제7권, 128-129쪽, 131쪽.

진리는 내가 호흡하는 공기처럼, 날마다 마시는 물처럼 그 효과는 확실하지만 그 작용은 고요하고 더딘 것으로 보았다. 진리는 극약이 아니라는 것이다. 진리는 영원토록 겨자씨처럼 자라나는 것으로 생각했다. 이런 점에서 우치무라는 급격한 기적적인 변화의 희망을 바라는 부흥회적 신앙은 거부했던 것이다.[191]

한편 우치무라의 순복음주의적인 일본적 기독교는 영생을 구하는 것이었다. 그는 영생에 대해 이렇게 말했다.[192]

> "영생은 뒤에 오는 것이 아니다. 지금 이미 있는 것이다. 영생은 하나님의 생명이며, 때에 관계가 없는 것이다. 곧 전에 있었던 것이며, 이제 있는 것, 그리고 미래 영겁에까지 있는 것이다. 지금 이미 영생을 얻지 못한 사람은 미래에 가서도 얻을 수 없다. 내가 내세의 존재를 말하는 것은 그리스도에게 나타난 하나님의 생명의 죽지 않음과 무궁함을 믿기 때문이다. 나는 사람에게 확실치 않은 내세를 말하여, 그에게 선행을 권장하려고는 하지 않는다. 나는 그에게 확실한 영생을 전하여 그로 하여금 이제부터 썩지 않는 사람이 되게 하려고 힘쓴다. 영생은 이를 현세에서 획득하라. 내세에 가서 얻으려 해도 필경 얻지 못할 것이다."

또한 우치무라의 순복음주의적 기독교는 하나님 나라를 갈망하는 것이다. 우치무라는 하나님 나라를 죽어서 가는 사후세계가 아니라, 바로 지상에서 자기를 버리고 사람을 사랑하며 만들어가는 세상이라고 말한다. 이를 그의 저서에서 인용하면 다음과 같다.[193]

---

191) 內村鑑三(김유곤·김윤옥 역), 『內村鑑三全集』 제1권, 설우사, 1975, 89-92쪽.
192) 우치무라 간조(최운걸 옮김), 『소감』, 224쪽.

"하늘나라란 아무 데도 아니다. 사람이 사람을 사랑하는 곳이다. 사람이 사람을 사랑하지 않는 곳은 그 밖의 일은 어찌 되었든, 거기는 하늘나라가 아니다. 음악이 있든 설교가 있든, 열심 있는 믿음이 있든, 자선이 행하여지든 거기는 하늘나라가 아니다. 하늘나라를 만들기란 참으로 쉽다. 자기를 버리고 사람을 사랑하면, 그것으로 하늘나라는 즉시 이루어진 것이다. 특별히 무슨 교회를 조직할 필요는 없다. 특별히 무슨 신학론을 전개할 필요는 없다. 사람이 그리스도를 본받아 사람을 사랑하면 그것으로 하늘나라는 이루어지는 것이다. 이렇게 쉬운 일을 하지 않고, 이론을 말하며, 계획을 세우며, 분주히 서두르는 사람들의 어리석음이여!"

그리하여 우치무라는 자신이 종교를 믿는 것은 천국에 가기 위해서가 아니라, 인간다운 인간이 되기 위해서임을 다음과 같이 강조했다.

"내가 종교를 믿는 것은 하늘나라 또는 극락에 가기 위해서가 아니다. 내가 종교를 믿는 것은 사람다운 사람이 되기 위해서이다. 만일 하늘에 대하여, 자기를 대하여, 사람을 대하여 부끄럽지 않은 사람일 수 있다면 나는 아침에 도를 듣고 저녁에 죽어도 좋다. 그렇다! 지옥에 떨어져 영원한 형벌을 받아도 좋다."[194]

이밖에도 우치무라의 일본적 기독교의 기반인 순복음주의적 기독교는 앞서 언급한 바울신앙을 회복하는 부활신앙과 후술하는 그리스도 재림사상을 포함하고 있었다. 이상에서 언급한 일본적 기독교

---

193) 위의 책, 228쪽.
194) 위의 책, 240쪽.

가 기반을 둔 순복음주의적 기독교 신앙은 바울신앙의 핵심이요, 기독교 교리의 핵심이라고 설명되었다.

셋째, 우치무라의 일본적 기독교는 애국주의에 기반을 둔 것이었다. 이는 앞서 언급한 바의 애국심에 기반을 둔 것이다. 우치무라는 애국이란 그 나라의 천직을 믿고, 이것을 모든 사업에 나타내려고 하는 것이라고 했다. 일본은 세계 인류에 대해서 큰 천직을 갖고 있다고 믿었으며, 일본인은 서양인을 흉내내기에 그치지 않고 한 걸음 더 개선을 하지 않으면 안 된다고 생각했다. 따라서 우치무라는 외국에서 직수입한 기독교로 만족해서는 안 되고, 구미로부터 넘겨받은 기독교 위에 더 한층 광채를 더하지 않으면 안 된다고 주장했다. 그건 감독교다. 그건 장로교다. 그건 감리교다. 그건 조합교라고 하면서. 서양에서도 이미 곤란해진 종파를 일본에서까지 전파시켜서는 안 된다고 했으며, 일본인의 기독교는 일치 화합한 기독교여야 하고, 종파를 뿌리 뽑지 않으면 안 되는 일본적 기독교를 제창했던 것이다.[195)]

넷째, 우치무라의 일본적 기독교는 「평민적 기독교」를 의미하기도 했다. 우치무라는 인간다운 인간이 되는 길은 바로 기독교가 평민의 종교가 되는 길에 있다고 보았다. 즉 기독교가 부자의 종교가 아니라 가난한 자의 종교로서 기독교에 의해 사회대혁명을 기대할 수 있음을 다음과 같이 주장했다.

"기독교는 귀족의 종교가 아니라 평민의 종교이다. 부자의 종교가 아니라 가난한 자의 종교이다. 학자의 종교가 아니라 미련한 자의 종

---

195) 內村鑑三(김유곤·김윤옥 역), 『內村鑑三全集』 제7권, 128-129쪽, 131쪽.

교이다. 성직자의 종교가 아니라 속된 사람의 종교이다. 기독교에 의해 사회는 거꾸로 되는 것이다. 곧 그 높은 자는 낮은 자가 되고, 그 귀한 자는 천한 자가 되고, 그 슬기로운 자는 미련한 자가 되는 것이다. 기독교가 나옴으로 사회의 대혁명은 기대할 만하다."196)

우치무라는 예수도 평민이었다고 말했다. 평민이란 그가 갖고 있는 지위의 유무, 재산의 많고 적음에 따라 정해지는 것이 아니다. 곧 하나님의 자녀로서의 존귀함을 인정하는 것 외에 다른 아무 것도 존귀하다고 여기지 않는 사람, 그가 진정한 평민이라고 규정했다.197)

예수는 교황, 감독, 목사, 선교사, 신학박사 같은 류의 사람이 아니었다. 예수는 한 번도 머리에 관을 써보신 적이 없으며, 또한 몸에 법의를 걸치신 적이 없다. 다시 말하면 예수는 오늘날 세상이 말하는 종교가가 아니었다. 그는 한 번도 그의 종교로 인하여 봉급을 받아 보신 적이 없다. 그는 나사렛의 한 평민이었으며, 그의 아버지의 직업을 물려받아 목수의 직업을 갖고 계셨다. 그러기에 우치무라는 예수는 직관적으로 하나님을 아셨지, 신학교나 또는 대학의 철학과에서 종교지식을 배운 것이 아니었다고 주장했다. 우치무라가 예수를 존경하는 것은 예수가 위대한 평민이었기 때문이라고 고백했다.198)

심지어 우치무라는 예수를 노동자라고 했으며, 예수를 통해 노동이 신성하다는 것을 알았다고 주장했다. 더 나아가 하나님은 참으로 충실한 농부라고 말하기도 했다.199)

---
196) 우치무라 간조(최운걸 옮김), 『소감』, 241쪽.
197) 우치무라 간조(김유곤 옮김), 『一日一生』, 30-31쪽.
198) 위의 책, 117-118쪽.
199) 위의 책, 152-153쪽.

또한 우치무라는 기독교적 정치는 평민의 정치라고 주장했다. 그리스도가 평민이기 때문이다. 그러므로 평민에게 충실함은 그리스도에게 충실함이라고 했다. 그리스도를 믿는다고 하면서 왕에게만 충실하고 평민에게 충실하지 못하다면 가짜라는 것이다. 위선이라는 것이다. 그는 귀족적 기독교 신도의 존재를 믿을 수 없다고 했다. 성경 구절 "공의를 물같이, 정의를 다함없는 강물같이 흐르게 하라"(암 5; 24), "정의로써 가난한 자를 심판하며, 정직으로써 세상의 겸손한 자를 판단하라"(사 11; 4)처럼 기독교의 정치는 다 백성을 위한 것이다. 가난한 자를 위한 것이다. 비천한 자를 위한 것이다. 귀족을 위해서 하는 정치는 하나님의 뜻에 맞지 않는 정치이며, 또 귀족 그것을 위한 정치도 아니라고 주장했다.[200]

이러한 기독교적 정치관인 평민사상에 대해 우치무라는 사회주의와도 일치되는 부분이라고 보았다.[201]

다섯째, 우치무라의 일본적 기독교는「무사도적 기독교」이다. 우치무라는 무사도는 하나님이 일본에 주신 빛이라고 생각하며 무사도는 할복과 복수만이 아니며, 무사도와 기독교는 비슷한 가르침이 많다고 강조하는 데, 그것으로 인해 일본인이 처음 기독교에 접하게 되면 강하게 끌리게 된다고 했다. 무사도는 하나님이 일본인에게 주신 하나님의 최대 선물이라고까지 이야기 하며, 무사도가 있는 한 일본은 번영하지만, 이것이 없어지는 날에는 망할 것이라고 말했다.[202]

무사도와 기독교의 공통점에 대해 우치무라는 정직과 용기, 관대,

---

200) 우치무라 간조(최운걸 옮김),『소감』, 127쪽.
201) 양현혜,『우치무라 간조』, 209쪽.
202) 최선미, 앞의 논문, 30-31쪽.

고결, 약속, 정의, 절조, 청렴, 친절, 인내 등을 들고 있으며, 무사도와 기독교의 닮은 점은 정의가 정도를 걷는 점에 있어서, 의무와 책임을 다하는 점에 있어서, 공명정대한 면에 있어서, 약자를 동정하는 면에 있어서 무사도가 명하는 바는 기독교가 가르치는 바와 과히 다르지 않다고 우치무라는 강조했다. 그리고 그는 일본만이 가지고 있는 이 무사도 정신이라는 밑동에 기독교 정신을 접맥시킨다면 가장 일본적 기독교가 되며, 이러한 일본적 기독교는 곧 무사도적 기독교이며, 이러한 기독교만이 세계를 구할 수 있다는 확신을 가지고 있었다.[203]

이는 우치무라의 사상에 봉건성이 잔존하고 있음을 나타내 주는 것이다. 그의 가족은 무사계급에 속했고, 따라서 그는 싸울 운명 즉 사는 게 싸우는 것이라는 운명을 타고 났음을 밝혔다. 그리고 우치무라의 초기 교육은 무사도 교육을 받아 봉건영주에 대한 충성심을 본래부터 가지고 있었던 것이다. 따라서 그는 기독교는 민주주의가 아니라고 공언한 바 있으며, 일본적 기독교의 정신을 서구의 민주주의 사상에서 구하지 않고, 대신 일본의 봉건시대의 무사도 정신에서 찾았던 것이다.

이상과 같이 우치무라의 일본적 기독교란 루터의 종교개혁과 바울신앙을 기반으로 해서 이루어진 것이었다. 이는 첫째로 일본의 기독교를 서구 강대국들, 특히 미국의 기독교로부터 경제적으로 독립시키는 일본국 자생교회였다. 교파로 나뉘어져 치열한 경쟁과 다툼

---

203) 위의 논문, 31-34쪽.

으로 일관하는 구미인의 선교를 본받아 일본인 역시 교파적 분열과 대립을 일삼는 것은 일본의 불행이며, 특히 천박하고 불경건한 미국인으로부터 신앙을 물려받는다는 일은 일본의 치욕이라고 여겼다.

특히 미국을 비롯한 강대국들의 기독교 선교는 결국 일본을 강대국의 영토로 전락시키거나 속령이 될 우려가 있으며, 일본인의 영혼과 육체도 강대국의 지배를 받게 된다는 점에서 이들의 도움과 원조로부터 독립하고자 했던 것이다. 따라서 우치무라의 독립사상은「반미주의」에 경도되고 있었다. 그리고 이러한 독립사상은 미국 선교사가 전해 주는 그릇된 민주주의에서 파생되는 다수주의나 공동생활 및 집회 등에 맞서서 단독과 개인주의로 나아가야 한다는 것으로 귀결되었다.

둘째로 일본적 기독교는 바울신앙, 곧 기독교의 근원으로 돌아가자는 것이며, 그리스도를 중심으로 하는 기독교이자, 성경에 기반을 둔 기독교였다. 따라서 바울의 신앙을 기반으로 한 순복음주의적 신앙의 내용들을 포함하고 있었다. 즉 내세적이고, 속죄적이며, 기적에 기반하고, 영생과 하나님 나라를 갈망하며, 부활과 그리스도 재림을 확신하는 영적 신앙이었다.

셋째로 일본적 기독교는 애국주의에 기반을 둔 것이며, 넷째로 평민적 기독교이며, 다섯째로 무사도적 기독교를 의미했다.

이러한 일본적 기독교에는 강한 순복음주의적 영성과 민족주의적 성격 및 일본주의를 기본으로 하고, 이와 아울러 민주주의적 성격 및 봉건적 성격이 복합적으로 내재하고 있었음을 알 수 있다.

제5절 구원론

1. 개인구원론(만인구원론)

우치무라는 사람은 진리를 알 수 있는 능력을 가지고 있고, 직접 하나님의 영감에 접할 수 있는 존재라는 것을 기독교의 근본원리로서 믿었다. 즉 진리는 진리의 증명자이며, 교회라고 해서 반드시 진리의 증명자는 아니라고 주장하면서, 교회는 진리를 배움에 있어서 좋은 도움은 되겠지만, 진리는 교회 밖에서도 배울 수 있다고 주장했다. 교회무오설도 성서무오설과 마찬가지로 중세기의 낡아빠진 유물로서, 20세기 사람이 마음에서 씻어 버려야 할 것임을 주장했다.[204] 여기서 진리는 기독교의 구원을 말하는 것이다.[205] 따라서 구원은 교회 밖에서도 일어난다는 것이다.

교회가 우치무라를 버리기 전에는 그는 교회 밖에는 선한 사람이 없다고 생각했다. 그러나 그가 교회에서 버림을 받아 비로소 관용과 용서의 미덕을 깨달을 수 있었으며, 그의 눈이 열렸고, 그의 관찰력이 한층 깊어져서, 소신은 다를지라도 사람은 선인일 수 있다는 진리를 비로소 깨닫게 되었던 것이다. 즉 진리는 그 한 사람의 것이 아니고, 우주에 있는 모든 선한 사람의 것임을 알았던 것이다. 그는 비로소 세계에 많은 종교가 있는 까닭과, 같은 종교 안에 종파가 많

---
204) 우치무라 간조(박수연 옮김), 『기독신도의 위로』, 52-53쪽.
205) 우치무라 간조(김유곤 옮김), 『一日一生』, 243쪽.

은 이유를 이해했다.[206]

특히 로마서의 절반 이상을 차지하는 바울의 구원관에 대해 우치무라는 3단계로 설명했다. 첫째, 의롭게 되는 것. 둘째, 성결하게 되는 것. 셋째, 영화롭게 되는 것이다. 이 사실을 한 마디로 줄여서 표현한 것이 고린도 전서 1장 30절이라고 했다. "예수는 하나님께로부터 나와서 우리에게 지혜와 의로움과 거룩함과 구속함이 되셨다." 신자의 구원은 예수 안에 있다. 그래서 예수가 신자의 의로움과 거룩함이 된다는 것이다.[207]

우치무라는 구원의 첫째인 의롭게 된다는 것은 "세상 사람들이 말하는 의미의 의인이 된다는 말이 아니다. 이는 하나님과 올바른 관계에 들어가는 것을 말한다. 이제까지는 반역의 자녀였던 자가 순종의 자녀로 되는 것을 말한다"라고 했다. 그리고 하나님과의 올바른 관계에 들어가려면 특별한 것이 필요한데, 그것은 바로 예수 그리스도의 십자가라고 했다. 이것을 깨달을 때 하나님과 올바른 관계에 들어갈 수 있다는 것이다, 그리스도의 십자가를 쳐다봄으로써 나의 죄는 거기서 못 박혔으므로 나의 죄가 속함을 받았다는 것을 깨닫게 되고, 우리는 구속을 받은 것이 된다는 것이다. 의롭게 되고 그리고 난 후에 성결하게(거룩하게) 된다고 보았다. 구원의 둘째는 성결하게 된다는 것이다. "하나님과의 올바른 관계에 들어가는 것만으로는 사람은 원래의 자기와 별로 다름이 없다." 의롭게 된 사람은 죄의 사슬에서 놓여나, 이제는 성결한 영역을 향해 나아가야 한다는 것이다. 그러나 그는 한 순간에 기적적으로 거룩해지지는 않는다고 보았

---

206) 우치무라 간조(박수연 옮김),『기독신도의 위로』, 54-56쪽.
207) 內村鑑三(김유곤 역),『內村鑑三全集』제16권, 140쪽.

다. 영혼의 건강은 육체의 건강과 마찬가지로 한꺼번에 회복되지는 않는다는 것이다. 티푸스 환자가 열이 내렸다고 해서 금방 건강한 사람이 될 수는 없듯이, 크리스천도 역시 죄의 뿌리가 뽑혔다고 해서 금방 성인이 되지는 않는다고 보았다. "우선 의로와져서, 반역을 고침받아 하나님과의 올바른 관계에 들어가고 난 후에야 그의 영혼의 회복이 시작되는 것이다." 우치무라는 이것을 성결하게 되는 것이라고 했다. 그러면서 그는 "의롭게 되는 것이란 죄의 제거요, 성결하게 되는 것이란 덕의 주입이다. 먼저 죄를 청산하고, 그리고 난 다음에 덕을 심기 시작하는 것이다"라고 했다. 그렇지만 우치무라는 성결하게 되었다고 해서 구원이 완성되는 것은 아니라고 보았다. 완성된 영혼이 그 자신에 어울리는 몸을 입을 때에야 비로소 구원이 완성된다는 것이다. 구원이 몸에까지 미쳐야만 그 절정에 도달한다는 것이다. 이것을 일컬어 영화롭게 되는 것(또는 영광을 입는 것)이라고 했다.[208]

이는 곧 의와 성과 구속이라는 3단계 구원론으로, 의롭게 되는 것에는 회개가 필요하고, 십자가를 바라보아야 하며, 성결하게 되는 데는 우리 힘으로써가 아니라 성령이 강림해야 하며, 영화롭게 되는 것에는 그리스도가 재림할 때에 가서야 신자 위에 이루어진다고 보았다. 그리고 이 세 단계는 모두 하나님의 은혜로 말미암아 되는 것이며, 우리들의 노력이나 수양이나 선행으로 말미암아 되는 것이 아님을 강조했다. 긍휼에 풍성하신 하나님께서 우리를 사랑하시는 그 큰 사랑을 인하여 이런 일들을 우리에게 행해 주신다고 보았다. 사

---

208) 위의 책, 140-142쪽, 283쪽.

랑, 사랑, 사랑, 바울의 구원관 역시 결국에 가서는 사랑이라는 한 마디 말 속에 귀착된다고 주장했다. 바울은 그의 구원을 다음과 같은 말로써 결론짓고 있다는 것이다.[209]

"우주 간의 아무 피조물이라도 우리를 우리 주 예수 그리스도 안에 있는 하나님의 사랑에서 끊을 수 없으리라."(로마서 8장 39절)

우치무라는 사람의 구원은 현세로서 끝나는 것이 아니라, 내세까지 계속된다고 보았다. 구원은 영원에 걸친 하나님의 사업이기 때문이라는 것이다. 그런데 이는 모두 개인의 구원에 관한 말이다. "바울은 로마서의 절반을 개인의 구원론을 펴는 데 썼다. 그러나 구원이란 물론 개인에게만 국한되는 것이 아니다." 디모데 전서 2장 4절에 따르면, "하나님은 모든 사람이 구원을 받으며 진리를 아는 데 이르기를 원하신다"고 되어 있다. "하나님이 베푸시는 구원이므로, 그것은 영원에 걸친 것임과 동시에 또한 전 인류를 대상으로 한 구원이라야 하는 것이다." 이렇게 우치무라는 말하면서, "그러므로 바울은 개인의 구원에 관해서 논하는 것만으로 그의 구원론을 끝맺지는 않았다. 그는 전 인류의 구원에 관해서 한 마디 하지 않을 수 없었다. 이것이 로마서 9장 이하 11장까지에 걸쳐 그가 논한 것이다"라고 했다. 우치무라는 바울은 자기 혼자만 구원받으면 그것으로 만족하는 그런 사람은 아니었다고 주장했다. 바울에게는 자기 영혼보다 더 귀한 것이 있었다는 것이다. 그것은 그의 동포였다. 그의 조국이었다. 하나님이 지으신 전 인류였다. 바울은 이들의 구원을 바라마지 않았

---
209) 위의 책, 146쪽, 285쪽.

다는 것이다. 그래서 바울은 자기 심중의 절실한 소원을 이렇게 토로했다는 것이다.210)

> "내가 그리스도 안에서 참말을 하고 거짓말을 아니한다. 내게 큰 근심이 있는 것과 마음에 그치지 않는 고통이 있는 것을 내 양심이 성령 안에서 나로 더불어 증거하노니, 나의 형제 곧 골육의 친척을 위하여 내 자신이 저주를 받아 그리스도에게서 끊어질지라도 원하는 바이다."
> (로마서 9장 1-3절)

그리고 우치무라는 바울의 최종목적은 하나님의 사랑으로 전 인류가 구원을 받는 것이라고 주장했다. 인류의 구원이란 바로 일본의 구원, 한국의 구원, 중국의 구원, 인도의 구원, 터키의 구원 등 만국에 사랑의 복음을 전파해서 그들과 더불어 영원히 하나님의 은혜 속에 잠기는 것을 말한다.211) 이는 만인구원론을 일컫는 것이다.

당시 교회에서는 만인이 다 구원된다는 「만인구원설」을 배척하고, "청함을 받은 사람은 많으나 택함을 받은 사람은 적다"(마태복음 22장 14절)는 「소수구원설」을 주장했다. 우치무라는 만인구원설이나 소수구원설 모두 성서에 근거가 있는 진리라고 말하면서도, 이 두 가지 설의 모순을 제거하기 위한 열쇠는 구원이 무엇이냐는 설명에 달렸다고 보았다. 내가 구원된 것은 나를 위해 구원된 것이 아니라, 다른 사람을 구원하기 위해 구원된 것임을 알아야 하며, 하나님이 특별히 이스라엘을 택하신 것은 그들로 하여금 전 인류에게 은혜

---

210) 위의 책, 148-149쪽.
211) 위의 책, 150-151쪽, 155쪽.

를 베풀기 위함이었다고 주장했다. 하나님은 세상을 사랑하시기 때문에 우리를 구원하신 것이라고 보았다. 따라서 하나님이 소수의 사람들에게 은혜를 주시기 위해 우주와 인류를 만드셨다는 것은 그야말로 큰 이단이라고 주장했다. 악인은 모조리 멸망되고, 하나님과 신자만 남아서 무슨 행복한 일이 있겠는가? 라고 물으며, 「만인구원설」이 합당하다고 주장했다.212)

이처럼 우치무라는 구원은 교회 밖에서도 일어난다고 보았으며, 바울의 구원론을 개인구원론과 만인구원론으로 살펴보면서 바울의 구원론 중 대부분은 개인구원론에 치중한 것이지만, 만인구원에도 관심을 기울였다고 했다. 여기서 우치무라는 바울의 개인구원론을 의롭게 되는 것, 성결하게 되는 것, 그리고 영화롭게 되는 것이라고 설명하면서, 이러한 구원은 인간의 노력이나 선행에 의해서가 아니라, 하나님의 사랑과 은혜로 이루어지는 것으로 십자가와 성령강림과 그리스도의 재림이 필요함을 역설했다. 그리고 이는 결국 사랑으로 귀결된다고 주장했다.

또한 우치무라는 바울의 구원은 현세로서 끝나는 것이 아니라 내세까지 계속되는 것이며, 하나님 사랑의 최종목적은 전 인류의 구원인 만인구원론이라고 역설했다. 그리고 이러한 바울의 구원론을 그의 신앙적 기반으로 했던 것이다. 또한 이는 루터의 종교개혁의 정신을 더 발전시킨 것이라 할 수 있다.

---

212) 內村鑑三(김유곤·김윤옥 역), 『內村鑑三全集』 제5권, 371-375쪽.

2. 사회개혁론

우치무라는 종교의 직접적인 목적은 국가를 보존하는 일이 아니라고 했다. 종교가 만일 직접 국가문제에 간섭한다면, 이는 종교와 정치를 혼동한 것이며, 이보다 더한 국가의 재해는 없을 것으로 보았다. 종교는 정치가 아니며,「정교일치」라 하는 것은 종교의 본질을 모르는 이야기라고 일축했다. 따라서 국가를 주안으로 하는 종교가 협애해지지 않을 수 없는 것은 당연한 이치라고 주장하면서, 이 때문에 국교라는 것이 우주적으로 커질 수 없는 이유가 된다고 주장했다. 국교를 만들어 교권을 유지하려는 자나, 종교를 가지고 국위를 떨쳐 보려는 자나, 둘 다 종교를 그릇되게 적용하려는 사람이며, 교세는 마침내 위축되고 국권도 이로 말미암아 신장되지 않는다고 주장했다. 따라서 19세기의 오늘에 처하려 하는 자는 아예 국교의 관념을 버려야 한다고 강조했다.[213] 이는「정교분리의 원칙」을 표명한 것이다.

또한 우치무라는 종교와 정치의 관계는 안과 밖의 관계라고 보았다. 하나님과 형식과의 관계라는 것이다. 일국의 사회제도는 그 국민의 종교적 관념의 표현이며, 그 정치조직은 그들이 늘 신봉해 온 종교에서 비롯된다는 것이다. 먼저 종교를 펼친 다음에 정치에 미치는 것이 순리라고 보았다. 그와 반대로 먼저 정치를 베풀고 난 다음에 종교를 불어 넣는 것은 역리라는 것이다. 전자는 자연에 순응한 국가건설방법인데, 그 성공은 극히 느리고 더디지만, 그 결과는 매

---

213) 우치무라 간조(박수연 옮김),『기독신도의 위로』, 129-130쪽.

우 건전한 것이 된다고 보았다. 후자는 인위적인 건설방법인데, 때로는 신속한 성공을 거두는 것같이 보일는지 모르나 이에 따르는 위험도 매우 크며, 그 결과는 조숙자의 파리함과 연약함을 면치 못할 것이라고 주장했다.[214]

우치무라는 종교가는 가장 큰 정치가라고 말했다. 그들은 정치적인 성공을 천년, 백년 후로 기대하기 때문에 그들의 생존 중에 정치를 말하지는 않는다고 보았다. 그들은 다만 사회에 생명을 불어 넣는 것만을 직분으로 삼다가, 민중의 개선을 진리 그 자체의 행동에 맡기고 세상을 떠나버린다는 것이다. 우치무라는 그들은 이른바 혁신사업이라는 것에 관여하지 않지만, 그러나 가장 효과적인 혁신가라고 주장했다. 그러므로 우치무라는 가장 작은 정치가는 정치를 우선으로 하고, 도덕·종교는 뒤로 돌리는 자라고 했다.[215]

우치무라는 정치가 종교를 떠나면 국가는 망한다고 주장했다. 그러므로 국가를 개조하려면 먼저 종교부터 개조하지 않으면 안 된다고 했다. 우치무라는 정치가가 되어서는 나라를 구원할 수 없다고 주장하면서, 오늘날의 정치가를 멸시한다고 했다. 그는 "나는 정치가가 아니다. 또 정치가가 되고 싶어 하는 사람도 아니다. 오늘날 우리나라에서 말하는 정치라는 것은 내가 전적으로 멸시하는 것이다. 나는 그것에 접촉하기를 꺼리는 것이 마치 문둥병 환자에게 손대기를 꺼리는 만큼이나 된다"고까지 말했다.[216]

종교와 정치에 대한 이러한 관점으로부터 우치무라는 사회와 개

---

214) 內村鑑三(김유곤·김윤옥 역), 『內村鑑三全集』 제10권, 362-363쪽.
215) 위의 책, 363쪽.
216) 위의 책, 350쪽, 364쪽, 370쪽.

인의 관계를 다음과 같이 설명했다. 사회란 인간의 집합체다. 그리고 그 인간의 표본은 나 자신이다. 그러므로 사회를 개선하는 방법은 나 자신을 개선하는 방법이라는 것이다. 나 자신을 개선할 수 없는 사람은 사회를 개선할 수 없다. 자기 자신을 이겨내지도 못하면서 사회를 개선할 수 없는 것만은 명백하다고 보았다. 사람은 하나님을 통해 자기를 구원하고, 자기가 구원받은 후에 남을 구원한다. 구원을 받은 사람만이 아직 구원받지 못한 사람을 구원할 수 있다. 그리하여 구원받은 이들이 서로 힘을 합쳐서 침몰해 가는 사회를 구원해 낼 수 있다고 주장했다.[217]

따라서 우치무라는 사회개량과 국가혁신을 주장하는 기독교 사회운동을 지지하지 않았다. 그는 이를 「사교적 기독교」라고 부르면서, 기독교 사회운동론자들에 의하면, "우리는 내세의 구원에 참여하기 위해서 종교를 믿는 것이 아니다. 종교는 현세적이 되지 않으면 안 된다. 그 목적은 인간 사회를 개조하여 군자국을 만드는 데 있다. 풍기를 개량하고 국운을 열고 천국을 이 땅에 이룩함에 있다. 금주운동, 폐창운동, 빈민구제, 자선사업 등 이것이 종교의 목적인 것이다. 미래 존재론이 무슨 소용이 있는가. 그런 것은 미신 믿는 자들의 몽상에 맡겨도 좋다. 속죄론이 무슨 소용이 있는가. 19세기의 우리가 어찌 중세시대의 교리를 믿어야 한단 말인가. 종교란 국가를 구하는 것이다…몸을 나라에 바친 자, 이들이 진정한 종교가이다"는 것이었다.[218]

이러한 기독교 사회운동론자들의 말을 제시하면서, 우치무라는

---

217) 위의 책, 379쪽, 385쪽.
218) 우치무라 간조(박수연 옮김), 『기독신도의 위로』, 131-132쪽.

그들이 전혀 잘못이 아님을 안다고 하면서도, 그들이 종교의 근본을 버리고 지엽적인 데에 관심을 가지는 것은 한탄스런 일이라고 말했다. 그 이유는 "그 결과를 보아, 그 목적을 이루지 못함을 보아 그 정신이 우주의 대도에 근거한 것이 아님을 알 수 있는 것이다. 사교적 종교의 결과는 자선사업의 찬양이요, 교회정치의 토론이요, 음악회요, 부인자선회요, 국회 건의이다. 그리하여 그 사업의 최대 성과라고 하는 것이 겨우 법률 개정이다. 그러나 그 목적하던 사회 그 자체는 외모가 약간 달라졌을 뿐, 그 실제는 이로 말미암아 조금도 구태를 벗어나지 못하고 있다. 말하자면 욕심이 개화했다는 것뿐이고, 영원에 이르는 마음의 평화, 세계를 포괄하는 성도의 교제는 그와 같은 종교에서는 오지 않는다...사교적 종교가란 정치가의 흉내를 내는 것이어서 그들은 전도자의 이름을 더럽혀서는 안 될 것"이기 때문이었다. 우치무라는 만약 사회개량이 목적이라면 정치가가 되어야 한다고 말했다. 종교의 목적은 국가나 사회개량에 있지 않기 때문이다.[219)]

우치무라는 사회의 개량, 새 국가의 건설, 이는 우리를 분발시키기에 충분한 사상이 아니라고 주장했다. 육체의 부활, 그리스도의 재림, 만물의 부흥, 영원한 영광 이것 없이는 우리에게 뛰고 싶은 기쁨이 없으며, 활동의 동기가 없다고 주장했다. 사람들은 즉시 사회를 개량하려 하지만, 우치무라는 사람을 개량하고 사회를 개량하는 방법을 택하고자 했다. 즉 자기개조가 먼저 이루어져야 사회개조가 이루어진다고 본 것이다. 특히 그는 그리스도를 통하여 사람을 개량

---

219) 위의 책, 132-133쪽.

하려고 했다. 그는 말했다. "나의 사회개량법은 심히 우원한 것같이 보이지만, 그러나 과거 2천 년간의 인류의 역사에 비추어 나는 그 가장 확실하며, 그리고 또 가장 신속한 개량법임을 안다."[220]

우치무라는 그의 목적은 일본을 그 뿌리부터 개조하는 데 있으며, 그 길은 우원하지만 가장 확실한 길로써 직접 개인의 양심에 호소하여 이를 개조하는 일이라고 다음과 같이 주장했다.

> "나의 목적은 일본 나라를 그 뿌리로부터 개조하는 데 있다. 그리고 나는 이 일을 함에 있어, 정치로써 정치를 개량하려는 우거(愚擧)를 본받지 않으며, 사회에 의하여 사회를 개선하려는 우회(迂回)를 하지 않고, 직접 개인의 양심에 호소하여, 이를 깨끗하게 하고 고상하게 하여, 여기에 새 이상과 새 희망을 불어넣음으로써, 국가로 하여금 그 조직하는 근저로부터 개조하고자 한다. 이는 가장 우원한 일인 것처럼 보이면서, 실은 가장 확실하고 가장 손쉬운 방법이다."[221]

우치무라는 사회와 국가를 그 근저로부터 개조하는 길은 정치나 사회를 개선해서가 아니라, 예수 그리스도의 복음을 가르쳐서 마침내 이루어질 수 있다고 주장했다.[222] 왜냐하면 그리스도를 가르치는 것이 기독교적 정치이며, 기독교적 사회개량책이기 때문이라는 것이다.[223]

사회는 선동에 의해서 개선되는 것이 아니라, 그리스도의 사랑에

---

220) 우치무라 간조(최운걸 옮김), 『소감』, 124쪽.
221) 內村鑑三(김유곤·김윤옥 역), 『內村鑑三全集』 제3권, 설우사, 1975, 209쪽.
222) 위의 책, 265쪽.
223) 우치무라 간조(최운걸 옮김), 『소감』, 128쪽.

의해서 개선된다는 것이다. 사람의 죄를 용서하고, 그것을 내 몸에 짐으로 말미암아 자신이 깨끗해진다는 것이다. 그래서 우치무라는 속죄에 의한 자기개조가 유일한 사회개량법이라고 주장했다.224)

요컨대 우치무라는 성경을 통해서, 그리스도를 통해서, 그리고 복음을 통해서 이 세상을 개혁하고자 했던 것이다. 그는 다음과 같이 말했다.225)

"복음은 정치가 아니다. 그러나 국가를 깨끗하게 한다. 복음은 미술이 아니다. 그러나 미감을 불러일으킨다. 복음은 철학이 아니다. 그러나 사유를 자극한다. 복음은 산업이 아니다. 그러나 부를 증진한다. 복음은 이 세상의 일이 아니다. 그러나 사람을 그 중심에서 살리기 때문에 활동의 모든 방면에서 이 세상을 계발한다. 이 세상 이외의 복음이야말로 이 세상을 구원하는 유일한 세력이다."

특히 우치무라는 다음과 같이 성경을 통해서 올바른 사회개혁과 전쟁의 폐지가 이루어질 수 있다고 보았다.226)

"성경은 도덕의 책이 아니다. 성경은 사람이 도덕의 근원이신 하나님께 이르는 길을 보여 주는 책이다. 그러므로 그 사람의 도덕의 정도에 따라 하나님의 뜻을 그에게 전하는 것이다. 성경에 노예제도를 폐지하라고는 쓰여 있지 않다. 하지만 성경은 사람이 하나님의 자녀임을 가르쳐 줌으로써 노예제도의 토대를 무너뜨렸다. 성경은 전쟁의 폐지

---

224) 內村鑑三(김유곤·김윤옥 역), 『內村鑑三全集』 제3권, 215쪽.
225) 우치무라 간조(최운걸 옮김), 『소감』, 133-134쪽.
226) 우치무라 간조(김유곤 옮김), 『一日一生』, 204쪽.

를 논하고 있지 않다. 하지만 성경은 사람의 목숨이 얼마나 귀중한가를 가르쳐 줌으로써 전쟁은 결코 해서는 안 되는 것임을 말하고 있다."

그러므로 우치무라에게 있어서 성경은 세상을 이기게 하는 무기였으며, 성경으로써 어떠한 반박에도 대답할 수 있고, 성경은 그의 대변자였다. 그래서 그는 성경을 깊게 배우고 넓게 배우라고 권고했다.227) 이러한 우치무라의 사상은 순복음주의를 표명한 것이다.

위와 같은 논지에서 우치무라는 혼돈한 일본을 어떻게 하면 참된 나라로 건설할 수 있을지 고민한 결과 다음과 같은 사회개혁방안을 제시했다. 첫째, 혁신은 자신에게서 시작되지 않으면 안 된다는 것이다. 우치무라는 이렇게 말했다. "수많은 유동체 중 그 속에 이미 결정체가 용해되어 있다 해도 만일 한 고형체가 투입되지 않으면 응결이 되지 않는다. 명령을 내린다 해도 액체가 변할 리도 없고 욕한다고 효과가 나타나지도 않는다. 나로 하여금 먼저 응결의 기초가 되게 하라. 그러면 나부터 응결이 시작될 것이다. 나로 하여금 만유의 토대 위에 서게 하라, 그러면 주위는 스스로 와서 나를 따라 정렬하게 될 것이다. 이것이 혁신사업의 대비결이다."228)

둘째, 먼저 자기 스스로 만족할 줄 알아야 한다는 것이다. 우치무라는 말하기를, "마음이야 말로 내 왕국이다. 내가 먼저 자신의 주인이 된다면, 대국의 영주와 같아서 남의 도움을 바랄 것이 없다…사회운동이라 하여 요란스럽게 뛰어다녀야만 안심하는 사람은 아직

---

227) 우치무라 간조(최운걸 옮김), 『소감』, 52쪽.
228) 우치무라 간조(박수연 옮김), 『기독신도의 위로』, 181-182쪽.

혁신가의 성품을 갖추지 못한 사람이다."라고 하면서, 루터의 말, "고요히 있으면 구원을 얻을 것이요, 잠잠하고 신뢰하여야 힘을 얻을 것이다"처럼 정숙한 가운데서 오는 능력을 맛보고, 운동이란 관념을 버리라고 권했다.229)

셋째, 자기의 회의를 세상에 나타내지 말라는 것이다. 이에 대해 우치무라는 이렇게 말했다. "회의를 서슴없이 말하는 사람은 병고를 호소하는 병자와 같아서 군자로서 부끄러운 일이다...세상에는 너무나 많은 의문이 있다. 새삼스레 네 의문을 여기에 보탤 필요가 없다...건설의 방도를 마련하지 않고 파괴하는 것은 우주의 도리에 어긋난다."230)

넷째, 현재의 직업에 만족하라는 것이다. 우치무라는 말하기를, "먼저 대사업을 하겠다는 생각을 버려라. 우리가 사회의 지도자가 되려고 하기 때문에 우리의 혁신사업이 성과를 못 얻는 것이다...세상을 향해 혁신을 부르짖는 자는 먼저 그 이웃으로부터 혁신을 요구당하지 않도록 힘쓰라"고 했다.231)

다섯째, 비평하지 말라는 것이다. 이에 대해 우치무라는 이렇게 말했다. "비평은 사회를 시끄럽게 만든다. 사업의 성공은 정숙을 요한다. 네 스스로가 일할 수 없거든 네 형제를 비평함으로써 그 사업을 방해하지 말라. 그에게 시정해야 할 점이 있다고 생각되거든 직접 그에게 가서 이르라. 그러나 공중 앞에서 그의 사업을 평하여 비평문학으로 삼는 것같은 일은 결코 해서는 안 된다."232)

---

229) 위의 책, 182-183쪽.
230) 위의 책, 184쪽.
231) 위의 책, 185쪽.
232) 위의 책, 185-186쪽.

여섯째, 우리는 확신과 진실이 어디에 있든 존중해야 한다는 것이다. 그 까닭에 대해 우치무라는 이렇게 말했다. "우리가 혁신을 요구하는 것은 우리들 속에 진실이 결핍되어 있기 때문이다. 그 정치사상의 여하를 막론하고 그 종교 신앙의 여하를 막론하고, 진실한 사람은 영원한 가치를 가지는 것이므로 우리는 그를 존중하고 그의 약점이나 우둔함을 비웃는 일을 결코 해서는 안 된다."[233)

일곱째, 실속 없는 명의(名義)를 버리라는 것이다. 이에 대해 우치무라는 이렇게 말했다. "우리로 하여금 있는 그대로의 우리 되게 하라, 허명은 서로의 불신을 초래하고 확신과 확정을 어렵게 만든다. 먼저 허세를 부리고 그 후에 실권을 잡으려 하는 일 따위는, 혁신과 건설의 길이 아니다…우리가 가장 약할 때는 허권(虛權)을 쥐고 허세를 부리는 때다. 우리는 외견상의 파괴를 두려워하지 않는다. 넘어질 것은 넘어져야 한다…혁신의 첫 걸음은 명실을 분명히 하는 일이다. 이것을 하지 않고 개량발전을 제창하는 것은 다 쓰러져 가는 낡은 집에 2층을 올리려는 것과 같다…내가 먼저 허를 버리고 실을 찾아, 우리의 이웃들도 나를 본받게 되고, 이래서 내 집, 내 당, 내 교회에 이것이 퍼진다면, 이것이야말로 내가 할 수 있는 혁신사업인 것이다. 내가 먼저 나의 참된 자리에 돌아가야 진정한 발전이 시작된다."[234)

이처럼 우치무라는 혼돈한 시대에 참된 사회혁신은 자기 자신에게서부터 시작되어야 하며, 스스로 만족하고, 운동이란 관념을 버리며, 자신의 회의나 비판의식을 세상에 드러내서는 안 된다고 주장했

---

233) 위의 책, 186-187쪽.
234) 위의 책, 188-189쪽.

다. 이는 일본의 제국주의 체제를 인정하고 체제에 안주하며, 일본의 제국주의 침략을 용인하는 일이었으며, 결국 무저항주의 노선을 표명한 것이었다.

한편 우치무라는 기독교와 사회주의와의 관계에 있어서 일본에서도 구마모토 밴드 출신의 일본조합교회 목사인 고자키 히로미치는 마르크스를 중심으로 근세의 사회당과 사회주의의 역사를 논하여, 사회당 자체에는 비판적이었으나, 사회당이 유럽에서 정부의 압제, 사회의 빈부격차를 주목해 이를 해결하려고 한다고 소개했다. 또한 기독교인으로서 유니테리언적인 입장에 서서 인류동포주의와 박애주의를 주창하고 사회주의의 원리와 이를 일본에 응용할지 여부를 연구할 목적으로 사회주의연구회가 발족되기도 했다. 그리고 1901년 5월 일본 최초의 사회주의 정당인 사회민주당이 결성되었다. 사회민주당은 선언서에서 사해동포주의, 세계 평화를 위한 군비 폐지, 계급제도 폐지, 생산기관 및 교통기관의 공유, 분배의 공평, 정권의 평등, 국비에 의한 교육을 이상으로 내세웠다. 사회주의를 위한 여러 정책과 함께 평화주의를 강령에 넣고 있는 점이 특기할 만하다.[235]

우치무라는 『요로즈초호』에서 사회주의자인 코투구와 사카이를 통해 사회주의운동의 지도자들과 개인적으로 교제하게 되었다. 그들은 우치무라에게 존경을 표하고 여러 가지 기획에서 그의 지지를 구했다. 우치무라 역시 같은 세대의 많은 사람들에게 비판적이었던 것과는 대조적으로 그들에게는 존경을 표명했다. 우치무라는 사회

---
235) 양현혜, 『우치무라 간조』, 204-205쪽.

주의에는 찬성하지 않았으나, 이런 주의를 가진 사람들에게는 호의를 가졌던 것이다. 그리고 때로는 사회개량을 위해 사회주의자와 직접 행동을 함께 하기도 했다.[236]

그러나 우치무라는 당시의 많은 사람들이 기독교와 사회주의를 미분화 상태에서 제각기 혼동하고 있음을 지적하면서,[237] 다음과 같이 사회주의와 기독교가 비슷한 점이 있지만 그 차이점을 제시하면서, 둘 사이에는 하늘과 땅의 차이가 있으니 혼동해서는 안 된다고 경계했다.

> "기독교와 비슷하면서 가장 그것이 아닌 것이 오늘 우리 사회에서 외쳐지고 있는 사회주의란 것이다. 이것이 성경에 이른바 불법의 이상한 힘이다. 여기에 경전이 없다. 순종이 없다. 평화가 없다. 이는 다만 불평과 파괴의 정신이다. 이는 종이 주인을 배반하게 하고, 아들이 어버이를 배반하게 하고, 아우가 형을 배반하게 하고, 제자가 스승을 배반하게 하는 정신이다. 다시 말하면 특히 반역의 정신이다. 복종을 절대적으로 거절하게 하는 악마의 정신이다. 나는 오랫동안 참고 참다가 이렇게 단언을 내리지 않을 수 없게 된 것을 슬프게 생각한다."[238]

당시 일본 사회의 일부에서는 기독교가 마치 사회주의의 한 파인 양 생각하고 있었다. 그렇게 생각하고 있는 사람들은 주로 귀족과 재벌들인데, 그들은 무식하고 탐욕적이기 때문에 무슨 주의든 간에 그들이 쥐고 있는 특별한 권리에 도전해 오는 것에는 모두 사회주의

---

236) 위의 책, 205-206쪽.
237) 위의 책, 208쪽.
238) 우치무라 간조(최운걸 옮김), 『소감』, 246쪽.

라는 이름을 붙여서 이를 배격했다. 또 다른 부류의 사람들은 사회주의와는 정반대되는 것, 즉 그 방해자, 그 원수인 것처럼 생각하고 있었다. 그들은 주로 사회주의 사상을 품고 있는 사람들로서, 그들은 기독교를 하나님의 존재를 부르짖고 일종의 신권설을 주장하며 또한 사회의 현상유지를 부르짖고 혁명정신이 부족하기 때문에, 이는 사회주의와는 도저히 양립할 수 없는 것이라고 생각했다. 즉 사회주의의 한 파라고도 했고, 사회주의의 원수라고도 했다.[239]

기독교와 사회주의는 비슷한 점이 있다. 이에 대해 우치무라는 성경 속에서 그 근거를 들며, 예수의 정신 및 성경 속의 재산의 공동소유에 관한 기록 등은 사회주의의 정신이며, 기독교 편에서 보더라도 사회주의가 주장하는 협동, 단결은 역시 기독교의 정신이기도 하다고 주장했다. 특히 가난한 사람을 구제하는 것이 기독교의 이 세상에서의 최대 목적 가운데 하나인데 비해, 빈곤의 멸절이 사회주의의 가장 큰 주안점이라고 한다면, 기독교와 사회주의는 그 달성하고자 하는 목적에 있어서도 서로 일치한다고 말했다.[240]

그러나 우치무라는 기독교와 사회주의는 서로 다르다는 점을 이렇게 지적했다. 즉 "기독교는 천국의 가르침이며, 사회주의는 이 세상을 개선하기 위한 주의입니다. 「내 나라는 이 세상 나라가 아니다」라고 그리스도는 말씀하셨습니다. 「내 나라는 하늘에 있다」고 바울은 외쳤습니다." 그러므로 우치무라는 "우리는 이 세상일에 대해서는 그다지 신경을 쓰지 않아도 된다는 것이 기독교 교리의 대강"이라고 주장했다. 또한 "사도들은 그 당시의 노예들에게 육체의 자유

---

239) 內村鑑三(김유곤·김윤옥 역), 『內村鑑三全集』 제10권, 413쪽.
240) 위의 책, 413-414쪽.

를 획득하라고 가르치지는 않았습니다. 또 노예의 주인에게도 반드시 그들을 석방해야 한다고 다그치지는 않았습니다. 다만 노예든지 그 주인이든지 그것은 일시적인 것에 불과한 것이기 때문에 서로 정성을 다하고, 서로 속이거나 빼앗거나 하지 말라고 권면하였습니다"라고 했다.[241]

또한 우치무라는 기독교는 반드시 재산의 공동소유, 또는 국유를 부르짖고 있지 않다고 했다. 기독교가 가르치는 바는 재산이란 것은 소수의 부자나 귀족이 독점해선 안 된다는 것이며, 그 모든 물질은 그것을 창조한 하나님의 것이라고 주장했다. 마지막으로 우치무라는 기독교와 사회주의는 일하는 방법이 다르다고 했다. 기독교는 안에서 밖으로 향해 일하는 것으로서, 사회주의 및 그 밖의 이 세상의 모든 주의가 밖에서 안으로 향해 움직이는 것과는 전혀 그 행동방법을 달리한다는 것이다. 우치무라는 "기독교가 보는 바에 의하면, 사회의 불공평은 모두 사람이 하나님을 버린 데서 일어난 것이요, 사회조직의 불완전에서 온 것이 아니기 때문에, 이를 바로 잡는 방법은 그 인간을 아버지인 하나님께로 데려 오는 일이지, 여기에 새 사회조직을 만들 필요는 없습니다. 그러므로 기독교는 제도나 조직 같은 것에는 그다지 중점을 두지 않습니다"라고 주장했다.[242]

즉 우치무라는 기독교와 사회주의는 사회개혁의 방법에 있어서도 상위점이 있다고 보았다. 기독교는 제도와 조직을 통한 사회개량보다는 인간의 내적 개혁에 의해 사회를 개혁하려고 하는 것에 반해, 사회주의는 인간의 내적 개혁에 앞서 제도와 조직을 통한 사회개혁

---

241) 위의 책, 415쪽.
242) 위의 책, 415-417쪽.

을 주장하는 것임을 밝혔다. 그리고 사회개혁은 개인의 내면으로부터 시작되어야 하는 것으로, 그러한 기초 위에 성립하지 않은 모든 사회개혁은 다 피상적이어서 결국 실패했다는 것이다.[243]

우치무라는 이렇게 설명했다. "사회주의는 육의 일이며, 기독교는 영의 일이다. 사회주의는 땅의 일이다. 기독교는 하늘의 일이다. 내가 배고프니 먹을 것을 달라. 이것이 사회주의다. 「사슴이 시냇물을 찾기에 갈급하듯이 내 영혼이 주를 찾기에 갈급하다」(시 42;1) 이것이 기독교다." 이처럼 우치무라는 사회주의와 기독교 사이에 하늘과 땅의 차이가 있으므로 결코 혼동해서는 안 된다고 말했다.[244]

우치무라는 "정의만 내세우지 말아라. 은혜라고 말하라. 정결만 강요하지 말아라. 사면을 말하라. 정의나 정결은 인간에게는 없다"고 하면서, 하나님으로 말미암아 인생을 구원하게 하라고 했으며, 사람을 통하여 세상을 구원하려 해서는 안 된다고 했다. 인생을 건져내고 세상을 구원하는 길은 오직 하나님의 구원의 강물을 홍수처럼 흘려보내는 데 있다고 주장했다.[245]

이처럼 우치무라는 기독교와 사회주의의 차별성을 강조하면서 사회주의를 불평과 파괴의 정신이며, 반역의 정신이고, 심지어는 악마의 정신이라고까지 주장하면서, 사람을 통해서 세상을 구원하려고 해서는 안 되고, 하나님으로 말미암아 인생을 구원하게 해야 한다고 했다.

---

243) 양현혜, 『우치무라 간조』, 210-211쪽.
244) 우치무라 간조(최운걸 옮김), 『소감』, 244쪽.
245) 우치무라 간조(김유곤 옮김), 『一日一生』, 94쪽.

이상과 같이 우치무라는 순복음주의 신앙에 기반을 두어 종교는 정치가 아니며, 「정교일치」라는 것은 종교의 본질을 모르는 것이라고 주장하면서, 「정교분리」의 원칙을 취했다. 그리고 종교와 정치의 관계에 있어서 먼저 종교를 펼친 다음에 정치에 미치는 것이 순리라고 주장했다. 그리하여 국가를 개조하려면 먼저 종교부터 개조하지 않으면 안 된다고 했다.

이런 관점에서 우치무라는 사회개조와 자기개조의 문제를 정리했다. 즉 사람은 하나님을 통해 먼저 자기를 구원하고 난 후 사회를 구원해야 한다는 것이다. 그리하여 우치무라는 사회개량과 국가혁신을 주장하는 기독교 사회운동에 비판적이었다. 그는 이를 「사교적 기독교」라고 부르면서, 이는 사회를 개조하여 군자국을 만드는 데 목적이 있는 것으로, 종교의 근본을 버리고 지엽적인 데에 관심을 가지는 것이라고 비판했다.

우치무라는 기독교는 자선사업이 아니며, 사회개혁도 아니라고 하면서, 기독교는 그리스도라고 주장했다. 그리스도만이 기독교의 본원이요, 종국이며, 겉이고 동시에 내용이며, 율법이자 그 실천이라고 주장했다. 그는 그리스도를 통해 사람을 먼저 개량하고 뒤이어 사회를 개량하고자 했다. 즉 자기개조가 먼저이고, 사회개조는 뒤따라오는 것임을 분명히 했던 것이다.

이런 점에서 우치무라는 사회와 국가를 그 근저로부터 개조하는 길은 정치나 사회를 개선해서가 아니라, 그리스도의 복음을 가르쳐서 이루어진다고 주장했으며, 그리스도를 떠나면 기독교적 정치는 없다고 단언했다. 즉 그리스도를 가르치는 것이 기독교적 정치이며, 기독교적 사회개량책임을 명확히 했다. 그리하여 우치무라는 성경을 통해서, 그리스도를 통해서, 그리고 복음을 통해서 이 세상을 개혁하고자 했다.

따라서 우치무라가 제시한 참된 사회혁신방안은 자기 자신에게서 먼저 시작되어 사회혁신으로 이어지는 것이었고, 일본의 현실정치에 만족하고 비판을 금지하는 체제안주형이었다. 그는 그리스도와 바울의 말을 근거로 하여 기독교 교리의 대강은 이 세상일에 대해서는 그다지 신경을 쓰지 않아도 된다는 것이라고 주장했던 것이다.

특히 우치무라는 사회의 불공평은 모두 사람이 하나님을 버린 데서 일어난 것이요, 사회조직의 불완전에서 온 것이 아니기 때문에 이를 바로 잡는 방법은 그 인간을 하나님께로 데려 오는 일이지, 여기에 새 사회조직을 만들 필요는 없는 것이라고 주장했다. 그러므로 기독교는 제도나 조직 같은 것에는 그다지 중점을 두지 않는다고 했다.

이러한 우치무라의 사상은 후술하는 무저항주의 노선으로 귀결될 수밖에 없었다.

제6절 무저항주의와 그리스도의 재림사상

1. 의전론과 전쟁폐지론

우치무라는 청일전쟁에 대해서는 의전론의 입장에 섰다. 그는 조선의 독립을 꾀하고 조선을 속국 취급하고 있던 청국의 폐해를 각성시키기 위해서는 일본이 수용한 새로운 문명을 청국에도 최대한 유포시켜야 하기 때문에 청일전쟁은 의전이라고 보았다.[246]

우치무라는 청일전쟁의 목적은 일본이 이웃나라인 조선의 독립을 확보시키고, 동양문명의 전형인 중국을 징계함으로써 동양의 안전과 평화에 기여하려는 데 있다고 보았다.[247]

청일전쟁은 1896년 4월 일본의 승리로 끝났다. 하지만 평화조약이 조인되었을 때 일본정부는 그 조항대로 행동하지 않았다. 전쟁이 진행되어 조선에 대한 일본의 제국주의적 야욕이 노골적으로 드러나고 있었다. 이에 우치무라는 "의로운 전쟁은 약탈전으로 변했고, 전쟁의 정당성을 외쳤던 한 선지자는 이제 수치감을 느끼고 있다"고 당시의 심정을 토로했다.[248]

청일전쟁 후 일본의 현실에 대한 깊은 환멸 속에서 우치무라는 일본 국민이 과연 그가 기대해 온 바대로 동양과 서양을 매개하는 중

---

246) 양현혜, 『김교신의 철학』, 44쪽.
247) 김현철, 앞의 논문, 22쪽.
248) 위의 논문, 22쪽.

개자라는 천직에 걸맞은 능력을 가지고 있는가에 대해 깊은 회의를 품었다. 일본이 걸으려고 하는 군국주의적 제국주의의 실상은 국민들이 이상을 잃고 그 품성이 도덕적으로 허물어지는「망국의 지름길」이라고 갈파했던 것이다. 그리하여 영일동맹이 맺어진 이듬해인 1903년 만주와 조선 지배를 둘러싸고 일본과 러시아의 갈등이 격화되어, 일본 전체가 다시 주전론으로 들끓었을 때, 우치무라는 러일전쟁의 결과 일본사회는 거대한 병영국가가 될 것이라고 예견하면서, "나는 러일 비전론자일 뿐 아니라 전쟁절대폐지론자이다"라고 말하며,「절대비전론」을 주장했다.[249]

우치무라는 그가 평화주의자로 돌아서는 데 기여한 네 가지 주요한 요인을 다음과 같이 밝혔다. 첫째, 가장 영향력을 끼친 요소는 성경, 그 중에서도 특히 신약성경이었다. 그는 성경을 연구하면서 모든 종류의 싸움을 피하고 미워해야 한다는 깨달음을 얻었다. 둘째는 그가 살아오면서 겪은 체험이었다. 3, 4년 전에 반대자들의 맹렬한 공격에도 불구하고 무저항주의 입장에서 그런 비판을 묵묵히 견디었다. 그는 이러한 과정에서 깊은 평안을 누렸고, 일을 할 때도 그다지 심한 타격을 받지 않았다. 세 번째 그를 극단적 평화주의자로 만든 요소는 10년 동안 전개된 세계사였다. 청일전쟁의 결과를 보고 그는 전쟁이 백해무익하다는 확신을 얻었다. 마지막으로 네 번째 요인은 매사추세츠 주 스프링필드에서 발간되는 신문『스프링필드 공화주의자』의 영향이다. 이 신문은 평화주의를 전파하는 신문이었다. 그는 20년 동안 이 신문의 구독자였으며, 심지어 일본신문도 보지

---

249) 양현혜,『김교신의 철학』, 44-51쪽.

않았고, 자신이 아는 한 이 신문은 가장 순수하고 공정한 신문이라고 생각했다. 우치무라는 이 신문을 오래도록 애독한 결과 호전적인 성이 마침내 무너지고 말았다고 고백했다.250)

우치무라는 말하기를 "나는 노일전쟁을 하지 말자는 비개전론자일 뿐만 아니라, 전쟁 절대폐지론자다. 전쟁은 사람을 죽이는 일이다. 그리고 사람을 죽이는 일은 큰 죄악이다. 큰 죄악을 범하고 난 개인과 국가가 영구히 이익을 누릴 수 있을 리가 없다"고 했다. 세상에는 전쟁의 이익을 논하는 사람도 있고, 또 자신도 한 때 그러한 어리석은 말을 하던 사람이지만, 우치무라는 전쟁의 이익은 그 해독을 메우지 못한다고 주장했다. 만일 "세상에 극도로 어리석은 짓이 있다면, 그것은 칼을 가지고 나라의 발전을 꾀하는 짓일 것이다." 우치무라는 그 실례를 가깝게는 청일전쟁에서 볼 수 있다고 했다. "2억의 재산과 1만의 인명을 소비해서 일본이 이 전쟁에서 얻은 것이 무엇인가? 근소한 명예와, ○○○○ 백작이 후작이 되어 그 처첩의 수를 늘린 것 외에 일본이 이 전쟁에서 무슨 이익을 얻었던가? 애초에 목적했던 조선의 독립은 이 때문에 확고해진 것이 아니라, 도리어 약화되었고, 중국 분할의 시초가 열렸고, 일본 국민의 부담은 엄청나게 늘어났고, 그 도덕은 극도로 타락했고, 동양 전체를 위태로운 위치로 몰아넣었던 것이 아닌가? 이런 큰 해독과 큰 손실을 눈앞에 보면서도 또 다시 개전론을 주장한다는 것은 도저히 제 정신으로 그러는 것 같아 보이지는 않는다"고 전쟁을 비판했던 것이다.251)

---

250) 진설현, 앞의 논문, 11-12쪽; 內村鑑三(김유곤·김윤옥 역), 『內村鑑三全集』 제10권, 291-293쪽.
251) 內村鑑三(김유곤·김윤옥 역), 『內村鑑三全集』 제10권, 241쪽.

우치무라는 전쟁은 어떤 전쟁이라도 도덕적으로는 악한 짓이며, 정치적으로는 졸렬한 짓이라고 주장했다. 그는 노일전쟁은 청일전쟁의 결과이며, 노일전쟁은 다시 어떤 전쟁을 유발할지 아무도 모른다고 예견했다. 그는 사해가 모두 동포이며, 우주는 모두 한 몸인 이상, 남을 죽이는 것은 자기를 죽이는 결과를 가져오며, 남의 재산을 빼앗는 것은 마침내 자기의 재산을 잃어버리는 결과를 필연코 가져오고야 마는 법이라고 했다. 적이라고 하지만 하나님의 눈으로 보면 모두 동포요, 형제라는 것이다. 적국이라지만 같은 세계의 일부분이라는 것이다. 따라서 우치무라는 전쟁은 악한 일임과 동시에 형벌이라고 주장했다. 지는 전쟁만이 아니다. 이기는 전쟁도 역시 형벌이라고 했다. 국가가 전쟁을 치르면 이기든 지든 간에 하나님의 형벌을 받게 마련이라고 했다.252)

특히 유럽의 세계대전이 발발하자 우치무라는 이 전쟁은 유럽인 위에 임하신 하나님의 엄한 형벌이라고 보는 것이 타당하다고 주장했다. 기독교 국가인 독일의 죄악과 오스트리아의 죄악은 말할 것도 없고, 러시아, 벨기에, 프랑스, 영국 등의 나라의 죄악은 하나님의 입장에서 보면 그 속에는 도저히 용서할 수 없는 것들이 많이 있다고 했다.253)

이로써 우치무라는 서양 기독교라는 것의 내막이 폭로되었으며, 일본이 그것에 의존한다는 것이 얼마나 어리석은가를 깨달아야 한다고 했다. 그는 "배워야 할 것은 독일의 기독교가 아니다. 영국의 기독교도 아니다. 주 예수 그리스도의 기독교다. 우리는 이제부터

---

252) 위의 책, 269쪽, 281쪽.
253) 위의 책, 281쪽.

더욱 더, 인간적인 기독교, 루터교회의 기독교, 영국 성공회의 기독교, 그 밖에 구미인들의 천박하고 표면적인 거짓 기독교를 배우거나 이에 의존하기를 그만두고, 직접 하나님의 도인 예수 그리스도의 기독교를 배우고 찾아, 이를 우리 일본의 것으로 삼아야 한다"고 주장했다. 유럽의 세계대전은 일본 기독교 신자들에게 신앙의 독립을 촉구하는 뇌성 소리라고 말했다.[254] 이로써 우치무라는 일본적 기독교를 더욱 확고히 하고자 했던 것이다.

우치무라가 주장하는 비전론은 이성에 앞서서 예수 그리스도를 믿고, 감성의 대변화로 다툼은 그 어떤 종류의 것이나 다 우리의 싫어하는 바가 됨을 의미하는 것이다.[255] 그리하여 우치무라가 부르짖는 비전론은 그냥 전쟁을 부정만 하고 이를 반대만 하는 것이 아니라, 그 적극적인 면은 평화의 회복 및 그 육성이라고 했다.[256] 무력으로 가져온 평화는 순간적인 평화일 뿐, 정치로써 가져온 평화는 잠시적인 평화일 뿐, 그리고 그리스도의 복음으로써 가져온 평화만이 영구적인 평화라고 주장했다.[257]

우치무라는 사람과 사람과의 평화는 하나님과 모든 사람과의 평화가 이루어진 뒤에 온다고 보았다. 따라서 그는 평화의 완성은 전면적 세계 전도에 기대하지 않을 수 없다고 주장했다. 지구의 표면에 기독교의 진리가 가지 않는 한 모퉁이를 남기는 것은, 평화교란의 한 요인을 남기는 것이라고 말했다. 그는 군인이 칼을 베어 싸우기 전에 전도자는 먼저 가서 암흑의 가시를 쓸어버려야 한다고 주장했다.[258]

---

254) 위의 책, 286쪽.
255) 內村鑑三(김유곤·김윤옥 역),『內村鑑三全集』제3권, 554쪽.
256) 內村鑑三(김유곤·김윤옥 역),『內村鑑三全集』제10권, 293쪽.
257) 內村鑑三(김유곤·김윤옥 역),『內村鑑三全集』제3권, 555쪽.

이상과 같은 우치무라의 전쟁폐지론은 그가 일본 제국주의의 전쟁을 반대하는 저항의 성격도 가진 것이기는 하지만, 그 발상은 사회적·국가적 저항의식에서 나온 것이라기보다는 그의 순복음주의 신앙에 근거한 평화사상에서 나온 것으로 볼 수 있다. 따라서 그의 전쟁폐지론은 다음과 같은 무저항주의로 귀결될 수밖에 없는 한계를 지녔다.

2. 무저항주의

우치무라의 「절대비전론」이란 어떠한 경우에도 칼을 갖고 싸우지 않는 것이고, 어쩔 수 없는 경우에는 적에게 양보한 후에 신의 진노를 기다리는 것이라 하여 일종의 「무저항주의」를 의미했다.259) 그리고 그 근거로 다음과 같은 성경귀절들을 제시했다.260)

> "눈은 눈으로 갚고, 이는 이로 갚으라고 하신 말씀을 너희가 들었다. 그러나 나는 너희에게 말한다. 너희에게 악을 행하는 사람에게 보복하지 말라. 누가 네 오른편 뺨을 치거든 왼편 뺨을 돌려 대고, 누가 너를 걸어 고소하여 네 속옷을 가지려고 하거든 겉옷까지 주라. 누가 너더러 억지로 5리를 가자고 하거든 10리를 같이 가주라. 네게 구하는 사람에게는 주고, 꾸려고 하는 사람에게는 거절하지 말라."(마태복음 5장 38-42절)

---

258) 위의 책, 556-557쪽.
259) 정응수, 「우치무라 간조의 전쟁관의 변천」, 215쪽.
260) 內村鑑三(김유곤·김윤옥 역), 『內村鑑三全集』 제10권, 236-237쪽.

"일곱 번만이 아니라 일곱 번을 일흔 번까지라도 용서해주라"(마태복음 18장 22절)

"너희는 남에게 대접을 받고자 하는 대로 남을 대접하라."(누가복음 6장 31절)

"악에게 대적하지 말라."(마태복음 5장 39절)

"이 도시에서 너희를 박해하거든 저 도시로 피하라."(마태복음 10장 23절)

"원수를 사랑하고 너희를 미워하는 사람들에게 선을 행하라. 너희를 저주하는 사람들을 축복하고 너희를 모욕하는 사람들을 위하여 기도하라."(누가복음 6장 27-28절)

"네 검을 도로 집에 꽂으라. 검을 쓰는 사람은 모두 검으로 망한다."(마태 26장 52절)

"누구든지 나를 따라오려거든 자기를 버리고 자기 십자가를 지고 따르라"(마태복음 16장 24절)

"할 수 있거든 너희로서는 모든 사람으로 더불어 평화하라. 내 사랑하는 자들아, 너희가 친히 원수를 갚지 말고 진노하심에 맡기라. 원수 갚는 것이 내게 있으니 내가 갚으리라. 악에게 지지 말고 선으로 악을 이기라"(로마서 12장 18-21)

우치무라는 이러한 그리스도의 말씀들은 무저항을 가르친 말씀이라고 주장했다. 그리스도가 그 제자에게 주신 첫째 교훈은 바로 적에 대한 무저항주의임을 주장했다. 그리스도는 말씀으로, 또는 실천으로 거듭거듭 무저항주의를 행하라고 가르치셨다는 것이다. 그리하여 예수는 그의 성업을 성취함에 있어서도 오로지 이 무저항주의 법칙을 쫓았다고 보았다. "내가 세상을 이겼다"고 선언한 예수는 적을 억압하는 것으로써가 아니라, 몸을 그들의 사나운 손에 넘겨줌으

로써 세상을 이겼다고 했다.261)

우치무라는 저항의 악에 대한 관계는 기름의 불에 대한 관계와 같다고 보았다. 저항을 받으면 악이 줄어드는 것은 고사하고, 도리어 점점 더 커진다고 했다. 악이 가장 무서워하는 것은 양보라는 것이다. 양보를 만나면 악은 쓸개가 빠져버리고 만다고 했다. 저항으로 악을 근절할 수는 없다는 것이다. 악을 근절하는 데에는 악에게 양보하는 것보다 더 좋은 방법은 없다고 했다. 그러면 그 악은 "졸지도 아니하고 주무시지도 아니하는 이스라엘을 지키시는 하나님이 해결해주신다"는 것이다. 그러므로 악의 처분은 하나님의 수중에 맡기고 성서가 우리에게 확실하게 가르쳐주는 무저항주의를 취해야 한다고 강조했다.262)

우치무라는 어금니가 없고 그의 뿔이나 발톱이나 방어용으로는 효력 없는 양은 처음부터 평화의 아들이고, 그 어금니나 발톱이나 전투 공격에 예리한 기구인 이리는 처음부터 전투의 아들이라고 했다. 그런데 우치무라는 예수는 이 무력한 양이 이리에 대하여 무저항이어야 한다고 주장했다고 보았다. 뱀과 같은 지혜는 있어도 좋다. 선에 대하여 슬기로워야 한다. 그러나 독을 품어서는 안 된다는 것이다. 그리고 비둘기처럼 선해야 한다는 것이다. 이러한 예수의 태도에 대해 우치무라는 나를 해치게 되어 있는 세상에 들어가서 무저항의 태도를 취하라는 것이라고 주장했다. 그리고 그리스도 자신이 이러한 무저항주의를 택하셨다고 주장했다. 그는 간악한 세상에 오셔서 어린 양과 같이 십자가에 달리셨다는 것이다. 초대의 사도들

---

261) 위의 책, 236-237쪽.
262) 위의 책, 229-230쪽, 236쪽.

도 그 스승과 같이 무저항주의를 택했다는 것이다. 그러므로 그리스도는 이렇게 말했다는 것이다. 「이 동네에서 너희를 핍박하거든 저 동네로 피하라고.」 「권리를 주장하지 말라. 저항하지 말라, 피하여 다니라고.」 우치무라는 이는 비겁해서가 아니라, 하나님의 힘을 믿고 그의 의의 심판을 신뢰하고 피하는 것임을 주장했다. 인내하며 하나님의 심판을 기다리라는 것이다. 사자가 줄어드는 것은 그가 투쟁과 공격에 집중하여 힘을 다 소진하기 때문으로 보았다. 전쟁으로 나라가 망하는 것은 사람이 없어지기 때문이라는 것이다. 쓸모 있는 사람은 모두 힘의 조직인 군대에 들어가서 싸움터에 쓰러지며, 도덕계는 사회의 부패를 막는 쓸모있는 인물이 부족하고, 실업계도 사람이 없기 때문에 쇠퇴하여 가므로 나라는 마침내 멸망하는 것이라고 보았다. 이처럼 나라의 세력의 중심인 쓸모있는 인물이 투쟁 사업에 집중되고, 평화의 사업이 찌꺼기의 손에 맡겨진다는 것은 참으로 한심한 일이라고 했다. 이것이 나라를 망치는 장본인이라고 했다. 이렇게 볼 때, 우치무라는 비둘기와 같이 무저항, 순량한 것이 승리의 길임을 알 수 있다고 주장했다. 그러므로 우치무라는 기독교인은 개인으로서나, 사회로서나 국가로서나 무저항의 태도를 취하지 않으면 안 된다고 강조했다.[263]

우치무라의 사상적 기반이었던 루터 역시 『당대의 권위에 대하여, 어디까지 복종하여야 하나』에서 다스리는 임무를 맡은 자들을 거역할 권리는 누구에게도 없음을 주장했다. 하나님은 이 세상에 두 왕국을 만들었다고 루터는 보았다. 한 나라는 의로운 자들의 것이며,

---

263) 內村鑑三(최운걸 역), 『內村鑑三全集』 제14권, 설우사, 1980, 196-198쪽.

하나님은 그들 위에서 복음의 사랑으로 다스리신다. 다른 나라는 죄인들의 나라이다. 그 위에서 하나님은 세상적인 힘과 폭력을 가지고 통치하신다. 그래서 루터는 주저없이 기독교인들도 세속적인 권세에 복종해야 한다고 말할 수 있었다. 황제, 국왕, 군주, 시의회, 이 모든 것들은 하나님으로부터 직접 권세를 부여받았다. 따라서 기독교인들은 그들에게 복종하지 않으면 안 된다는 것이다. 아무리 정당한 이유에서라고 하더라도 기독교인들이 저항할 수 있는 것은 오직 권력가들이 명백한 불의를 행한다든지, 복음에 반해서 행동할 때뿐이다. 그리고 그때조차도 저항은 수동적인 불복종의 형태로 이루어져야 한다는 것이다.264)

즉 루터는 정치질서의 본능적 옹호자였으며, 그의 종교개혁이 정치혁명으로 번져가기를 원하지 않았다. 이는 "각 사람은 위에 있는 권세들에게 복종하라. 권세는 하나님으로부터 나지 않음이 없나니 모든 권세는 다 하나님께서 정하신 바라"(로마서 13장 1절)는 사도 바울의 언명에 근거한다. 정치적 통치는 「신의 의지에 따라 신의 손으로」 설립되었기 때문에, 사도 바울이 가르친 바와 같이, 통치자에게 저항하는 사람은 곧 신의 명령에 저항하는 셈이다. 그리하여 루터는 사회·정치생활을 바르게 영위하는 일과 관련된 모든 근본적인 문제에 대해서 신약성서, 특히 사도 바울의 명령을 최종적인 권위로 삼았다. 그리고 기독교도들은 세속적 권위에 완전히 순종해야 한다는 것이 신약성서를 통해서 실제로 처방된 정치적 입장이라고 주장했다.265)

---

264) 제임스 M. 키텔슨(김승철 옮김), 앞의 책, 38쪽, 226쪽.
265) 퀜틴 스키너(박동천 옮김), 『근대정치사상의 토대-종교개혁의 시대』 2, 한국문화

따라서 우치무라가 주장하는 무저항주의 역시 이러한 루터의 사상을 계승하는 것으로, 하나님이 세우신 권위에 대한 복종을 의미했다. 우치무라는 다음과 같이 말했다.266)

"반항 또 반항, 자각이라고 말하고, 해방이라고 말하고 개조라고 말한다. 모두가 권위에 대한 반항일 것이다. 근대인은 반항하지 않으면 위대하지 않다고 생각하고, 위인은 곧 반항하는 사람이라고 믿는다. 그러나 반항은 결코 위대한 것이 아니다. 위대한 것은 복종이다, 위력에 굴복하는 것이 아니라, 스스로 나아가서 정당한 권위에 복종함으로써 사람은 비로소 자기를 발견하고 인생의 위대함과 존귀함을 아는 것이다. 악마가 누구인가? 하나님의 반역자이며, 반항자이다. 그리스도가 누구인가? 하나님의 종이요, 모범적인 복종자다…반항은 악마에 대해서만이 행할 것이다. 하나님과 하나님이 정하신 권위에 대해서는 오직 복종이 있을 뿐이다."

앞서 언급한 바와 같이 우치무라는 설사 자기를 괴롭히는 국가라도 사랑해야 하는데, 왜냐하면 이 세상의 모든 정치적 권능은 신이 세운 것이기 때문에 기독교인이라면 반드시 이 세상의 정치적 권능에 복종해야 한다는 것이었다.267)

더욱 우치무라는 만일 정부의 부패가 지극하여 명백하게 백성의 적이 되었을 경우, 혹은 자국이 압제국의 판도에 속하여 폭력과 횡포로 괴로운 경우와 같은 특수한 상황에 처했을 경우에도 기독교 신

사, 2012, 23-24쪽, 66-67쪽; 피터 마설(이재만 옮김), 『종교개혁』, 교유서가, 2016, 107쪽.
266) 內村鑑三(김유곤・김윤옥 역), 『內村鑑三全集』 제10권, 71쪽.
267) 박은영, 앞의 논문, 410쪽.

자는 평화적 수단으로써만 호소해야 한다고 주장했다. 겸손과 정화(靜和)로서 권능자에게 항의해야 하고, 평화를 넘지 않는 범위에서 모든 길을 취해야 하지만 그 목적이 달성되지 않는다고 해서 무기에 호소하는 반란을 일으켜서는 안 된다고 주장했다. 그는 자유와 평화, 독립, 일치에 도달하는 최고의 길은 예수가 취했던 무저항주의뿐이라고 언명했던 것이다.[268]

다만 우치무라는 하나님은 무저항주의를 취하시지 않는다고 했다. 하나님은 우리를 대신해서 저항하고 싸워야 하기 때문이라고 주장했다.[269] 특히 우치무라는 현실에서의 불의한 정치나 국가는 다음과 같이 그리스도가 재림하여 심판하실 것을 주장함으로써 이 문제를 순복음주의 신앙의 입장에서 해결하려 했다.

그러나 기독교도들에게는 악행을 저지르지 말아야 할 의무, 나아가 악행을 저지해야 할 의무도 기독교 신앙을 구성하는 중요한 요소이다. 그러므로 부당한 권력에 저항해야 할 의무는 순종의 의무만큼이나 기독교도라면 누구도 그 자체를 부인할 수 없는 일이다.[270]

3. 그리스도의 재림사상

우치무라가 그리스도 재림사상에 몰두하게 된 배경에는 사랑하는 딸의 죽음과 함께, 1914년 7월 31일 갑자기 발발한 세계대전이었다. 더욱이 왕년의 평화국이었던 미국이 이제는 평화를 위해 노력하지

---

[268] 위의 논문, 411-412쪽.
[269] 內村鑑三(김유곤·김윤옥 역), 『內村鑑三全集』 제3권, 564쪽.
[270] 퀜틴 스키너(박동천 옮김), 『근대정치사상의 토대-종교개혁의 시대』 2, 24쪽.

않고 오히려 전쟁에 참여하여 야만화의 앞장을 서고 있는 모습은 우치무라에게 충격적이었다. 그리하여 예수 그리스도를 믿는 사람에게는 세계의 고통은 예수의 고통이며 또 우치무라의 고통이었다. 수억의 동포가 전쟁의 소용돌이 속에서 괴로워하고 있는 세계현상은 진정한 기독교신자의 마음을 밤낮으로 괴롭히는 큰 문제였다. 평화는 어떻게 오는 것일까?[271]

이렇게 우치무라는 세계대전으로 절망 가운데 고민하고 있을 때 그에게 미국의 친구가 『주일학교시보(선데이 스쿨 타임즈)』 1부를 보내왔다. 이 잡지를 펼쳤는데 그 첫머리에 「그리스도의 재림은 과연 실제적 문제가 아닌가?」라는 글이 있었다. 그는 새로운 감흥으로 이것을 대하고, 많은 깨달음을 얻게 되었다. 즉 오랫동안 몸을 바쳐 자기의 적은 힘으로 세상의 개선을 꾀하려던 일은, 자신의 사업이 아니라 그리스도가 오셔서 이 일을 완성하시는 것임을 깨닫게 되었고, 평화 역시 예수의 재림에 의해 비로소 실현될 수 있다고 믿게 되었다. 그리고 그리스도의 재림이 성서의 중심적 진리임을 깨닫게 되었던 것이다.[272]

그리스도 재림에 대한 확신은 우치무라 생애의 대혁명을 가져오는 것이었다. 즉 그의 생애의 세 번째 큰 변화를 가져오는 대단한 일이었다. 여기서 그는 옛 세계를 떠나 새로운 세계로 들어간 느낌을 받았다. 그의 우주는 넓어지고, 그의 앞길은 탁 트이고, 새로운 힘이 용솟음치고, 눈이 밝아지고, 그의 생애에 만사가 아주 새롭게

---

271) 內村鑑三(김유곤·김윤옥 역), 『內村鑑三全集』 제6권, 38-40쪽; 양현혜, 「우치무라 간조의 재림운동」, 앞의 잡지, 41쪽.
272) 內村鑑三(김유곤·김윤옥 역), 『內村鑑三全集』 제6권, 40쪽.

느껴졌다.273)

우치무라는 다음과 같이 말했다.

"그리스도의 재림은 그 일면 만물의 부흥이다. 또 우주의 개조이다, 또 성도의 부활이다. 정의의 승리이고 최후의 심판이다. 또한 하나님의 정치의 실현이다. 인류의 모든 희망을 총괄한 것, 그것이 그리스도의 재림이다. 그리하여 이 일을 알아야 모든 것을 아는 것이다. 그 반대로 이 의미를 모르고는 모든 것이 분명치 않은 것이다. 그것은 만물이 돌아갈 곳, 만물의 궁극이다."274)

우치무라는 성서에서 그리스도 재림에 의한 세계완성과 만국평화 실현의 약속을 발견했다. 군국주의와 살인이 횡행하며, 불의가 판을 치는 역사현실의 한복판에서, 정의가 승리하고 평화가 임하며, 사랑이 인류의 법칙이 되는 그 날이 그리스도 재림에 의해 반드시 실현된다는 약속을 발견한 것이다.275)

이 세상에서는 정의가 이기는 것처럼 보이나 이기지 않는다. 정의가 이겼다고 생각되는 것은 잠시 동안이다. 오히려 정의의 승리는 불의를 행하는 기회로 이용된다. 이는 역사적으로 증명된다는 것이다. 그러나 사람을 보지 않고 하나님을 보며, 인생을 보지 않고 성서를 볼 때, 이 실망은 없어진다는 것이다. "인자가 모든 천사를 거느리고 영광 중에 와서 영광의 보좌에 앉을…"(마태복음 25장 31절)이라는 곳을 읽고 모든 의문이 풀리게 되었다. 바울이 말한 대로 "주님

---

273) 위의 책, 46쪽.
274) 위의 책, 46쪽.
275) 양현혜, 『우치무라 간조』, 266쪽.

이 오실 때까지는 아무 것도 판단하지 말라"(고린도 전서 4장 5절)이다. 그리스도의 재림 때 모든 일은 결정된다고 보았다. 그 때 정의는 참으로 이기고, 평화는 사실로서 임하고, 사랑은 참 인류의 법칙이 된다고 주장했다.「주님 오실 때」바로 그 때이다. 그 때 만사는 판명된다는 것이었다. 이제 인류가 어떻게 타락하건, 교회가 어떻게 부패하건, 위선이 얼마나 세력을 떨치건, 불의가 얼마나 횡행하건 우치무라는 실망하지 않을 것이라고 고백했다. "내가 속히 오겠다. 반드시 갚아 주리라. 각각의 행동에 따라 상으로 갚아 주리라"고 주 예수 그리스도는 말씀했다는 것이다. 우치무라는 이 말씀을 그대로 믿었다.276)

우치무라는 또한 이렇게 말했다.

> "평화는 하나님 자신이 내려주시는 것이다. 하나님은 그의 아들을 다시 세상에 보내시어 그의 어깨 위에 세계의 통치를 두시는 것이다. 그리하여 그가 우주 만물을 스스로에게 복종시킬 수 있는 능력을 가지고 영원한 평화를 이 세상에 실현하는 것이다. 평화는 홀로 예수 그리스도에 의해서 온다. 그를 믿지 않고 평화론을 부르짖는 것도, 필경 이것은 하나의 잠꼬대에 불과한 것이다. 세계의 평화는 어떻게 해서 오는가? 인류의 노력에 의해 오지 않고, 그리스도의 재림에 의해 온다. 하나님의 아들이 다시 임금으로 오실 때, 인류의 이상은 실현되는 것이다."277)

이러한 우치무라의 그리스도 재림신앙에 대해 양현혜는 역사적

---

276) 内村鑑三(김유곤·김윤옥 역), 『内村鑑三全集』 제6권, 48-49쪽.
277) 위의 책, 128쪽.

현실과의 첨예한 대결 속에서 형성된 것이며, 동시에 역사에 대해 보다 근원적인 참여를 가능케 한 것이었다고 보았다. 즉 우치무라의 재림신앙은 종말론적 희망에 근거한 현실비판이자 대안모색의 원동력으로 기능했다고 긍정적으로 평가하고 있다.[278]

그러나 우치무라의 그리스도 재림신앙은 종교적으로는 확실한 믿음 위에 서 있다고 할 수 있으나, 역사적이고 민족해방운동선상에서 보면 하나님이 인간에게 주신 자유의지를 무시하고, 인간을 극히 수동적인 존재로밖에 인식하지 않는 것이다. 단적으로 "주님이 오실 때까지는 아무 것도 판단하지 말라"나 혹은 "세계평화는 인간의 노력에 의해 오지 않고, 그리스도의 재림에 의해서 온다"는 인식이 그러하다. 그리하여 그는 철저하게 사회변혁에 있어서 인간의 능력을 배제시키는 순복음주의적 입장에 서있는 것이었다.

---

278) 양현혜, 「우치무라 간조의 재림운동」, 앞의 잡지, 65쪽.

제7절 조선관

우치무라는 일본이 타국, 타민족에 저지르는 불의에 대해 어떻게 인식했는가? 앞서 언급한 바 우치무라가 설명한 특별한 경우 곧 식민통치의 횡포가 지극하여 괴로움을 겪는 조선인에게 있어 일제 식민통치에 저항하는 것이 정당한가의 문제이다.

우치무라는 일본이 러일전쟁 이후 을사늑약의 강제와 통감부 설치의 단행 등을 통해 조선병합에의 길을 급속도로 추진해나가고 있던 무렵, 1907년 조선의 대부흥운동 소식을 접하고 다음과 같이 말했다.[279]

"조선에 현저한 성령의 강림이 있었다고 듣는다. 행복한 조선. 그녀는 이제 그 정치적 자유와 독립을 잃고, 그 심령적 자유와 독립을 얻고 있는 것 같다. 일찍이 동양문화의 중심이 되어, 이것을 해동의 섬나라까지 미치게 한 그녀가, 이제 다시 동양복음의 중심이 되어, 그 찬란한 빛을 사방에 비추기를. 하나님은 조선을 경멸하시지 않는다. 하나님은 조선 사람을 사랑하신다. 그들에게 군대와 군함을 주지 않으셨으나, 이보다 더 강력한 성령을 내려 주신다. 조선은 실망할 필요가 없다. 옛날 유대가 그 정치적 자유를 잃고서 그 새로운 종교로써 서양 여러 나라를 교화했던 것처럼, 조선도 또한 그 정치적 독립을 잃은 오늘, 새로이 하나님의 복음에 접하여, 이로써 동양 여러 나라를

---

[279] 內村鑑三(김유곤·김윤옥 역), 『內村鑑三全集』 제3권, 231-232쪽.

교화할 수 있다. 나는 조선에 새로이 성령이 내렸다는 소식을 듣고, 동양의 장래에 커다란 희망을 걸며, 동시에 하나님의 섭리가 사람의 상상보다도 굉대한 것에 놀라지 않을 수 없다."

이는 정치적 자유를 잃은 조선에 신이 영적인 자유로 갚아주신다는 것이다. 그리고 결국 한일강제병합이 이루어지자 우치무라는 기독교인으로서 어디에 가치를 둘 것인가의 문제를 제기하고 심령적 자유의 중요성을 다시 한 번 다음과 같이 강조했다.280)

"나라를 얻었다고 기뻐하는 백성이 있고, 나라를 잃었다고 슬퍼하는 백성이 있다. 그렇지만 기뻐하는 자도 일시이고, 또한 슬퍼하는 자도 일시이다. 오래지 않아서 두 사람이 같이 주의 앞에 설 것이다. 그리하여 육신에서 행한 바에 의해 심판을 받을 것이다. 사람이 만일 전 세계를 얻었더라도 그 영혼을 잃는다면 무슨 유익이 있겠는가. 만일 우리 영토가 팽창하여 전 세계를 함유하기에 이르러서도 우리 영혼을 잃는다면 우리는 어떠할까. 아아 나는 어떠할까."

이처럼 우치무라는 무저항주의적이고 순복음주의적 입장에서 조선이 나라를 잃었어도, 신앙의 기초를 쌓아 조선을 구할 것을 권했던 것이지, 조선의 독립을 주장하는 어떠한 항의나 저항도 인정하지 않았던 것이다. 왜냐하면 우치무라에게 예수는 다음과 같이 정치적 독립까지는 꾀하지 않았던 것으로 여겨졌기 때문이다.281)

---

280) 박은영, 앞의 논문, 415-416쪽.
281) 위의 논문, 416쪽.

"예수는…정치적 독립을 꾀하고자 하지 않았다. 그러나 신에게 의지하는 심령적 독립은 백성에게 주고자 그의 생명을 바쳤다. 예수에게 애국심이 없었던 것이 아니다. 넘치고 흘러 넘을 정도로 있었다. 다만 그는 이것을 세상 사람들과는 전혀 다른 방면을 향해 기울였던 것이다. 외적을 쓰러뜨리려고 하지 않고 내적을 멸망시키고자 했다. 정치적으로 독립시키고자 하지 않고 심령적으로 독립시키고자 했다. 애국심이 있고 없고의 문제가 아니다. 그 사용법의 문제다. 예수의 애국심은 세상 사람들의 그것과는 전혀 그 사용법을 달리했던 것이다."

따라서 우치무라는 조선의 적은 외적(外敵)인 일본이 아니라, 그리스도의 복음을 따르지 않는 내적(內敵)이며, 이를 멸망시켜 심령적으로 독립된 나라가 되는 것이 중요하다고 여겼던 것이다. 따라서 조선인의 독립요구가 끊임없이 지속되고 있는 상황을 그는 전혀 이해할 수 없었다.[282]

그런데 우치무라의 조선인 제자들은 그의 스승에게 불만을 토로하기 보다는 우치무라의 애국심, 일본에 대한 끊임없는 사랑인 철저한 일본주의에 감동을 받은 것으로 족했다. 심지어 "우치무라 간조! 그는 나의 은사이다. 나의 정신에 이상이 없는 한에는 혹은 내가 세상에서 떠나기까지는 그는 결코 나의 기억에서 없어지지 못할 자이다"[283]라고 감사를 표하기도 했다.

한편 우치무라의 「조선관」은 그간의 연구결과에 따르면 우치무라는 1910년 일본의 조선합병에 대해 비판적인 견해를 표명하고 소위 105인 사건 때에는 조선인을 도우려고 노력했으며, 나아가 일본의

---

282) 위의 논문, 417쪽.
283) 위의 논문, 417쪽.

「조선합병」은 실패하리라고 예언하는 등 당시로서는 드문 진보적인 「조선관」을 가지고 있었다. 그러나 1915년 5월 도쿄 조선기독교청년회에서 「교회와 성서-조선인에게 성서연구를 권하는 말」이라는 제목으로 행한 강연에서는 조선과 일본의 바람직한 관계는 일본과 조선의 민족적인 평등과 독립에 근거한 것이라기보다는 그리스도 아래에서 조선과 일본 양국인의 진정한 합동 융합이라고 말했다. 나아가 일본 조합교회의 조선전도, 1919년의 3·1운동 그리고 관동대지진 때의 조선인 학살 등 일본인의 「조선관」을 알기 위한 지표로 언급되는 일련의 문제에 대해서는 어떠한 언급도 하고 있지 않았다. 그뿐만 아니라 우치무라는 조선의 독립문제에 대해 "영국의 스코틀랜드와 같이 되면 좋지 않은가?"라는 견해를 피력하여 김교신과 조선 무교회주의자들을 적지 않게 실망시켰다.284)

이에 대해 양현혜는 김교신의 기대와 달리 우치무라의 예언자적 사회비평이 조선독립을 지지하는 데까지 확대되지 못한 것은 일본에 대한 그의 강한 애착이 원인이었다고 보기도 했다. 즉 우치무라에게 일본의 현실은 예언자적 비판의 대상이었으나, 일본 그 자체는 예언자적 비판의 틀 밖에 있었다는 것이다. 따라서 우치무라는 일본 국내의 현실에 대해서는 엄격한 예언자적 비판으로 임했으나, 「식민지 조선」문제에 대해서는 인간적 동정 이상의 틀을 벗어나지 못했다고 주장하고 있다.285)

그러나 이러한 우치무라의 태도는 정치적 자유를 잃은 조선에 신이 영적인 자유로 갚아주신다는 것이었으며, 조선이 나라를 잃었어

---

284) 양현혜, 『김교신의 철학』, 159-160쪽.
285) 위의 책, 160-161쪽.

도, 신앙의 기초를 쌓아 조선을 구할 것을 권했던 것이지, 조선의 독립을 주장하는 어떠한 항의나 저항도 인정하지 않았다.

특히 우치무라의 조선에 대한 태도는 결정적인 순간에는 침묵으로 일관하거나 또는 일제의 침략을 용인하는 것이었다. 심지어 우치무라는 조선의 적은 외적인 일본이 아니라, 그리스도의 복음을 따르지 않는 내적이며, 이를 멸망시켜 심령적으로 독립된 나라가 되는 것이 중요하다고 여겼다. 이는 그의 사상이 무저항주의뿐만 아니라, 일본을 중심으로 하는 일본주의 및 철저한 순복음주의 신앙에 기반을 두었기 때문으로, 결국 일본의 제국주의적 침략과 군국주의 체제를 용인하는 것이었다.

제2장
김교신의 사상

제1절 생애

김교신은 1901년 4월 18일 함경남도 함흥 사포리에서 부친 김염희와 모친 양신 사이의 장자로 태어났다. 김교신의 가문은 함흥차사 박순과 함께 함흥에 갔다가 죽음을 면한 김덕재의 후예이다. 아버지인 염희는 18세 때부터 한양 중앙정부에 출사하며 정원(승정원의 별호직인듯함)에 진출하는 등 장래가 크게 촉망되었던 이른바 전형적인 양반가의 엄격한 유가가문의 자제였다. 즉 함평지방 일대에서는 '김별좌 영감댁'으로 널리 통하던 토호였다. 따라서 집도 열두 대문으로 통하는 99칸짜리 대궐이었고, 하인들만도 60여 명이었다. 이렇듯 김교신은 위세를 떨쳐오던 지방 토호의 종가 종손이었다. 그러나 1903년 그가 두 살 때 아버지가 폐암으로 요절했다. 그리하여 그는 홀어머니 밑에서 성장했으며, 두 살 아래에 남동생 교량이 있었다. 그는 방대한 농토 등의 유산과 함께 5대가 한 울타리 안에서 동거하는 대가족제 하에서 살았다.[1)]

1912년 김교신은 11세 때 함흥 주북의 한씨 가문의 네 살 연상인 한매와 결혼했다. 보통학교를 졸업한 16세 때에 장녀 진술을 얻은 것을 비롯해서 그 후 시혜, 정혜, 정옥, 정복, 정애 등 6녀와 정손, 정민 등 2남을 두었다. 그는 아이들 이름도 성경 구절의 뜻을 따라 붙였는데, "온유한 자 복이 있나니 땅을 차지하는 백성이 되리라"는

---

1) 문정길, 「김교신 연구」, 『기독교연구』, 1982.6, 105쪽; 문정길, 「김교신 연구」, 『기독교연구』, 1982.3, 119-121쪽.

뜻을 취하여 정복, 정민 등으로 했다. 이런 이름을 지은 것은 천재도 아니요, 고위고관도 아니며, 오직 평화하고 온유하며 하나님의 선택을 입은 백성이 되라는 뜻에서였다. 특히 그는 홀로 계신 어머니에 대한 효심이 지극했으며, 부인에 대한 믿음이 두터웠고, 아이들에 대한 사랑이 지극했으며, 가정생활에 대단히 충실했다. 네 살 위인 부인은 신학문을 별로 받지 못하였는데, 김교신은 이 부인을 극진히 했고, 평생 부부싸움 같은 것은 한 번도 한 적이 없었다.[2]

청상과부로 수절하면서 자신을 키워 주신 어머님과 신학문은 별로 배우지 못했지만 정성 하나로 자신을 하늘처럼 섬기는 부인에게서 김교신은 조선 여성의 정조를 보았다. 그리고 이 순결한 정조관념으로 해서, 조선은 세계에 크게 공헌할 것이며, 윤리적으로도 크게 성장할 것으로 믿었다. 그리하여 그는 일기 중에 "인류 가운데 만일 정조의 도를 지켜 온 민족이 있다면, 이는 조선의 여성이었으리라. 유대인의 장래에 희망을 가질진대 조선의 갱생을 의심할 자 누구인가?"라고 쓰면서, 정조문제는 인생을 일관하는 근본원리로서, 조선의 여성이 가지고 있는 정조관념으로 인해, 조선여성은 세계에 비할 데 없으며, 조선의 희망은 과연 그 특유한 조선적인 여성의 장점에 있다고 주장했다.[3]

이러한 김교신의 가정생활은 분명 그 시대의 가부장적인 평균 남성이나 혹은 말이 안 통하는 조강지처를 구박하며 신여성과 염문을

---

2) 김정환, 『김교신-그 삶과 믿음과 소망』, 한국신학연구소, 1994, 17쪽, 107-108쪽, 110-111쪽; 森山浩二, 「김교신 연구」, 고려대학교 대학원 사학과 석사학위논문, 1980, 5쪽.
3) 「한양의 딸들아」, 김교신(노치준·민혜숙 옮김), 『조와』, 동문선, 2001; 김정환, 위의 책, 115쪽.

뿌리던 지식인들과는 다른 면모가 있었다.[4]

　김교신의 가족은 9인인데, 최고 기록으로는 하숙하는 학생까지 합하면 많게는 18인이란 대가족이었다. 김교신과 그의 가족들은 서울에 있으면서도 농촌의 가정처럼 꾸며진 농가 같은 집에서 살았다. 이른바 '북한산 기슭의 집'이었다. 그는 도심을 피해서 그때만 해도 서울이 아닌 정릉 골짜기에 집을 마련하고 자전거로 아리랑 고개를 넘어서 통근했다.[5]

　효심이 지극한 김교신은 어머니의 물맞이 터를 찾아다니다가 이 상향을 찾은 것이었다. 대지 1천 5백 평을 사서, 서재는 손수 개울의 크고 작은 돌을 모아다가 양옥으로 지었고, 부인을 위해서는 살림집을 한옥으로 지었다. 부엌에는 당시로는 아주 귀한 싱크대를 놓고 하수도를 마련했으며, 안방과 부엌 사이에는 당시로는 드물게 문을 내어 부인이 상을 차려 들고 오는데 문을 여러 개 거치지 않게 해 주었다.[6]

　또한 김교신은 나약한 문인이 아니고, 체구가 컸고 혈색이 좋았다. 힘도 세었다. 그래서인지 무슨 운동이고 닥치는 대로 했다. 장거리 마라톤, 수영, 스케이트, 정구, 농구 등에서 선수급이었고, 감기 한 번 안 앓은 장수같이 건강한 분이었다. 그의 딸의 증언에 따르면, 그는 근면하고 부지런한 정도를 넘어 그의 이부자리가 깔려 있는 것은 많이 보았으나 잠자는 것을 한 번도 본 적이 없을 정도라고 했다. 늦게까지 글을 썼고, 새벽 4시 반 전에 어김없이 일어났다. 그리고

---

4) 양현혜, 『김교신의 철학』, 이화여자대학교출판부, 2013, 26-27쪽.
5) 김정환, 앞의 책, 110쪽, 116-117쪽.
6) 위의 책, 342쪽.

5시 반의 가족예배 전에 북한산 계곡에 가서 냉수마찰과 새벽기도를 끝냈다. 매일 아침과 저녁에 가정예배를 보았는데, 한글만 깨치면 어린 아이들도 앉은 순서대로 성경을 창세기에서 시작하여 묵시록에 이르기까지 차례로 윤독을 했고, 묵시록까지 끝나면 다시 창세기부터 읽기 시작했다. 이렇게 성경을 한 절씩 윤독하고 찬송도 같이 불렀고, 설교도 들어야 했다. 그는 가족이 내용을 알거나 모르거나 이렇게 진행시켰고, 1일 1장 성경 봉독은 가족으로서의 최저한의 의무로 여겼다. 가족예배가 끝나면 더러는 앞 개천에서 미꾸라지를 잡아 저녁 반찬에 끓여 먹기도 했다. 이와 같은 가정생활 규칙은 그가 여행할 때 외에는 하루도 어긋남이 없었다.[7]

또한 김교신은 대단히 단정하고 정돈을 좋아 했다. 수천 권의 장서가 넓은 서재의 사면 벽에 천장까지 빼꼼히 쌓였고, 통로만 남기고 모든 것에 책이 쌓여 있었다. 그런데 그는 깜깜한 밤중에도 원하는 책을 더듬지 않고 찾을 수 있었다.[8]

또한 김교신은 아이들에게 아주 자상했다. 1930년대의 그 무서웠던 시대에도 가족들은 둥근 밥상에 둘러 앉아 함께 식사를 했다. 그는 바쁜 중에도 아이들이 다니는 여러 학교들을 방문하고, 교장이나 담임선생님을 만나 수업에 참관하기도 했다. 그리고 매일 밤은 아니지만 침대 맡에서 이야기도 많이 해주었다. 아이들은 그가 존경하던 톨스토이, 페스탈로치, 소크라테스, 링컨, 워싱턴 대통령, 톰 아저씨 이야기, 톰소여의 탐험기, 헬렌 켈러 등등 문학, 철학, 종교 각계의 인물과 작품의 이야기를 아버지로부터 들을 수 있었다.[9]

---

7) 노평구 엮음,『김교신을 말한다』, 부키, 2001, 20쪽; 김정환, 위의 책, 110쪽, 339-340쪽.
8) 김정환, 위의 책, 340쪽.

그리고 김교신은 인근의 논에 물을 대어 스케이트장을 만들어 아이들과 스케이트 놀이를 즐기기도 했다. 그는 짬짬이 페인트칠을 하거나 퇴비를 만들고 괭이를 들고 땅을 파는 본격적인 농사도 했다. 김매기와 당근, 무, 배추 등을 파종하거나 수십 평의 넓은 땅에 백합화를 심어 온 동네에 향기가 가득 차게 했으며, 어느 때는 넓은 밭을 딸기와 도라지로 메우기도 했다. 그 도라지꽃이 만발할 때는 그의 집은 마치 외국 동화책에서나 보는 낙원 그대로였다. 그리고 이웃들은 거의 초등학교 교육도 못 받은 소박한 농부들이었기 때문에, 그는 농촌계몽을 위해 사람들을 초빙하였고, 자신도 낮에는 동네 교회당에서 가르치고, 밤에는 성인들을 모아 야학을 했다.[10]

그리고 몇 명의 학생들이 늘 동행했지만, 김교신의 가족들은 함께 등산을 하기도 했다. 그것은 집에서부터 시작하여 하루 종일 걷는 것이었다. 북한산 백운대 정상까지, 더러는 먼 관악산까지도 갔다.[11]

또한 김교신의 인품은 강직하면서도 인자·온유하고 솔직하며, 또 다정다감했다. 불의에 대해서는 결사 항거했으며, 극히 침착하여 뒤에서 천병만마(千兵萬馬)가 몰려오고, 앞에서 태산이 무너져도 요지부동의 자세로 일관했다.[12]

특히 김교신의 인간적 측면은 눈물을 자주 흘렸다는 점이다. 그는 유난히도 울음이 많았다. 더욱 그것은 슬픔이나 기쁨보다는 어떤 순수한 강렬한 감동을 억누르지 못할 때 나타나는 것이었다. 즉 인간의 진실과 의로움에 대해서는 감격의 뜨거운 눈물을 한없이 쏟는 사

---

9) 위의 책, 340-341쪽.
10) 위의 책, 256쪽, 265쪽, 343-344쪽.
11) 위의 책, 341쪽.
12) 노평구 엮음, 『김교신을 말한다』, 25쪽.

람이었다. 라디오에서 심청전을 듣다가도, 자녀의 전학수속을 하다가 문득 어머니와 하나님의 은혜를 회상하고도, 학업성적과 품행이 나쁜 학생을 타이르다가도, 제갈공명의 출사표를 읽다가도, 산에 가다가 단풍의 아름다움을 보고도, 그리고 시편을 공부하다가도 울었다. 그리고 그는 모든 의로운 이야기, 착한 이야기를 눈물 없이는 듣지 못하는 사람이었다. 그의 말에 의하면 "물말이는 소화 안 되어도 눈물말이는 소화가 더 잘 되는 것 같더라"고 했다. 1939년 5월 14일자 일기에는 새벽 4시 반에 깨어 시편 42편, 43편을 주해하고자 정독하다가 감동되어 눈물로서 손수건 두 장을 다 적셔 버렸다고 적고 있다. 그리고 그는 늘 아침 4시에 기상하여 먼저 냉수마찰을 하고 산 속에 들어가 기도와 울음으로 아침 시간을 보냈다. 심지어 간단한 식사기도도 대개 울음 섞인 기도였다.[13]

한편 김교신은 9살이 되던 해에 조국이 일본의 식민지가 되는 것을 경험했다. 1919년 3월 함흥공립농업학교를 졸업한 김교신은 그 해 일어난 3·1운동에 참가하여 활동했다. 독립선언서를 받아들었을 때의 감격, 목이 타도록 독립만세를 불렀던 운동의 경험은 신앙에 있어서 김교신과 일생 동지였던 동년배 함석헌이 "내 가슴 속에서 지울 수 없는 생애의 전환점이었다"라고 말했던 것과 같이, 그에게 있어서도 3·1운동의 경험은 「조선인」으로서의 자각을 새롭게 한 계기가 되었음에 틀림없다고 보고 있다.[14]

---
13) 노평구 엮음, 『김교신을 말한다』, 25쪽, 52쪽, 212쪽; 김정환, 앞의 책, 105쪽.
14) 양현혜, 『윤치호와 김교신』, 한울, 1994, 105쪽; 문정길, 「김교신과 민족기독교」, 『성서연구』 252호, 1975.11, 15쪽.

그 후 김교신은 1919년 3월 19세에 일본에 유학하여 동경정측영어학교에 입학해서 영어를 수학했다. 그리고 1922년 4월 22세 때 당시 중등학교 교사를 양성하는 고등사범학교로는 최고 명문인 동경고등사범학교의 영문과에 입학했다. 그러나 중도에 뜻하는 바 있어 지리·박물과로 전과했고, 1927년 3월 27세 때 이 학교를 졸업했다.[15]

김교신이 지리·박물과로 전과하게 된 동기는 아마도 자연과학자로서『지리연구』라는 저서까지 발간한 우치무라의 영향을 받은 것으로 사료된다.

김교신은 일본 유학중 유교적 인생관 및 사회관에 회의를 느끼고 몹시 고민하고 있었다. 그러던 중 하루는 노방전도에 접해 깊이 느끼는 바 있어 예수를 믿게 되었고, 1920년 4월 동경의 야라이쬬 성결교회에서 세례를 받았다. 그러나 그는 조직으로서 교회의 체질적 결함과 너무나도 세속적이고 인간적인 교회의 내분을 목도하고 심한 고민을 했다. 그러다가 착한 담임목사가 도리어 축출당하는 모습을 보고 교회출석을 단념하고 반년 간이나 정신적인 방황을 했다. 사랑과 화해의 공동체로 서로 이해하고 용서하는 공동체를 교회공동체라고 생각했던 김교신은 분열사건이 교회 안에서 일어난 것을 통해 크게 실망하며 교회에 정착하지 못하고 반년 간 혼자 하숙방에서 예배하고 지냈던 것이다. 그러다가 1921년 1월부터 일본 무교회 기독교의 창도자인 우치무라 간조의 성서연구회에 출석하게 되었다. 그 이후 1927년 초 귀국할 때까지 약 7년 간 우치무라의 문하에서 그의 신앙을 받아들여 무교회주의자가 되었다.[16]

---

15) 박신관,「김교신연구」, 고려대학교 교육대학원 석사학위논문, 1972, 45쪽; 김정환, 앞의 책, 17쪽.

김교신이 우치무라를 접하게 된 때는 우치무라가 자신의 사상을 원숙하게 전개하며 왕성하게 활동하던 만년이었다. 김교신은 우치무라를 직접 만나기 전에 이미 그의 책들을 통해 우치무라와 접하게 되었다. 즉 1920년 10월 15일『구안록』을 독파하고 동월 31일에『종교와 문학』및『성서지연구』지를 탐독하면서부터였다. 이것이 우치무라의 저서를 읽은 시초였다. 이에 전후하여『기독교 신도의 위로』,『타인론』,『흥국사담』등도 병독했다. 그리고 동년 11월 초순에 우치무라 댁을 찾아 초대면의 기회를 가졌으나, 다대한 실망과 불만을 가지고 돌아왔다. 동년 11월 28일과 12월 12일에 오태정 위생회관에서 우치무라의 욥기 강연을 방청한 일도 있었다. 그러나 그 때까지 김교신은 성결교회의 충실한 회원이었다. 그러다가 그 해 연말 성결교회에 일대 내분이 발생하고 시미즈 목사가 권모술수에 능한 파에 의해 파면되자, 단지 교회 탈퇴뿐만 아니라, 기독교 신앙의 근저까지 동요되어 신앙생활의 일대 위기에 봉착했다.17)

이때 1921년 1월 16일부터 동경 오태정 위생회관에서 우치무라의 일생의 대사업인 로마서 강의가 시작되어 처음부터 끝까지 아주 열심히 이에 참석했다. 이러한 독서와 강의수강을 통해서 김교신이 얻은 결론은 우치무라 간조가 아무 것이 아닐지라도 일본의 진정한 애국자인 것은 초기부터 간취했다고 고백했다. 우치무라는 천황에 대한 맹목적인 숭배를 하지 않았다는 불경사건과 당시 러일전쟁을 반대한다는 비전론 주장으로 인하여 일본국가와 국민으로부터 심한

---

16) 김요한,「1930년대 한국교회와 김교신 교회인식 연구」, 장로회 신학대학교 대학원 석사학위논문, 2016, 23쪽; 김정환, 앞의 책, 17쪽.
17)「우치무라 간조론에 답하여」, 노평구 엮음,『김교신 전집』2, 신앙론, 부키, 2001, 277-278쪽; 양현혜,『김교신의 철학』, 65쪽.

박해를 받았다고 했다. 그러나 우치무라의 태도는 일본을 저버리는 행동이라기보다는 진정으로 자신의 나라를 사랑하는 일이었다는 것을 김교신은 발견하고, 우치무라의 신앙과 애국심에 큰 감동을 받았던 것이다. 즉 자연과학자의 정신에 입각한 성서 연구와 국적으로 전 국민의 비방 중에 매장된 지 반생여일에 오히려 그 일본을 저버리지 못하는 애국자 우치무라의 열혈, 이것이 무엇보다 힘있게 김교신을 견인했다고 밝혔다. 그리하여 김교신은 1927년 3월에 유학을 마치고 귀국할 때까지 만 7개년 여를 우치무라의 가르침을 받았으며, 우치무라의 지도를 통해 복음의 깊은 뜻을 알게 되었다.[18]

1925년부터는 우치무라 문하의 조선인 유학생 6인이 함께 하여 「조선성서연구회」를 만들어 희랍어를 배우면서 원문으로 성서를 연구하기 시작했다. 이때의 동인은 함석헌, 송두용, 정상훈, 유석동, 양인성이며, 이들은 귀국하면 성서를 통해서 조선민족의 영혼을 구원하는 모임과 사업을 계속할 것을 굳게 약속했다.[19]

1927년 7월 이들은 오랜 숙원이었던 동인지 『성서조선』을 월간지로 발간하기 시작했다. 이 『성서조선』은 40페이지 전후의 신앙동인지인데, 이들 동인들의 사정에 의해 1930년 5월호인 제16호부터는 김교신이 주필로 책임 편집하는 개인잡지로 되었다. 이때 그가 한 일의 목록에 대해 스스로 일기에서 밝히기를 주필 겸, 발행자 겸, 사무원 겸, 배달부 겸, 수금인 겸, 교정계 겸, 기자 겸, 주일학교 강사 겸 등등. 그 이외에 박물과목 교사 겸, 지리교사 겸, 수학교사 겸, 가

---

18) 김요한, 앞의 논문, 24쪽;「우치무라 간조론에 답하여」, 노평구 엮음, 『김교신 전집』 2, 신앙론, 278-280쪽.
19) 김정환, 앞의 책, 17-18쪽.

정교사 겸, 농구부장 겸, 농구협회 간사 겸, 박물학회 회원 겸, 지리학회 회원 겸, 외국어학회 회원 겸, 직원 운동선수 겸, 학부형 겸 등 등이라고 했다.[20]

김교신은 정기간행 잡지를 통하여 신앙·구도·전도의 활동을 함과 동시에 사립 고등보통학교의 교직생활을 정열적으로 계속했다. 그는 1927년 4월 귀국 직후 고향인 함흥의 영생여고보의 교사로 교직생애의 첫 발을 내딛었고, 1928년 3월, 28세에는 『성서조선』의 발간사무를 맡기 위해 서울로 올라와 양정고보로 자리를 옮기게 되었다. 이후 10년 간 그는 양정고보에서 박물교사로 교육에 힘썼는데, 제자들에게 차원 높은 애국의 길과 진지한 삶의 자세를 몸소 보임으로써 지대한 영향을 주었다.[21]

1940년 김교신은 언론을 통한 복음전도에 전념하기 위해 양정중학교를 사임했으나, 동경소사의 선배인 이와무라(岩村) 교장의 권유도 있고, 무엇보다 일제의 회유책의 일환으로 그에게 뻗친 권유임을 알면서도 잡지의 계속 발간이라는 지상의 과제를 수행하고자 눈물을 머금고 공립경기중학교의 교사로 재부임했다. 그러나 이곳에서도 그는 학생들에게 민족혼을 불러일으킨 결과 불온인물로 낙인 찍혀 6개월 만에 교직을 물러나게 되었다. 불과 6개월 밖에 근무하지 못했지만 이곳에서 그에게 깊은 영향을 받고 그를 삶의 스승으로 모신 제자들은 송옥, 박을용, 최치환, 민석홍, 홍승면, 임원택, 박태원, 김성태, 구본술 등이었다. 경기중학교를 물러난 이듬해 그는 개성의

---

20) 위의 책, 18쪽, 252쪽.
21) 김정환, 위의 책, 19쪽; 박신관, 「김교신 연구」, 고려대학교 교육대학원 석사학위논문, 45-46쪽.

송도중학교에 부임했다. 성서조선사건은 바로 송도중학교 재직시에 일어났던 일이다.[22]

이 무렵 김교신의 제자로는 어린이 운동의 개척자인 「새싹회」의 윤석중, 덴마크의 농촌운동을 우리나라에 소개한 류달영, 또 베를린 올림픽의 마라톤 경기에 우승하여 조선 남아의 기상을 온 세계에 떨친 손기정 등이 있었다. 특히 손기정의 마라톤 코치의 한 사람으로 동경 예선까지 따라간 사람이 다름 아닌 김교신이었다. 손기정은 다음과 같이 스승을 추모했다. "나는 지금까지 선생님만큼 크시고 참다우신 교육자 그리고 애국을 여러 면으로 스스로 실천하신 분은 본 일이 없다. 참으로 선생님은 크신 분 같다."[23]

한편 12년 간 『성서조선』은 일제의 식민 경찰, 검찰의 혹독한 검열을 견디며 계속 발간되다가 1942년 3월 제158호의 권두언인 조와 (弔蛙; 개구리의 죽음을 슬퍼함)가 어떤 혹한에도 살아남는 민족의 희망을 개구리의 생명력을 빌어 노래했다는 검찰 측의 해석에 따라 폐간되었다. 이때 그는 전국의 약 300여 명의 지우, 독자, 동지들과 더불어 피검되었고, 그 중 함석헌, 송두용, 류달영 등 13인은 서대문 형무소에서 1년 간 옥고를 치렀다. 이것이 「성서조선사건」이다. 조선어학회사건은 이해 10월에 일어났는데, 이 두 사건은 그 본질을 같이 하는 것으로 이해되고 있다.[24]

김교신은 옥중에서도 하루에 많을 때는 주기도문을 300번, 적어도 100번, 그러기에 옥중에서 적어도 36,000번은 외웠다. 또 옥중에서도

---

22) 김정환, 위의 책, 20쪽.
23) 위의 책, 19쪽.
24) 위의 책, 18쪽, 252쪽.

아침운동으로 해오던 냉수마찰은 어떻게 해서든지 꼭 했다고 한다.[25]

김교신은 1942년 3월 30일 43세에 성서조선사건으로 투옥됨으로써 15년에 걸친 교직생활에 종지부를 찍게 되었다. 그리고 1년 간 옥고를 치루고 출옥한 후 교직도 전도활동도 불가능하게 된 그는, 이제 성조지라는 전도의 수단을 잃었기 때문에 봉서나 엽서로 소식을 전할 겸 신앙을 논할 수밖에 없었다. 또 일정한 직장에 취업하기가 어려워 달리 길을 모색하고, 개척하지 않을 수 없었다. 그리하여 그는 전국을 각지, 멀리는 만주까지 순회하면서 암흑 속에 있던 신앙 동지들을 격려했다. 그런데 이 무렵 일제는 많은 조선인을 군수공장 또는 탄광으로 데려가 일을 시켰다. 이것이 강제징용이었다. 김교신은 고향에 돌아와 일터를 찾던 중 친지들이 그가 불온인물이요 요시찰 인물이요, 공직에 들어 갈 수 없는 처지이기에 강제징용의 대상이 될 확률이 높다고 일러 주었다. 그러기에 그는 어떤 결단을 내리지 않으면 안 되었다. 그것이 자진 현지 징용의 형식을 택한 흥남질소비료공장에의 취업이었다. 정확하게는 일본질소비료공장 흥남연료용흥공장 노무과 조선인 노무자 주택 서본궁 관리계의 계장으로 취업했다.[26]

김교신은 당시 징용으로 끌려간 조선인 노무자들이 아주 불행하고 처참한 생활을 하고 있다는 말을 듣고, 1944년 7월 일본흥남질소비료공장에 취직하여 그곳에서 강제 징용되어 일하고 있는 3천 여명의 조선인 노동자의 복리와 후생 및 인격 교육에 힘을 쏟으면서 해방을 준비했다. 이 공장은 일본 해구의 특수비밀군수공장이며, 조

---

25) 위의 책, 172쪽.
26) 양현혜, 『윤치호와 김교신』, 108-110; 김정환, 위의 책, 20쪽, 63쪽, 175-176쪽.

선인 노무자만도 5천 명을 헤아리는 대공장이었다. 그러나 그는 해방을 3개월 남겨두고 당시 조선인 노동자들 사이에 유행하고 있었던 발진티푸스를 간호하는 도중 스스로도 감염되어 44세인 1945년 4월 25일 병사했다.27)

서거 다음날인 4월 26일 그의 유해는 법정 전염병으로 사망한 까닭에 곧 화장되었고, 조객 50여 명만이 함흥 중앙교회 목사의 주재로 간략한 영결식을 가졌다. 그리고 그의 유해는 함흥서 50여리 되는 함주군 가평면 다래봉 선산 가족묘지 선친 옆에 모셔졌다.28)

이상과 같이 김교신은 엄격한 유가가문과 전형적인 양반가문에서 태어나 가정적이며, 근면하고 부지런한 정도를 넘어 윤리적이며 금욕적인 경건한 삶을 살았으며, 규칙적인 생활을 했다. 이러한 생활은 그의 신앙에도 이어져 경건한 순복음주의적 종교사상을 갖게 했던 것이다.

또한 김교신의 사상에는 조선여성의 정조관념 속에서 조선의 희망을 발견하는 등 봉건적 성격도 내포하고 있었다.

특히 김교신의 생애는 그의 스승인 우치무라와 비슷한 점이 있었다. 즉 유학가문이었으며, 모국의 여성들을 존경했으며, 농업학교를 졸업하고, 지리와 박물과 연구 및 교직생활에 종사한 점 등에서다.

김교신은 식민지 조선에서 태어나 그의 애국사상으로 인해 불온인물로 낙인찍히기도 했으며, 성서조선사건으로 1년 간 옥고를 치루기도 했다. 출옥 후 강제징용의 대상이 될 위기에서 그는 자진해서

---

27) 양현혜, 『윤치호와 김교신』, 108-110쪽; 김정환, 위의 책, 20쪽, 63쪽, 175-176쪽.
28) 노평구 엮음, 『김교신 전집』 1, 인생론, 부키, 2001, 8-9쪽; 김정환, 위의 책, 184-185쪽.

징용의 형식을 취하여 일본흥남질소비료공장에 취직하여 조선인 노동자들과 함께 생활하다가 병사했다. 이런 점에서 김교신은 어느 정도 양심적인 조선인으로서의 순결을 지키고 있었다.

제2절 무교회주의와 성경연구

1. 무교회주의

앞서 언급했듯이 김교신을 포함하여 우치무라의 문하에 있던 조선인 유학생 6인이 1925년부터 『조선성서연구회』를 만들어 성서연구모임을 가졌다. 이것이 모체가 되어 우치무라의 가르침을 그들의 조국인 조선에서 실현하는 구체적 방편으로 하나의 간행물을 계획한 바, 1927년 7월 계간으로 『성서조선』을 발간했다. 이로써 무교회 복음을 전 조선은 물론 만주까지도 널리 전하였다. 그리하여 김교신은 조선에 있어서 무교회 전도의 창시자, 지도자이고 제1인자로서 알려지게 되었다.[29]

김교신은 우치무라를 "세상에 둘도 없는 대선생"이라고 말하면서, 그의 기독교 이해를 '진정한 복음의 이해'라고 생각했다. 그리고 복음의 진리를 일본사회의 역사 현실 속에서 실천하려는 우치무라의 사회비평활동을 예언자적이라고 불릴 만한 것으로 생각하고, 이러한 우치무라의 신앙자세에서 진정한 기독교인 신앙의 태도를 발견했던 것이다.

따라서 김교신은 스승인 우치무라의 사상을 적극적으로 수용하여 다음과 같은 무교회주의를 피력했다.

---

[29] 김윤정, 「김교신의 교회에 대한 인식」, 연세대학교 대학원 석사학위논문, 2007, 26-27쪽; 노평구 엮음, 『김교신을 말한다』, 93쪽.

첫째, 김교신의 무교회주의의 특색은 교권주의와 교회주의에 반대하고 그리스도와 성경을 중심으로 하는 교회였다. 김교신은 단순히 공간을 점유하고 눈으로 보이는 유형의 회당을 진정한 교회라고 보지 않고, 예수 그리스도를 주로 고백한 성도들의 모임, 그 신앙공동체 자체를 교회로 보았다. 즉 무교회주의는 교회를 부정하고 있다기 보다는, 교회건물이나 교회 안에만 거룩하고 숭고하며, 그 안에서만 구원이 있다고 보는「교회주의」에 반대한 것이었다.[30]

김교신과 무교회주의 그룹은 조선에는 돈도 필요하고 힘도 필요하다고 보았다. 그리고 학문과 예술적인 작품도 필요하지만 조선에서 가장 필요한 것은 기독교라고 말했다. 그러나 이 기독교는 단순한 기독교청년회의 모임의 기독교가 아니었다. 의미 없는 교회로서의 기독교도 아니었다. 제도로서의 기독교도 아니었다. 형식적인 기독교는 더욱 아니었다. 김교신이 언급한 식민지 조선에서 필요한 기독교는 우치무라가 강조한 16세기 종교개혁자들이 체험한 기독교였다. 이것이 바로 영적인 기독교이며, 살아 있는 기독교라고 보았다. 다시 말해 이 기독교는 그리스도 그 자체로서의 기독교이며, 지금도 살아계셔서 역사하시는 그리스도 자신이라고 말했다. 그렇기 때문에 김교신은 교회는 필요하지 않으나 예수는 필요하며, 청년회와 같은 조직은 필요하지 않으나 예수를 필요로 여겼다. 예수를 얻으면 전부를 얻은 것이 되며, 예수를 잃게 된다면 모든 것은 잃게 된다고 보았다. 그렇기 때문에 생명력이 없고, 껍질만 남은 교회는 다시 한 번 개혁되어야 할 기독교로 바라보았다.[31]

---

30) 김요한, 앞의 논문, 29쪽.
31) 위의 논문, 26-27쪽.

『성서조선』 3호(1928.1)에 실린 「참교회」란 글에 의하면 참교회란 감독이나 목사를 필요로 하지 않으며, 다수의 회중을 필요로 하지 않으며, 이 모든 것은 교회의 근본요건이 아니라고 주장했다. 교회의 본질은 바로 그리스도 살아계신 하나님의 아들을 그 토대 삼음에 있다고 주장했다. 그리스도를 그 머리 삼고, 스스로 그의 성체 됨에 있다고 했다. 예수의 복음이 있고, 그 복음으로 자라나는 신앙과 사랑이 있는 곳에만 참교회가 있다고 했다.

특히 김교신과 함께 『성서조선』을 발간한 정상훈의 「조선의 장래와 기독교」란 글에는 현금의 조선의 병은 제도나 조직의 불완전 때문이 아니라, 이 병의 원인은 우리가 생명을 잃어버린 데 있다고 하였으며, 근인은 이와 같이 생명을 상실한 제도와 조직과 형식이 우리 사회를 지배하고 지도하여 온 데 있다고 보았다. 그리하여 이 생명의 본질을 회복하여야 하는 데, 이 생명에 이르는 길은 "내가 곧 길이요 진리요 생명"이라고 외친 그리스도 자신이라고 주장하면서, 그리스도가 생명의 원천이요 또 생명의 길이요 생명의 양식이라고 주장했다. 그리하여 신앙의 형식과 의식과 습관성에서 떠나, 조선 사람 모두는 그리스도 안에 있는 신생명을 파악하는 방도를 찾기 위해 예수 그리스도에게 나아와야 한다고 주장했다.[32]

김교신은 "현 교회의 신앙관은 심히 천박한지라. 우주에 충만한 복음, 삼라만상에서 생명적으로 뛰놀며 성장하는 진리, 즉 성서가 가르치는 예수 그리스도를 바로 보지 못하고, 예수의 흔적만 남은 신조만 붙들고 밤낮 울고 있음을 구경하였음이다"라고 비판했다.[33]

---

32) 정상훈, 「조선의 장래와 기독교」, 『성서조선』 6, 1928.11, 7-14쪽.
33) 노평구 엮음, 『김교신 전집』 5, 일기 1, 부키, 2002, 325쪽.

즉 김교신과 무교회주의자들의 교회는 우치무라가 주장한 것처럼 교회 자체가 아니라, 예수 그리스도와 성경이었으며,[34] 이를 토대로 삼고 다수의 회중을 필요로 하지 않는「작은 교회」를 지향한 것이었다. 김교신과 우치무라가 제시한「작은 교회」는 자본주의의 노예로 전락한 기존의 교회성장주의의 폐단을 극복하고, 기독교의 기본원칙인 그리스도와 성경에 충실하려는 신앙의 한 형태였다고 할 수 있다. 따라서 김교신은 후술하는 바와 같이 기존의 교회가 추구해온 성장주의 및 성공주의, 사업주의를 비판하게 된 것이다.

한편 김교신과 무교회 모임은 성직제도에서 비롯한 여러 가지 교회의 권위와 권능, 그리고 그로 인해 현재까지 내려오는 일종의 사도적 전승까지도 인정하지 않는다. 예를 들면 목사에 의한 세례 등 성례의식의 가치를 별로 인정하지 않았다. 안수나 장립에 의하여 조직되는 장로, 집사 등의 직책과 조직이 하나님과 신도의 관계성에서 볼 때는 무의미한 것임을 주장하기도 했다. 또한 교회의 사교적 기능과 이를 통한 선교의 모습도 이는 엄격한 의미에서 본다면 비본질적이고, 부족한 것이라고 파악했다.[35]

또 한편 그들은 교회나 성직자가 가진 성서해석권을 인정하지 않는다. 천국의 열쇠는 교회를 대표하는 법황이 쥐고 있는 것이 절대 아니요, 하나님만이 끝까지 쥐고 계신다고 믿으며, 성서 구절의 참 뜻은 교회를 대표하는 신학자만이 풀이하는 것이 절대 아니고, 신자

---

34)「나의 기독교」, 김교신,『김교신 전집』1(신앙과 인생 상), 김교신전집간행회, 1975, 108쪽.
35) 김윤정, 앞의 논문, 41쪽.

각자가 하나님에게 받은 믿음의 분수와 은총의 분수대로 가르침을 받는 것이라고 믿었다. 즉 모든 신자가 각자 성서를 통해 직접 하나님과 만나 은혜의 분수대로 신앙의 진리를 깨우침 받는 「만인사제설」의 입장을 존중한 것이었다.[36]

또한 매일 요일마다 순번으로 사회자를 정하고 이 분이 개회기도와 성경낭독을 하는데 그것은 약 5분간이면 족했다. 그리고 찬송가는 딱 한 번만 부르고 끝났다. 찬송가는 늘 지참은 하되, 실제 불리는 찬송가는 그 많은 찬송가 중에서 불과 10개 정도밖에 안 되었다. 이렇게 예배에서 분위기를 추방하고, 성경의 진리를 공부하기에만 진력했다. 그러기에 2시간의 예배 중 1시간 50분이 성경연구의 시간이 되었다.[37]

또한 김교신의 무교회 모임의 경우 헌금이 없었다. 월정헌금도 없고 주일헌금도 없으면 목회자는 무엇으로 생활하는가가 문제가 되지만, 무교회 모임의 경우 직업적 전도사가 없기에, 또 유지·경영·관리해야 할 회당이 없기에 헌금 자체가 필요 없었다. 그는 중학교 교사로서의 봉급으로 생활했고, 도리어 봉급의 일부를 전도에 썼으며, 집회 장소는 자택의 경우가 많았다. 십일조는 각자가 하나님 앞에서 자유롭게 내고 썼다. 제자를 위해 써도 좋고, 환자를 위해, 더러는 사회정의 실현을 위해 써도 좋았다. 이것은 각자의 자유이지만, 하나님 앞에서의 엄숙한 의무이기도 했다.[38]

---

36) 김정환, 앞의 책, 44쪽.
37) 위의 책, 85-86쪽.
38) 위의 책, 86쪽.

한편 김교신의 교회는 일상생활 전체가 교회였다. 교회당이라는 건축물이 거룩한 것이 못 될 것은 "하나님은 이 산이나 저 산에서 예배할 것이 아니요, 오직 영과 진리로써 예배할 것이니라"는 주 그리스도의 말씀으로 명백한 일이라고 지적하면서, 하나님은 교회에서 드리는 기도만을 특별히 기뻐하며 받으실 리가 만무하다고 했으며, 거룩한 교회에만 하나님의 말씀이 나타난다는 고집을 버리고, 선악인의 구별 없이 한결같은 비와 햇빛을 주시는 하나님을 바라보라고 주장했다.[39]

그는 제도교회에 소속되어 있고 교회생활을 한다고 하여 개인의 구원이 보장되는 것이 아니라, 성서의 교훈을 실천하는 데에 있음을 역설하고, 교회란 눈에 보이는 제도라기보다는 그리스도인의 생활현장에 곧 진정한 교회가 있다고 확신하여 신앙의 실천과 생활화를 중요시했다.[40]

즉 김교신의 교회는 가정이요, 서제요, 사무소요, 감옥이요, 도처가 다 교회요, 또 생활 전체 일거일동이 다 예배였다. 그에게는 특별히 신성한 곳이 따로 없었다. 그가 앉는 자리, 서 있는 자리가 모두 그에게는 신성한 자리였다. 어디서고 하나님을 섬기고 그를 찬미하고, 그의 영광을 드러내는 데에만 전심전력을 쏟았다.[41]

또한 김교신의 교회는 자연이었다. 그는 자연을 훌륭한 예배처로 생각했다. 그는 자연이 전능한 신을 드러내고 있다고 보았기 때문에 자연에서 무한한 하나님의 섭리를 느꼈다. 그가 1930년대 중반 북한

---

39) 「교회가 거룩하냐」, 노평구 엮음, 『김교신 전집』 2, 신앙론, 222쪽.
40) 김정환, 앞의 책, 337쪽.
41) 노평구 엮음, 『김교신을 말한다』, 38쪽.

산 정릉으로 이사 간 이유도 고요한 야외 기도처를 찾고자 한 때문이었다.[42]

김교신은 자연과 신앙을 유기적인 관계 속에서 다음과 같이 생각했다.[43]

> "빙상이 산하를 결박하듯이 소한, 대한의 심한 추위에 포박되고 눌리고, 죄로 인한 죽음의 위하(威嚇)가 동상처럼 얼음이 버려 심장을 향하여 생명을 삼키려고 냉기가 점침(漸浸)할 때에, 입춘 가절이 돌아와서 그리스도의 광선에 영대(靈臺)의 얼음은 녹고, 수족이 풀리고, 새움 새싹이 솟아오르리니. 아! 그리스도의 입춘, 이는 죄인만 맛볼 수 있는 명절이다. 헐벗고 차디찬 겨울을 보낸 자에게는 입춘날 광선의 한 줄기 한 줄기가 축복이었다. 농부의 입춘, 빈지의 입춘, 빈자의 입춘, 죄인의 입춘, 입춘은 우리의 가절이로다. 크게 기뻐하라. 2월 4일 입춘일을!"

또한 김교신은 다음과 같이 포플러나무를 예찬하기도 했다.[44]

> "포플러는 하늘을 향하고 산다. 인간 살림에 세력투쟁이 있고 국가 생활에 영토확장의 야망이 없을 수 없는 것처럼, 무릇 거대한 수목은 그 나무의 힘을 널리 옆으로 펴서 일장성공백골고(一將成功百骨枯; 한 명의 장수가 나기 위해서 1백 명의 군사가 죽는다는 뜻으로, 하나의 거대한 나무가 있기 위해서 주위의 많은 풀이 희생당한다는 뜻)라는 셈으로 거대한 나무의 광활한 가지와 잎이 마음대로 무성하기 위

---

42) 전인수, 『김교신 평전』, 삼원서원, 2012, 85-87쪽.
43) 「입춘을 맞음」, 노평구 엮음, 『김교신 전집』 2, 신앙론, 338쪽.
44) 김교신(노치준·민혜숙 옮김), 『조와』, 82-83쪽.

하여 그 전후좌우에 있는 만 가지 풀이 고갈을 당하고야 만다. 오직 포플러 나무만은 횡으로 세력을 벌리려 하지 않고, 종으로 하늘을 향하여 자라고 또 자라기만 한다. 그 곧은 나무줄기 및 수직으로 하늘을 향한 큰 가지와 작은 가지는 호렙산 아래서 축복하는 모세의 손인가, 겟세마네 동산에서 피땀 흘리신 예수의 팔뚝인가? 유한한 횡으로 살지 않고 무한한 종으로, 하늘로 사는 포플러야말로 고귀하도다."

이처럼 김교신은 자연 속에서 역사하시는 하나님의 섭리를 느꼈던 것이다. 김교신의 자연과 환경에 대한 가치관은 농촌의 원초적 생활에 대한 예찬과 조선의 산하에 대한 지리적 관심과 연결되어 있었다. 그는 조국 산하를 직접 둘러보면서『성서조선』의 독자들과 만나기도 하였고, 조선의 얼이 서린 곳곳을 탐방하기도 했다.[45]

특히 김교신에게 있어서 자연은 그냥 자연이 아니었다. 생명을 가르쳐주고, 부활을 깨닫도록 하는 자연이었던 것이다. 혹독한 자연 속에서 생명을 유지한 몇 마리의 개구리를 보고 김교신은 민족의 부활까지도 바라보는 안목을 가지고 있었던 것이다.[46]

김교신은 자연이 주는 은총인「녹색은총」의 감각을 지니고 산 신앙인이었다. 그는 자연 속에서 생태물의 이름을 불러주고 교감하며, 자연과 어울려서 살아간 사람이었으며, 이 점에서도 그는 자연과 일체되어 생활하신 예수의 정신을 실천한 그리스도인이었다.

요컨대 김교신의 신앙은 하나님께서 창조하신 자연과 대화하고, 그 속에서 창조주의 음성을 듣는 것이었다. 자연을 정복하고 다스린

---

45) 양우석,「김교신의 평신도운동연구」, 연세대학교 연합신학대학원 이론신학과 교회사 전공, 석사학위논문, 2004, 98-100쪽.
46) 위의 논문, 97-98쪽.

다는 것이 아니라, 하나님의 창조질서 안에서 자연과 조화를 이루어 하나 되는「자연친화적 신앙」이었다.

2. 성경연구

루터의 종교개혁의 원천적 힘은 바로 원어에 의한 성경의 철저한 연구에 있었다. 이런 성서연구의 열의는 필연적으로 순수한 신앙태도와 새로운 신앙양식을 낳게 하고, 순수한 신앙생활에 저해가 되는 비본질적인 일체의 외적 제도, 기구, 권위에 대한 부정을 낳게 했다. 이로써 루터는 로마의 가톨릭 체제에서 벗어나 독일의 민족적 기독교 체제를 구축하여 독일 민족의 신앙적 자주성을 획득했고, 가톨릭 교회의 갖가지 비본질적 의식 중심의 예배방식을 고쳐 목사의 설교 중심의 예배방식을 정립했고, 인간과 하나님 사이에 가로놓여 있는 뭇 장벽을 헐고자 했다.[47]

김교신의 무교회 모임은 이러한 루터의 종교개혁 정신을 비판적으로 계승하고, 우치무라의 사상을 이어받으면서, 우치무라의 이념을 전적으로 실현하기 위해 눈으로 보이는 회당으로서의 교회를 비판하고, 세속적 조직으로 비대해 가는 교회의 갖가지 제도와 권능과 겉치레 의식을 경시했다. 심지어는 교회의 갖가지 직능과 직제로서의 성직제도와 의의를 경시하고, 오로지 성경연구만을 중시함으로써 루터의「만인제사장주의」에 근거한 종교개혁의 이념을 철저하게 수행하고자 했다.[48]

---

47) 김정환, 앞의 책, 82쪽.
48) 위의 책, 82쪽.

따라서 김교신의 무교회 모임은 성경공부를 위한 것이며, 예배·찬송은 그 절차에 지나지 않았다. 그러기에 예배·찬송이 주가 되며, 그 과정에 목사의 설교가 짜여 있는 기존의 교회모임과는 근본적으로 성격을 달리했다. 무교회 모임의 사람들은 모두 하나님이 위탁하신 각자의 직업을 충실하게 수행하는 일이 하나님에 대한 가장 귀중한 예배라고 여겼으며, 또 그러기에 하루 24시간 전부가 예배의 연속이라고 보았다. 안식일에 예배당에 가는 것을 기독교 신자의 도리로 여기는 관념으로 본다면 이런 생각은 통념적인 교회관과 크게 어긋난 것이었다. 또한 안식일에 가족들이 모여 성경을 읽으면서 기도하고, 그 중의 한 사람이 성경을 해석하는 모임이 있다면 이것이 바로 이들에게는 가장 모범적인 주일예배였다. 이런 성경연구를 중심으로 하는 예배방식은 회당에 구애받지 않았으며, 또 전문적인 교파 교리에 의한 성경 주석으로부터 그들의 신앙을 자유롭게 해방시켰다. 그러기에 이들의 성경연구 장소는 어느 때는 동지의 가정이 되며, 어느 때는 학교의 교실이 될 수도 있었다. YMCA의 강당이 교통으로 보나 시설로 보나 그 설립의의로 보나 최적의 장소이기에 이들은 이것을 이용하려 했지만, 초창기에는 이들에 의한 이해가 부족하여 대개의 경우 거절당했다.[49]

특히 김교신의 무교회 모임의 경우 예배의 주가 되는 것은, 몇 달이고 일관성 있게 진행되는 성경연구였다. 이들은 각자가 자기의 세속적 직업 또는 학문적 전공에 따라 성경 중에서도, 그때그때 특히 흥미를 끄는 것을 집중적으로 몇 달이고 몇 년이고 계속 연구하여

---

49) 위의 책, 138-139쪽.

갔다. 이러한 다양한 집중연구 과제가 모여서 『성서조선』의 글이 되었던 것이다. 이들은 이런 예배와 연구방식을 「서당방식」이라고 스스로 규정했다.50)

따라서 김교신은 자신들의 모임은 성서를 연구하는 모임이라고 하면서 세상의 소위 예배집회도 아니요, 소위 전도 집회도 아니요, 물론 부흥회도 아니라고 공언했다. 인체의 열이 40도를 지나면 위험한 것처럼 신앙의 열도 그 도를 지나치면 대개는 위험한 일이 많다고 하면서, 그러므로 우리는 인공적으로 부흥의 열을 가하지 않을 뿐만 아니라 될 수 있는 대로 냉수를 치면서 냉정한 중에서 성서를 배우려는 것이라고 역설했다. 그리고 성서를 공부하는 목적은 「사람다운 생활」을 하기 위해, 또 그 생활하는 능력을 얻기 위해서라고 밝혔다.51) 그는 차라리 지옥에 떨어진대도 가하니, 천품의 이성과 인간 공유의 도덕적 양심을 포기하고는 살 수 없는 자라고 고백했다.52)

그리고 김교신의 무교회 모임의 경우 성경을 원문으로 읽도록 권장했다. 그들 중에는 히브리어로 구약을, 희랍어로 신약을 읽는 사람이 더러 있었다. 못 읽는 사람도 읽으려고 노력했으며, 이런 요망을 반영해서 이 모임에서는 희랍어 공부 강좌가 자주 열렸다. 김교신도 이것을 중시하고 『성서조선』지에 희랍어 강좌를 연재하기도 했다. 이런 연구 자세는 좋은 의미로나 나쁜 의미로나 이 클럽이 「학자적인 모임」이라는 달갑지 않은 말을 듣게 하기도 했다.53)

김교신 자신은 성서연구의 결과를 『성서조선』에 연재했다. 그 분

---

50) 위의 책, 138-139쪽.
51) 노평구 엮음, 『김교신 전집』 2, 신앙론, 71-72쪽.
52) 위의 책, 95-96쪽.
53) 김정환, 앞의 책, 87쪽.

량은 월간지 『성서조선』의 약 3분의 1에 해당했다. 그의 전집에는 성서개요라는 제목으로 「구약성서개요」와 「신약성서개요」가 전 400면에 걸쳐 담겨져 있었다. 「구약성서개요」는 창세기, 출애굽기를 비롯하여 말라기에 이르기까지 구약 39권의 내용을 주석서에 의거해서 철저하게 분석 요약한 것이고, 「신약성서개요」는 신약 27편 중에서 15편을 택하여 세밀한 해석과 내용분석을 가한 것이었다. 또 주제별 성서연구로서 「산상수훈연구」, 「골로새서 강의」, 「데살로니가 전서 강의」, 「시편강해」 등의 4편이 수록되어 있다. 「산상수훈연구」는 그의 저작 중에서도 가장 알차고 문장도 특히 아름다운 것이며, 그가 31살 때의 1931년 1월에 시작해서 만 2년 가까이 걸려 완성한 것이었다. 그는 산상수훈에 대해 그 서문에서 다음과 같이 전했다.[54]

> "산상수훈이라고 통칭하는 마태복음 제5, 6, 7장의 3장은 복음서 중에서도 특히 현저하게 그리스도의 완전한 생명이 그대로 약동하는 한 줄로 이어진 주옥같은 부분이다. 거기에는 조직도 없고 가설도 없다. 다만 간단명료한 진리의 빛과 생명의 맥이 샘물같이 콸콸 흘러 마지 않는다. 그러므로 산상수훈을 읽음에 특수한 소질이나 비범한 체험이 필요 없다. 다만 천연한 인간이면 가하고 만일 나다니엘 같은 순전한 조선 사람의 심장을 가진 사람이면 더욱 가하다. 마음이 정결한 자만이 이 진리를 감당할 수 있기 때문이다. 소위 기독교의 그릇된 우월감과 특수한 신비적 체험을 물리치고, 통상 인간의 입장에 서서 이 참사랑의 말씀을 맛보려고 힘쓴 것뿐이다."

이처럼 김교신은 성서해석에 있어서도 특수한 기독교의 신비적

---

54) 위의 책, 88쪽, 91쪽.

체험이나 기독교의 우월의식에서 벗어나 순전히 정결한 마음과 순전한 조선인의 심장을 통해서 인식하고자 했던 것이다.

그리하여 『성서조선』은 순전히 평신도, 더구나 교회와 아무 인연이 없는 평신도의 작품이었고, 그리스도의 십자가를 경험한 조선인의 부르짖음이 있을 뿐이었다.[55]

『성서조선』에 관한 어느 독자의 평에 따르면 "근대 세계는 종교, 예술, 과학 할 것 없이 모두가 상품화되었다. 그뿐이랴. 우리 조선에서는 소위 인격까지도 상품화되고 있지 않는가? 그런데 우리『성서조선』만이 조선에 있어서 오직 진리를 파지(把持)하고 있어 더욱 근대에 많이 말하는 대중 본위, 독자 본위를 떠나 오직 진리와 생명을 본위로 하고 있는 유일무이한 성서지라고 하였습니다"라고 했다.[56]

이는『성서조선』이 당시 종교, 예술, 과학, 심지어 인격까지도 상품화되고 있는 자본주의의 시대적 상황 속에서 오직 진리와 생명을 본위로 하는 순복음주의 신앙을 전파하는 잡지임을 말해 주는 것이다.

한편『성서조선』발행과 표리일체를 이루는 성서연구와 성서집회 등의 활동으로서 우선 일요일마다 모였던 「성서연구회」가 있었다. 「성서연구회」는 1930년 6월 경성시내에서 무교회주의 기독교의 입장에 쓴 공개모임으로 시작되었다. 그 때문에 당시 조선 기독교계에서 이단취급을 받고 교계는 강단을 빌려주지 않았을 뿐만 아니라, 기독교청년회조차도 장소대여를 거절한 관계로 주로 가정집회 형식으로 김교신의 자택이나 동지인 송두용의 집, 또 한때는 조선신학숙이나 부활사 등의 회장을 빌려 가지고 10년 간 계속했다. 이 성서연

---

[55] 위의 책, 190쪽.
[56] 노평구 엮음,『김교신 전집』5, 일기 1, 35쪽.

구회 회원은 많은 때는 20명 정도였고, 또 모임이 오후에도 있었을 때 한 사람을 상대로 성서연구를 하는 아주 작은 모임이었다.57)

또한 성서연구회와 동시에 1932년 이후 해마다 연말 연시에 일주간 전국 각지에서 신앙동지나 독자가 같이 모인 「동계성서집회」가 있었으며, 이것도 10년 간 계속되었다. 이러한 성서연구회나 성서집회에서 한 성서연구나 기타의 강의, 강연 등이 『성서조선』에 게재되었던 것이다. 그리고 이와 같은 활동 속에서 김교신의 「산상수훈연구」나 「구약성서개요」 등이 나온 것이다.58)

즉 김교신은 다만 「조선」을 성서 위에 건설해야 겠다는 것과 「조선」을 「성서적 조선」이 되게 하자면 전도를 열심히 하는 한편, 40만 교도에게 성서를 가르쳐 그들의 사상과 생활이 성서에 근거하도록 하는 것이 유일의 일이라고 생각했다.59)

이상과 같이 김교신의 무교회주의는 스승인 우치무라의 무교회주의를 적극 계승하여 일체화를 이룬 것으로, 김교신은 「작은 우치무라」였다. 즉 김교신의 사상 역시 종교개혁적 정신에 투철하여 성직자 중심의 교권주의적 교회의 폐해를 간파하고, 부도덕하고 거룩하지 못한 제도적 교회를 비판한 반교권적이고, 반교회주의적이며, 반형식적이며, 그리스도와 성경 중심적인 순복음주의 신앙이었다. 그리고 이를 토대로 다수의 회중을 필요로 하지 않는 「작은 교회」를 지향하는 것이었다.

57) 森山浩二, 앞의 논문, 62쪽.
58) 위의 논문, 63-64쪽.
59) 노평구 엮음, 『김교신 전집』 5, 일기 1, 317쪽.

그리하여 김교신은 성직제도에서 비롯한 여러 가지 교회의 권위와 권능, 그리고 일종의 사도적 전승까지도 인정하지 않았다. 그리고 교회의 갖가지 겉치레 의식에 신앙적 의미를 부여하기를 거부했다. 또한 교회나 성직자가 가진 성서해석권을 인정하지 않고, 모든 신자가 각자 성서를 통해 직접 하나님과 만나 은혜의 분수대로 신앙의 진리를 깨우치는「만인제사장주의」의 입장을 존중했다. 김교신은 오로지 성경연구만을 중시함으로써 루터의「만인제사장주의」에 근거한 종교개혁의 이념을 계승·발전시킨 것이었다.

따라서 김교신의 무교회주의는 초대 기독교의 순수한 복음신앙과 그들의 신앙양식으로 돌아가자는 움직임이며, 루터의 종교개혁의 이념과 바울 신앙에 입각한 우치무라의 사상을 조선에 실현하려는 것이었다.

더 나아가 김교신의 교회관은 그리스도인의 생활현장에 진정한 교회가 있다는「생활신앙」이었으며, 자연이 곧 교회라는「자연친화적 신앙」에 근거하였다.

제3절 구원론과 기독교 비판

1. 구원론

(1) 개인구원론(만인구원론)

김교신은 기독교는 다만 세계 대종교의 하나일 뿐 아니라, 구원을 얻는 유일의 길이요, 천과 지, 신(神)과 인(人)에 통한 유일의 대도라고 주장했다. 세상에는 공자, 석가, 소크라테스 등의 성인들도 많고, 회회교, 인도교, 그밖에 백천 가지 종교도 있어서 각기 착한 교훈과 구제의 길을 가르쳤는데, 하필 기독교로써만 구원을 받을 것이냐, 모든 종교 중에서 기독교만이 유일한 구원의 길이라고 함은 너무 독단적인 편심이 아니냐고 항변하는 젊은 학생들의 질문을 받고, 김교신은 야생견 같은 교권자들이나 가면 쓴 교도들까지 기독교도라는 것만으로 구원되고, 다른 종교의 모든 성현 군자들은 모두 영원한 멸망에 떨어지리라고 믿기는 정말 어려운 일이고, 현실 기독교회를 볼 때 우리의 양심이 한층 괴롭지만, 종교는 이론이 아니라 실험이기 때문에, 다른 성현의 이름으로는 우리의 죄가 사하여져서 마음에 안정을 얻을 수 없으며, 영생의 확신을 얻을 수 없다고 암시하면서, "유일신이 우주를 창조하시고 그 독생자 예수를 통하여 구원하심은 가장 합리한 일이 아닌가. 편협을 웃으려거든 웃어라. 우리는 예수의 유일의 구원만을 바란다"고 고백했다.[60]

요컨대 구원은 그리스도에게 있다는 것을 명백히 하는 것이 무교회주의의 사명이라는 것이다.[61]

그러나 김교신은 당시 현실상황에서의 교회 구원에 대해 지극히 회의적이었다. 기존의 교회에 대해 한 독자는 다음과 같이 김교신에게 편지를 했다.[62]

> "저도 기독자의 일원이오나 현대 교회는 김이 나가고 몰락 퇴폐하는 현상이라 도무지 그 안에서 신앙을 생명으로 삼는 성도로서 견딜 수 없는 바이오며 큰 낙망을 갖게 되었나이다. 과연 이대로 나가다가는 조선교회의 운명도 며칠 못 남았다고 할 밖에 없습니다. 하여튼 예수를 믿으면서도 소위 교회라는 데는 발을 들여 놓기가 싫어 얼마나 적막한 눈으로 어디 반가운 소리가 없는가, 어디 동지가 없는 가고 살피던 중에 귀지를 만나오니 몹시 즐겁습니다."

이처럼 기존의 교회에 실망한 사람들은 김교신의 무교회 모임에서 구원의 빛을 보았던 것이다.

일제 강점기 조선의 기독교인들은 예수를 통한 구원을 절대 신뢰하였다. 동시에 구원을 교회와 연결시켜 이해하는 경향이 농후했다. 교회를 구원의 통로 내지 방주로 생각하고 있었던 것이다. 그러나 김교신이 보기에 이러한 믿음은 비신앙적인 것이었다. 예수 그리스도가 아닌 교회를 구원의 통로로 보는 것이었기 때문이다. 그는 오직 구원은 예수 그리스도가 주는 은혜의 선물이며, 교회는 단순히

---

60) 노평구 엮음, 『김교신 전집』 2, 신앙론, 83-84쪽, 88쪽.
61) 위의 책, 263쪽.
62) 김정환, 앞의 책, 69-70쪽.

신앙인들의 모임이라고 생각했다.[63]

김교신은 우치무라에 대해 언급하기를 "우치무라는 내가 조선인으로 자각할 계기를 준 스승이며, 로마교회가 교회 밖에는 구원이 없다고 말한 데 반대하여 우치무라와 더불어 교회 밖에도 구원이 있다고 믿으며, 진리는 누구에게서라도 배워야 한다"고 했다.[64] 그리하여 그는 우치무라식 무교회주의의 전부는 "교회 밖에 구원이 있다"는 것이고, 그 이상과 그 이하의 것도 아니라고 지적했다.[65]

따라서 김교신의 관심과 흥미의 중심은 바로 예수와 성서에 있는 것이요, 교회에 있지 않았다. 교회 조직의 필요를 논하는 이가 있을 때에 그 헛된 생각을 지적하고, 교회에만 기독교적 구원이 있다고 고집하는 이를 만날 때면 교회 밖에도 구원이 있다고 항의할 뿐이었다.[66]

김교신은 구원은 교회의 소속 여부의 문제가 아니라, 신앙의 문제라고 정정한 것이 루터의 프로테스탄트주의요, 또 이것이 우치무라의 무교회주의라고 하면서, 구원이 교회 안에 있다. 밖에 있다 하는 논쟁에는 흥미가 없고, 오직 그리스도를 위해 박해를 감당하고자 하는 순교의 길이 중요하다고 역설했던 것이다.[67] 즉 그는 구원이라는 것은 세례의 유무, 교회의 소속 여부와 아무런 관련이 없다고 말했다.[68]

심지어 김교신은 우치무라의 사상을 받아들여 구원을 믿는 자는

---

63) 전인수, 『김교신 평전』, 82쪽.
64) 김정환, 앞의 책, 83-84쪽.
65) 「內村鑑三論에 답하여」, 김교신, 『김교신 전집』 1(신앙과 인생 상), 325쪽.
66) 「나의 기독교」, 노평구 엮음, 『김교신 전집』 2, 신앙론, 84쪽.
67) 노평구 엮음, 『김교신을 말한다』, 142-143쪽.
68) 양현혜, 「김교신과 무교회주의」 1, 『기독교사상』 38권 5호, 1994.5, 117쪽.

물론 미신자에게까지 미치는 것으로 인식했다. 하나님의 사랑이 지옥에까지 나타날 것인지는 지옥이란 개념에 따라 다르게 되겠지만, 어쨌든 구원받지 못할 이는 하나도 없을 것으로 믿는다고 하면서「만인구원론」을 제창했다. 그리고 인류 중에 한 사람이라도 멸망할 사람이 있다면 나의 구원을 믿을 수 없게 된다고 했으며, 성서에도 소수, 다수구원론이 다 상당한 근거가 있다고 주장하면서, 다만 각자의 받은 바 은혜에 따라 믿음의 태도를 결정함이 좋을 것이라고 했다.[69]

특히 김교신은 일종의 상품과도 같이 또는 생명보험에 든 자가 사후의 계약금을 받는 것같이 사료되는 기존의 기독교 구원론에 대해 흥미를 가지지 못했다. 과거에 어떤 시기에는 자신도 자신의 구원 여부가 주야로 염두에 있는 최대 문제였지만, 현재의 자신에게는 그보다 더 절박한 문제가 목전에 급한 형세로 임하였으므로 사후 구원 문제 같은 것은 신학교 선생들에게 답안 작성을 위탁하려는 심경에 이르렀다고 고백했다. 그리하여 그의 관심은 사후 구원문제에 있었던 것이 아니라, 오늘을 어떻게 싸울까, 이 순간 내가 주 예수 그리스도를 믿고 있는가에 있다고 주장했다. 그리하여 그는 "만일 내가 날마다 순간에 주 예수 그리스도로 말미암아 하나님을 믿는 믿음에 있고, 그 결과로 매일 사람답게, 하나님의 자녀답게 인생을 생활하며, 죄와 세상을 이기고 개선할 때에 그 보답으로써 주께서 나를 지옥에 넣어 영원히 멸망케 하신다면 그것도 또한 소원이다…그러므로 번민하는 형제의 여간한 간청이 아니고는 사후 구원, 수의 다소 등을 계산하여 볼 여유가 없다"고 일기에 썼다.[70]

---

69)「다수 구원론」, 노평구 엮음,『김교신 전집』2, 신앙론, 149-150쪽.
70) 노평구 엮음,『김교신 전집』5, 일기 1, 88쪽; 김정환, 앞의 책, 68-69쪽, 242쪽.

김교신은 사후 문제에 대해 "공자는 자로의 질문에 대답하였다. 「삶도 모르는데 죽음을 어찌 알랴」라고…동양 성현의 교훈을 그대로 마음에 새겨 이 사후의 문제는 다시 염두에 떠오르게 말고 현재의 생만 보고 살기를 원한다. 아. 얼마나 단순하고 행복스러운 인생이 될까"라고 언급했다.71)

김교신의 관심사는 사후 성불의 문제가 아니었고, 철두철미 현생의 문제에 집중하는 것이었다. 사후에 천사로 화하거나 혹은 지옥열화 중에 태워지거나 이는 그의 최대 긴급한 문제가 아니었다. 사후 혹은 내세 운운 하는 것은 그를 위로하지 못할 뿐만 아니라, 실망이 아니면 분개를 더할 뿐이었다. 그가 원하는 것은 사후의 성화나 내세의 약속이 아니라, 어떻게 하면 그의 현재의 육체와 심정 그대로를 가지고서 현생에서 하루라도 완전에 달성하는가가 그의 최대 관심사였다. 기독교가 만일 이 요구에 응하지 못한다면 그는 더 오래 기독교에 머물러 있을 필요가 없다고 말했다.72)

그리하여 김교신은 조선 기독교도들이 흔히 사용하는 천당이라는 말은 여러 가지 오해를 연상케 한다고 하면서 천당이라는 말 대신에 원어의 뜻에 가장 가까운 천국이라는 말을 즐겨 쓰고자 한다고 했다. 이는 은둔적이요 신비적인 모든 이교적 종교와는 근본적으로 다른 기독교의 구원관, 즉 그리스도 왕국이 현실에 임한다는 사상이 이 천국이란 한마디에 잘 나타나기 때문으로 보았다.73)

한편 김교신은 무교회주의자는 자기를 버리는 '신절대중심주의'

---

71) 「영혼에 관한 지식의 어제와 오늘」, 김교신(노치준·민혜숙 옮김), 『조와』, 19쪽.
72) 노평구 엮음, 『김교신 전집』 2, 신앙론, 127-129쪽.
73) 위의 책, 181-182쪽.

기치 아래 하나님 이외의 어떠한 존재도 두려워하지 않으며, 모든 것으로부터 독립된 인간으로서 살아가야만 한다고 주장했다. 더욱이 그는 무교회주의자가 일상생활에 임할 때, 일상생활의 의무를 하나님의 편재적(偏在的)인 눈 아래에서 행해야 한다고 말했으며, 일상의 일거수일투족을 근면과 성실함을 갖고 행할 것을 강조했다. 또한 직업생활은 종교적 성자를 자칭하여 자만과 위선에 떨어지게 하는 '신앙병'으로부터 그리스도인을 지키며, 평범한 생활인으로서의 건강함을 견지하게 하는 것으로서 중요시했다. 또 근로와 노동의 생활을 중요시하여, "일하기 싫은 자는 먹지도 말라"라고 말하며 일생을 천막직인으로 근로하면서 독립생계를 유지했던 바울을 그리스도인의 모범으로 보았다. 김교신은 스스로의 근로에 의한 경제적 독립이 영적 독립의 기초를 이룬다고 생각하고, "30세에도 독립생활을 못할 만한 자이거든 다시는 성령을 논하지 말고 성서를 강의하지 말라. 논의치 않는 것이 하나님께 대한 최대의 봉사니라"라고 말했다.[74]

그리고 김교신과 무교회주의자들은 "우리는 부흥회 참석보다 성서주석 박람보다도 먼저 필사적 노력을 다하여 최소한도의 독립생계의 기초를 확립하고, 누구에게든지 굴하지 않을만한 현실생활을 기도함으로써 인간의 의무로 알 것이다"라고 주장했다. 이러한 일상생활이 곧 신앙의 현실화이자 생활화의 중대사라고 했다.[75]

김교신은 1939년 3월 26일 일기에서 "크리스천이란 세상을 등지고 신선생활하는 자가 아니고, 이 세상 직장에서 그리스도로 옷을 입고 꿋꿋이 싸워나가려는 자임을 밝히 깨달았습니다"라고 말했다.[76]

---

74) 양현혜, 「김교신과 무교회주의」 1, 앞의 잡지, 118-119쪽.
75) 「현실생활과 신앙」, 『성서조선』 108호, 1938.1, 2쪽.

김교신은 소위 찬송가와 기도만 하는 것이 건전한 신앙생활은 아니라고 주장했다. 일정한 직업, 특히 농공상의 직을 가지고 이마에 땀 흘리는 생활이 심령의 보건에도 대단히 필요하다고 주장했다.[77]

더 나아가 김교신은 무교회주의자는 시간을 사용하는 데에도 특별한 규율이 필요하다고 보았다. 그는 사교 등의 세속적인 향락은 시간을 무용하게 만드는 것으로 신앙생활에도 해악을 미친다고 생각했다. 도덕적 감각이 결여된 예술작품이나 인간의 감성적 충동을 그대로 미화시킨 문학작품 등은 거짓 예술작품으로 간주했고, 또 영화나 춤 등도 향락적 문화주의의 산물이라고 보았다. 그는 근대 서구문명이 만들어낸 인간중심주의적인 취미를 위한 시간은 일초라도 절약하고, 사람에게 봉사하는 노동과 진리탐구 등 하나님을 기쁘게 하는 일에 시간을 사용할 것을 강조했다.[78]

이밖에도 김교신은 신앙생활에 일요일을 거룩히 구별하는 일, 다시 말해 안식일을 지키는 일은 절대 필요하다고 주장했다. 이는 사수해야 할 일이라고까지 언급했다. 신앙에서 타락하는 사람의 십중팔구는 일요일의 세속화가 그 출발점이라고 했다. 그런데 일요일을 거룩히 구별하기 위해서는 토요일을 거룩하게 구별하는 일이 꼭 필요하다고 보았다. 토요일이 유흥과 사교의 날로 통용되는 우리 불신 사회에서 토요일을 성별하기는 어려운 일이나, 그래도 토요일이 성별되어야만 일요일이 살아나고, 일요일이 살아야 1주간이 살고, 일생이 살아나고, 내생이 확보된다고 주장했다.[79] 그리고 그는 그리스

---

76) 박찬규 엮음, 『김교신 거대한 뿌리』, 익두스, 2011, 280쪽.
77) 김정환, 앞의 책, 68쪽, 241쪽.
78) 양현혜, 「김교신과 무교회주의」 1, 앞의 잡지, 119-120쪽.
79) 「1년의 계획」, 김교신(노치준·민혜숙 옮김), 『조와』, 199쪽.

도를 믿지 않는 일이 인생의 최대의 죄악이라고 하면, 이는 소수의 열광적인 기독신도의 망상이요, 편협인 듯이 보이나, 그러나 우주를 창조하신 하나님이 존재하신 이상 이 일은 할인할 수 없는 사실 그대로이다라고 말하기도 했다.[80]

이처럼 김교신의 구원론은 일상의 근면과 성실함을 가지고 직업생활에 충실하면서 평범한 생활인으로서의 건강함을 견지하는 것이었으며, 아울러 교회 밖에서 그리스도인으로서의 책임감과 성실함이 가득 찬 「윤리적 금욕주의」라고 말할 만한 경건생활과 엄격하고 규칙적인 신앙생활 속에서 이루어지는 것이었다.[81]

그리하여 김교신에게 진정한 구원을 얻는 일이란 여호와를 향한 무한한 감사 중에 자기와 우주를 새로 발견하는 일이었던 것이다.[82]

(2) 사회개혁론

1) 조선의 현실

『성서조선』1934년 9월호에 실린 「조선의 빈곤상」이란 글에 보면, 조선의 빈곤상은 그 다다를 수 있는 바닥에 달한 정도이며, 혹시 천만인 중에 부유한 자 있다면 그들은 이른바 「밥이나 먹는다」는 정도에 불과하다고 묘사했다.

특히 무교회주의 세력인 정상훈은 『성서조선』에 다음과 같이 「조선의 장래와 기독교」란 글을 게재했다. 여기에 나타난 식민지 조선

---

[80] 「최대의 죄악」, 노평구 엮음, 『김교신 전집』 2, 신앙론, 51쪽.
[81] 양현혜, 「김교신과 무교회주의」 1, 앞의 잡지, 120쪽.
[82] 「절대한 감사」, 김교신(노치준 · 민혜숙 옮김), 『조와』, 48쪽.

의 모습에 대해 묘사한 것을 보면 다음과 같았다.[83]

> "조선의 형편이 어떠하며 우리 형제들의 살림살이가 어떠합니까? 아마「말이 아니다」하는 것이 그 정황을 쉽게 나타내는 말이겠지요. 파멸의 마수가 와서 거머쥐려 하는데 아니 거머쥐려고 손부림 발버둥치지도 못하고 쥐이고 마는 것이 우리의 현상이겠지요. 과연 행로난 생활난의 소리는 도시나 농촌이나 산간이나 들이나 북에서나 남에서나 우리 형제의 발길이 미치는 곳에서는 그 어디임을 막론하고 똑같이 시끄럽고 슬프게 울리는 바 되지 않습니까. 동서남북은 들에 황금 물결이 치는 백곡을 보고 기쁘게 격양가를 부르지 못하고 공복을 움켜쥐고 눈물을 흘리며 애가를 부르는 것이 농촌의 실황이 아닙니까. 태평하고 풍년이라 하는데도 밥을 못 얻어먹고 들풀을 뜯어다가 죽을 쑤어서 연명하는 것이, 아니 그것조차 하루에 세 끼 다 찾아먹지 못하고 하루에 한 끼 혹은 두 끼로 근근이 연명하는 것이 우리 살림이 아닙니까."

이렇게 당시 식민지 조선의 현실을 밝히면서도, 정상훈은 이러한 현실에 대처하는 조선인들의 처신에 대해서 매우 부정적이었다. 즉 이러면서도 놀고먹는 고등생활, 의무를 수반하지 않는 권리만을 주장하는 생활을 이상생활이라 생각하는 것이 조선민족의 일반적 경향이라고 했다. 그리하여 가치판단은 전도되었으며, 영예로운 자주자립의 생활은 흙구덩이에 버려지고, 치욕의 극인「기생충」같은 생활은 만인의 동경하는바 되고, 그 세상을 구가하는바 되었다고 했다. 이에 이르러 민중은 미신과 요행심에 의탁하고 식자는 사기, 음

---

83) 김정환 엮음, 『성서조선 명논설집』, 한국신학연구소, 2003, 107쪽.

모술수에 그 수단을 구한다고 했다. 더 나아가 어느 서양 역사가가 지적했듯이 조선인은 세계에서 가장 완고한 민족이라 하는 중국인보다 더 완고한 민족이라고 생각했다. 그러면서 이러한 사회나 민족이 번영할 리가 없으며, 이러한 상태가 오래가면 그 사회나 민족이 쇠멸해 갈 것은 필연의 운명이라고 주장하면서, 이러한 운명에 당면한 자가 바로 조선민족이라고 했다.[84]

이외에도 도덕이 퇴폐하고 종교 또한 부패해 버리고 말았으니, 이 민족이 어디로 갈 수 있겠는가라고 하면서, 정상훈은 "아 멸망이외다. 멸절이외다. 이렇게 애통하게 외치는 나도 멸절이요, 나의 이 애달픈 외침을 듣는 여러분도 멸절이외다"고 외쳤으며, 어떻게 이 흉흉한 거친 물결을 막아낼 수 있으며, 정복하여 다시 신생의 국면으로 개척할 수 있을까를 물었다.[85]

이러한 인식은 조선사회의 빈곤상의 원인을 일제 식민통치의 구조적인 문제로 보는 것이 아니라, 조선인의 부도덕한 심성에서 찾는 것이었다. 이는 일제 식민통치에 대한 비판 대신 조선인을 비판하는 것으로 민족해방운동과는 거리가 먼 것이다. 더 나아가 이러한 인식은 일본사회에 대한 우치무라의 비관적 인식을 그대로 닮은 것이기도 했다.

2) 사회개혁론

정상훈은 물론 조선인 중에는 이 역경을 극복하려고 발분 노력하여 민족의 통일, 단합하여 공동전선에 세우려는 사회혁명의 소리가

---

84) 위의 논설집, 107-108쪽.
85) 위의 논설집, 109-110쪽.

있다고 했다. 그러나 온 민족을 단합하여 공동전선에 세우기 전에, 그 탄압과 통일을 절규하며 동지를 구하려고 바다로 땅으로 헤매는 선각자들 자신 안에서 벌써 서로 찢고 싸움이 멎지 않는 현상이 나온다고 지적했다. 그러므로 그는 조선민족의 통일과 단합을 꾀하기 전에 해결할 문제가 있다고 주장했다.[86]

사회혁명을 부르짖는 혁명가들은 경제조직을 통해 이상적인 사회는 완성된다고 생각한다는 것이다. 즉 사회의 토대인 경제조직 즉 생산관계가 혁명되면 그 상부건축인 의식형태, 즉 정신문화는 자연히 변혁된다고 주장한다는 것이다. 그러나 정상훈은 이들은 적어도 생명의 위력을 모르고, 생명의 원천에서 마시고 나온 민족의 역사를 읽지 못한다고 보았다. 즉 경제조직의 혁신으로 조선민족처럼 게으르고 의뢰심 많고 완고하고 용기 없고, 기백 없는 민족에게 새 생명을 넣어주고 이 민족을 구원하겠다 함은 웃음거리일 뿐이라고 했다. 또한 문예운동으로 민족정신을 개조하고 민족갱생의 길을 찾자고 말하는 사람들 역시 이와 다를 것이 없다고 했다.[87]

이에 정상훈은 "우리 조선 사람은 송장이 아니면 죽음의 위기에 있다고 대담하게 단언합니다. 아니 기독교적 입장에서 보지 않는다 하더라도 희망도 없고 목적도 없는 자를 죽은 자로 보는 것은 당연하지 않습니까"라고 하면서, 현재 우리 민족이 당하는 환난과 고난은 하나님의 구원의 예표라고 했으며, 지상의 소망을 앗아버린 것은 천상의 영원한 빛나는 소망을 얻게 하려 함이라고 했다. 즉 하나님은 조선민족으로 하여금 외적 운동을 중지하고, 안으로 성찰할 기회

---

[86] 위의 논설집, 110쪽.
[87] 위의 논설집, 110-111쪽.

를 얻어 생명추구로 방향전환을 시키려 한다고 주장했다. 신생명을 부여하고 그 생명에 맞는 신제도와 신조직을 더하게 하여 주시기 위한 뜻이 있다는 것이다. 그리고 그 생명의 원천은 바로 하나님이라고 주장했다. 우리의 모든 고통, 우리의 죽음, 이 모든 것의 근원을 캐어보면 인류가 생명을 잃고 하나님과의 올바른 관계를 잃은 것에 귀착된다고 주장했다. 그러므로 인류가 다시 한 번 생명을 가지려면, 생명의 창조주인 하나님에게서 다시 한 번 생명의 부여를 받아야 한다고 주장했다. 그리고 그 새 생명은 바로 그리스도를 믿고 아는 것이라고 했다. "내가 곧 길이요 진리요 생명이다" 하신 그리스도가 생명의 원천이요, 또 생명의 길이요 생명의 양식이라는 것이다. 그리하여 자아를 겸허히 하고 그리스도를 영접하여 우리의 주재자가 되게 하는 것이 곧 생명에 이르는 길이자, 조선민족이 새롭게 갱생하는 근본적인 길이라고 했다. 그 생명이 곧 우리 안에서 역사를 시작해야 우리의 세계관과 인생관을 근본적으로 변혁시킬 수 있다고 했다. 그리고 이 생명이 개인과 민족을 구원할 힘이 된다고 주장했다.[88]

그러므로 정상훈은 형식과 의식과 습관성에서 떠나 영과 진실함으로 예배하는 영적 종교, 생명의 종교, 즉 예수 그리스도에게 나아가서 명실상부한 하나님이 가납하는 신자가 되어야 한다고 역설했다. 그리고 내 개인이 취하는 이 태도가 우리 민족의 부활과 영광이 된다고 보았다. 이것이 하나님이 빈사상태에 빠진 조선민족에게 가르쳐 주시는 유일한 활로라고 확신했다.[89]

---

88) 위의 논설집, 112-119쪽.
89) 위의 논설집, 120-121쪽.

김교신의 동인인 양인성도 대저 신앙이란 개인적인 것으로서 하나님과 나 사이의 밀접한 관계라고 보았다. 이 관계를 회복시켜 자기 영혼의 구원을 이룩하지 않고 다른 어떠한 사회개량이나 국가경제를 한다는 것은 결국 자기도 버리는 실패를 낳게 된다고 주장했다. 하나님은 온갖 것을 다 막으셨지만, 갱생할 수 있는 한 가지 길만은 우리에게 충분하게 열어 놓으셨다는 것이다. 그것은 곧 예수 믿는 길이며, 하나님을 찾는 길이라고 강조했다.[90]

그리하여 김교신은 개인과 가정의 구원, 사회와 국가의 융성은 모두가 건전한 도덕생활의 기초 위에 서지 않으면 안 된다고 보았다. 시대가 변하고 인물이 달라도 이스라엘 예언자의 일관된 슬로간이 있으니 이는 도덕생활을 회복하라는 것이었다고 했다. 말라기서에 "가정의 구원은 부부의 경건한 생애와 부자의 효도에서부터 시작한다"고 했으며, 사회와 국가의 중흥은 당시의 지도자 계급이었던 제사장들의 성결한 생활에 달린 것이라고 경고한 것도 마찬가지라고 했다. 건실한 도덕생활로 돌아오기만 하면 난마같이 된 당시의 유대민족이라도 갱생의 업이 땅 짚고 헤엄치기보다 더 쉬운 일이라고 했다. 이것이 예언자들의 확신이요 기독교의 항구 불변하는 원칙이라고 했다. 그리고 도덕이란 생활의 근본방침에 있어서 하나님께 대한 태도, 곧 신앙이 도덕이라고 했으며, 하나님을 경외하고 이웃을 자기처럼 사랑하는 것이 도덕의 시작이요, 신앙의 완결이라고 주장했다. 하나님과의 바른 관계, 이것이 도덕의 총화요, 갱생 융성의 원동력이라고 외쳤다.[91]

---

90) 위의 논설집, 135-137쪽.
91) 「예언자의 소리」, 노평구 엮음, 『김교신 전집』 1, 인생론, 196-197쪽; 「예언자의 소리」,

그러면서 김교신은 금일 조선인의 제일 급선무는 먼저 회개하는 데 있다고 주장했다. 즉 신 앞에서 자신의 죄를 인식하고 회개하여 신과 사람 사이의 정직성과 사람과 사람 사이의 신실성, 이 두 가지를 획득해야 한다고 했다. 이 두 가지를 결핍한 개인들을 모아 완전한 조직체를 이루려 함은 마치 시멘트를 섞지 않고 모래만으로 조합하려는 것과 같다고 주장했다.[92] 즉 기독교는 무슨 주장이나 운동이 아니며, 진리와 생명임을 주장하면서, 회개하고 순종함이 신앙의 유일의 조건이요, 유일의 길이라고 주장했다.[93]

이러한 김교신 등의 사회개혁론에 대해 김정환은 세속사적인 독립방략보다 더욱 차원 높은 사상 및 독립방략을 모색했다고 하면서, 그것은 우리 민족이 세계사에 기여해야 할 고유 독특한 세계사적 사명을 자각하고 정립하고 이러한 민족의 섭리사적 존재이유에서 민족의 세속사적 독립을 꾀하려 한 것이라고 주장했다. 민족을 통해서 신의 섭리를 자각하고, 민족을 통해서 세계사의 발전에 이바지해야 한다는 것이 김교신의 생각이었다는 것이다.[94]

이상과 같이 김교신의 구원론은 우치무라의 사상에 기초하여 구원은 오직 예수 그리스도에게 있다는 것을 분명히 하면서도, 당시 현실상황에서 예수 그리스도가 아닌 교회를 구원의 통로로 보는 기존의 신앙에 지극히 회의적이었다. 그는 구원은 오직 예수 그리스도가 주는 은혜의 선물이기 때문에, 교회 밖에도 구원이 있다는 신앙

『성서조선』 104호, 1937.9, 198쪽.
92) 김교신, 「조선인의 소원」, 『성서조선』 6호, 1928.11, 2쪽.
93) 이찬갑, 「부녀는 교회 가운데서 잠잠하라」상, 『성서조선』 84호, 1936.1, 11쪽.
94) 김정환, 앞의 책, 25쪽.

관에 기초하고 있었다. 그리고 하나님의 사랑이 모든 사람에게 나타나 구원한다는 「만인구원론」까지 주장했다.

또한 김교신은 사후 구원문제에는 관심이 없었고, 다만 예수 그리스도를 믿고 있는가라는 현재의 완전한 삶, 그리스도인으로서의 책임감과 성실함이 가득한 윤리적 금욕주의의 삶을 통해 구원이 이루어진다고 보았다. 따라서 이러한 신앙관에 따라 그는 근로와 노동의 생활을 중시했으며, 근로에 의한 경제적 독립이 영적 독립의 기초를 이룬다고 보고, 근로하면서 독립생계를 유지하며 그리스도를 전한 바울을 그리스도인의 모범으로 생각했다.

따라서 구원에 관한 김교신의 관심과 흥미의 중심은 예수와 성서에만 있었으며, 교회에 있지 않았다. 이는 곧 종교개혁을 통해 하나님 앞에서 기독인의 삶과 인격을 변화시켜 자기와 우주를 새롭게 발견하고 자기변혁과 세계변혁을 이루는 것을 의미했다.

특히 김교신과 무교회주의자들의 사회개혁론은 식민지 조선의 현실을 구조적인 측면에서 바라본 것이 아니라, 조선인의 도덕생활의 문란으로 보았다. 그리고 도덕이 곧 신앙이라고 했으며, 도덕과 신앙의 완결은 자신의 죄를 인식하고 회개함으로써 하나님과의 바른 관계를 회복하여 하나님을 경외하고 이웃을 사랑할 수 있는데, 이것이야말로 조선민족을 살리는 원동력이라고 주장했다. 이는 예수를 믿고 자기개조를 통해 사회개혁을 실현시켜 나간다는 것이었다.

그런데 사회제도나 그 조직의 문제인 물질적인 문제는 삶의 다른 부분들이 세워지기 위해 가장 기본적으로 필요한 기반이다. 삶의 실제적인 문제들은 물질적이고 정치적인 것임에 분명하다. 진짜 문제는 먹고 자고 입는 문제이며, 우리 공동의 노력을 어떻게 조직할 것인가하는 문제인 것이다. 이런 문제들은 철학이나 종교적 믿음이 아니라, 실제적 삶의 경험과 기술로 해결될 수 있다.[95]

특히 도덕적 압력에 근거해서 사회질서를 세운다고 할 때 진짜 어려운 점은, 이런 생각 속에는 이미 모든 사람이 도덕적이라는 전제가 깔려 있다는 것이다. 그런데 인간은 선해지기가 너무도 어렵다. 부인할 수 없는 증거들은 현명하든 이상주의적이든 종교적이든, 모든 인간 안에는 쉽게 통제되지 않는 깊은 본성적 힘이 있어서, 우리는 자주 우리가 원치 않는 이기적 행동을 하게 된다는 사실이다.[96]

그러나 사회적 법과 질서의 가장 궁극적인 뿌리는 자아의 도덕적이고 종교적인 깊이, 즉 협동과 나눔의 근간인 데까지 내려간다. 그리하여 도덕적인 건강함이 없다면, 즉 도덕적 결함은 물질적인 공급이나 혜택이 결여된 것과 마찬가지로 공동체는 아무 힘도 발휘하지 못하게 된다. 즉 도덕성은 인간이 이성적으로 살아가는 데 가장 필수조건인 것이다.[97]

따라서 물질과 도덕은 별개의 것이 아니다. 공동체를 구성하고 공동체의 이상을 실현시켜 나가기 위해서는 양자가 모두 필요하다. 이런 점에서 기독교 도덕론자들은 단지 천국에 복을 쌓는다는 개인적 공로주의나 개인적 의에 입각한 것에서 벗어나, 개인의 도덕성뿐만 아니라 사회구조에도 큰 관심을 가져야 한다.[98]

이런 점에서 김교신과 무교회주의자들의 사회개혁론은 일제 식민

---

95) 랭던 길키(이선숙 옮김), 『산둥수용소』, 새물결플러스, 2015, 145쪽, 149-150쪽.
96) 위의 책, 311쪽, 450쪽.
97) 위의 책, 154쪽, 186쪽, 321쪽.
98) 위의 책, 154쪽, 217쪽.

통치의 구조적이고 물질적인 제도에 대한 비판이나 개혁방안이 아니라, 신앙과 도덕 중심의 일면적인 측면만을 강조하는 한계를 지니고 있다.

2. 기독교 비판

(1) 성공주의 비판

우선 김교신은 기존의 기독교가 세속주의 및 사업주의에 물들어 성공에 열중하는 것을 비판했다. 그는 다음과 같이 주장했다.[99]

> "조선에 기독교가 들어온 지 반세기가 되는데 처음부터 끝까지 염려한 것은 '성공' 두 글자였다. 자기네들끼리 염려하다가 못하여 길가의 돌덩이 같은 평신도까지 붙잡고 성공, 성공, 또 성공이다. 이럴 때에 성서의 진리성이 절절히 감명된다."

여기서 김교신은 성공이란 대체 무엇인가라고 물으면서, 잡지의 발생부수가 수백 혹은 수천 부에 달하고 웅대한 회관과 대중 집회를 인도하게 되는 것이 과연 성공일까? 라고 반문했다. 그러나 대사도인 바울의 일생에는 소위 성공이란 것은 전연 없었다고 주장했다. 세상의 안목으로 보면 바울의 생애는 실패의 일생이었다. 그러나 바울 자신은 결코 실패라고 생각지 않았다고 했다. 그는 선한 싸움을

---
99) 「제자된 자의 만족」, 김교신(노치준·민혜숙 옮김), 『조와』, 31쪽; 김행선, 『한국개신교의 수용과 성장 그리고 비판』, 선인, 2018, 191-192쪽.

싸우고 달려갈 길을 다 가고 믿음을 지켰으니, 이제 후로는 의의 면류관이 그를 위하여 비치되었다고 말했다는 것이다.[100]

김교신은 기독교에 있어서 성공이라는 것을 양적인 성장으로 보았으며, 아동 주일학교에서 헌금을 많이 내는 아이에게 선물을 준다든지 특별히 우대한다는 교회의 금전에 구애받는 행위는 「종교의 옷을 빌린 천박한 사업주의」라고 비판했다.[101]

그리고 김교신은 이같이 성공주의나 사업주의에 기반을 둔 기독교의 행태에 대해 임의로 진리를 확인하고 자기류의 처방으로 세상을 미혹하며, 소경이 소경을 인도하여 둘 다 구덩이에 빠지는 격이라고 비판했다. 또한 그는 성공한 수백 수천 명의 전도자보다 실패한 스데반 한 명이 이 백성 중에 출현하기를 소원한다고 호소했다.[102]

그러면서 김교신은 다음과 같이 결론을 맺고 있었다.

"그러므로 성공의 비전에 그처럼 큰 흥미를 가지지 못함을 용납하라. 우리는 스데반의 뜻밖의 죽음에서 성공을 본다. 사도 바울의 적막한 생애에서 승리의 면류관을 본다. 여우도 굴이 있고 공중에 나는 새도 집이 있으되 오직 인자는 머리 둘 곳이 없다 하시고, 나중에 십자가 위에서 참패의 죽음을 당하신 예수 그리스도 안에서 성공의 열매를 보고 우주 정복의 진리를 보았다. 첫째도 진리, 둘째도 진리, 셋째도 진리이다. 진리를 배우고 진리에 살아가면 실패도 성공이요, 십자

---

100) 「제자된 자의 만족」, 김교신(노치준·민혜숙 옮김), 『조와』, 31-33쪽; 김행선, 위의 책, 192쪽.
101) 이진삼, 「김교신의 1930년대 교회비판연구」, 감리교 신학대학교 신학대학원 역사신학전공 석사학위논문, 2001, 50쪽; 양현혜, 『윤치호와 김교신』, 181쪽; 김행선, 위의 책, 192쪽.
102) 「제자된 자의 만족」, 김교신(노치준·민혜숙 옮김), 『조와』, 32-33쪽; 김행선, 위의 책, 192쪽.

가도 성공이다. 예수께서 주관한 잡지가 수천 부의 독자를 가졌던가? 예수께서 소유하였던 회당이 얼마나 크고 넓었던가? 예수께서 소속하였던 교파의 교세가 수십만을 세었던가? 우리는 식견이 좁아 알지 못한다...예수 이외의 길을 구하지 않고 스승보다 나은 성공을 원치 아니하니 제자의 만족이 여기에 있노라."103)

김교신은 이러한 사업주의나 성공주의의 관점에서 현대는 상하대소의 구별 없이 모두 이권관계로 맺어져 있다고 보았다. 나라와 나라 사이도 이권으로 다투고, 이권으로 친화하며, 대신과 교장 및 그 밖에 온갖 유리한 지위도 이권화하지 않고 남은 것은 없다고 보았다. 심지어 기독교회의 선교사업까지도 이권화 하여 버렸다고 한탄했다. 그리하여 대체로 「유용」, 「무용」이라는 문구가 매우 의미심장한 문자인 것을 발견했다고 하면서, 「쓸데 있는 것」과 「쓸데 없는 것」을 민첩하게 판별하려는 것은 모든 공리주의자의 속성인 동시에 직업적 종교가의 염두에서 잠시라도 떠나지 않는 근본사상이 되어 버렸다고 주장했다.104)

『성서조선』 52호(1933.5)에 실린 「조선교회와 교권자 제위께」라는 글에 따르면 현대 조선교회는 그 종교생활의 중심을 사업활동에 두어 심령은 그 기관에 종이 되어 있고, 사업은 현대 교회 내의 우상이 되어 있어, 각 개인 심령의 생명유무는 등한시 혹은 망각되어 있는 것이 심하다고 했다. 그리하여 무교회주의자들은 이러한 현상을 기독교의 본말이 전도된 현상이라고 보았으며, 이는 근본이 아니고 종

---

103) 「제자된 자의 만족」, 김교신(노치준·민혜숙 옮김), 『조와』, 34-35쪽; 김행선, 위의 책, 193쪽.
104) 김교신(노치준·민혜숙 옮김), 『조와』, 55쪽, 57쪽; 김행선, 위의 책, 193쪽.

교도 아니라고 주장했다. 우리 존재의 목적은 각 개인의 심령 안에 성령으로 말미암은 그리스도 생명이 있느냐 없느냐가 근본문제라는 것이다.

또한 『성서조선』 96호(1937.1)에는 「교회당건축문제」에 관한 글이 실려 있다. 이에 따르면 당시 기성교회들은 이러한 사업주의 및 성공주의에 기반을 두어 교회당 건축문제에 집중하고 있다고 비판했다. 이는 마치 이스라엘 백성들이 금송아지에 열중하듯 없는 힘을 쥐어짜서라도 전 역량을 다해 교회당을 지으며, 그것으로 신앙을 저울질한다고 지적했다. 그러나 이러한 교회당 건축문제는 성경에도 근거가 없는 것으로써 중요한 것은 오직 그리스도의 복음과 신앙만이 본질적 문제라고 주장했다.

특히 김교신은 미국 기독교로부터 많은 영향을 받은 조선 기독교인에게는 비기독교적인 요소가 적지 않다고 보았다. 예를 들어 교회 관계 잡지의 발행부수와 광대한 교회의 건축 또는 종교 집회에 있어서 신자 동원 수로써 교회의 성공 여부를 판가름 하는 조선 기독교회의 사업주의나 성공주의는 미국적 기독교의 영향이라고 보았다.[105]

김교신은 미국 기독교는 원래의 그리스도교의 모습이 아닌 황금, 스포츠, 오락, 사교술 같은 세속적인 사업주의와 사교주의적인 것이 주류를 이루고 있다고 보았다. 그리하여 교회는 자본주의와 물질만연주의, 그리고 성공주의로 가득 차 그리스도의 복음은 어디에서도 찾아볼 수가 없다고 보았다.[106]

김교신은 조선의 기독교가 완전하게 성장하려면 이러한 미국식

---

105) 양현혜, 『윤치호와 김교신』, 181쪽; 김행선, 위의 책, 194-195쪽.
106) 김행선, 위의 책, 195쪽.

기독교를 근본적으로 조선의 기독교와 분리시켜야 한다고 하였다.[107]

이상과 같이 김교신은 기존의 기독교가 자본주의의 노예로 전락하여 자본주의의 논리인 성장주의나 사업주의에 치중하고, 이권화되었다고 비판했다.

(2) 교역자들과 교파주의 비판

『성서조선』99호 17면에 게재된 최홍종 목사의 「교역자의 반성과 평신도의 각성을 촉구함」이라는 글에 따르면, 현하 조선교회의 정세와 교역자의 과오를 지적하여 지도층의 반성과 평신도의 각성을 촉진하고자 했다. 조선교회가 특수한 은혜를 받아 반세기 동안 장족의 발전을 해서 조직적 전개가 민활하여 역사적 고구와 신학제도와 예배 규범과 권징 조례와 정치며 헌법이며 규칙이며 회규며 제반 법률적 제도가 옛날 유대교나 로마교 교권만능주의 선배들보다도 더 예리하고 냉민(冷敏)하여 놀라운 재간과 지식과 수단을 가진 교역자들이 많이 출현했다고 했다. 그러나 목자들은 대개가 삯꾼이므로 고용적 행세를 종종 발휘한다고 보았다. 양떼를 위해 희생하기 보다는 각자의 명리를 위하여 영리적 목자들이 대량생산됨이 현금 조선교계의 상태라고 주장했다.[108]

특히 교역자들이 회합하는 곳마다 시기, 분쟁, 충돌, 기만, 중상 등 성서진리에 배치되는 부도덕, 무의의(無義誼)한 행동을 성회라고 부

---

107) 이진삼, 앞의 논문, 49쪽; 김행선, 위의 책, 195쪽.
108) 노평구 엮음,『김교신 전집』6, 일기 2, 부키, 2002, 189-190쪽; 김행선, 위의 책, 195-196쪽.

르는가 하면, 조선 교회 내막을 살핀다면 진정한 예수 그리스도의 주의는 없으며, 성서 교훈을 실현하지도 않는다고 했다. 즉 "이 백성이 입술로는 나를 공경하되 마음으로는 나를 멀리하도다. 사람이 명한 것으로 도를 삼아 헛되이 나를 경배하는 것"이라 하신 말씀이 현하 조선 교회의 모습이라고 주장했다. 외관으로는 화려한 예배당과 부속사업이 많고 회당, 노회, 총회 혹은 대회, 연회 등 법적 조직이 정연하고, 영웅 신사벌의 교역자들이 500 나한(羅漢) 같이 몸가짐이 위엄 있고 질서정연하되, 그 맺힌 열매는 공과허실이 많고 잎만 무성한 무화과수이다. 순진한 양떼에게서 젖을 짜고 털을 깎고 수단방법을 다하여 빨아내고 짜내어서 각자의 배를 채우고, 이익과 명예를 위하여 다방면으로 활용하되, 양떼는 수척하고 미약하며 영양결핍에 빈혈과 기갈이 극심함을 깨닫지 못하고 있다는 것이다. 이들 교역자들은 양의 옷을 입은 이리에 불과하고, 교회나 노회나 총회나 대회 등을 영웅 신사벌을 양성하는 무대로 삼고 제반 활동을 다하여 분쟁, 기만, 음모, 궤휼과 민중이간을 일삼는 것이 현하 조선 교회에 등장한 영웅 목사들의 능사라고 비판했다.[109]

무슨 단이니 무슨 회니 하고 평신도를 충동하는 것도 그네들이요, 교회끼리 신도끼리 서로 의아와 원우를 품고 대립하게 하는 것도 그네들이요, 교육사업에 명예적 야심을 품고 덤벼들어 통일을 방해하는 것도 그네들이라는 것이다. 따라서 조선교회가 좀 더 성화하고 「순복음적」바른 길로 진전되려면, 현하 교계를 교란하는 등장인물들이 퇴장하고, 「순복음적」 신진 교역자들이 봉역 하여야 한다고 주

---

109) 노평구 엮음, 『김교신 전집』 6, 일기 2, 190-191쪽; 김행선, 위의 책, 196쪽.

장했다.110)

따라서 평신도들은 심사 고구하여서 예수 그리스도의 몸된 교회를 위선적 가목자들에게 전임하고 관광만 할 것이 아니라, 노회나 총회를 혁신 개조하는 데 착안함을 복기(伏祈)한다고 주장했다.111)

이처럼 교역자들이 양떼들을 위해 목숨까지도 아끼지 않는 좋은 목자가 아니라, 각자의 명리만을 위하는 「양의 옷을 입은 이리」에 불과하다는 비판은 일본 강점기 시대뿐만 아니라, 오늘날의 교회에도 해당되는 것이라 할 수 있다.112)

한편 김교신은 교회의 교파주의도 문제 삼았다. 1920년대 후반에서 1930년대 전반에 이르는 시기에 조선교회는 신학적 갈등이라는 내적 대립현상이 첨예하게 드러났고, 이와 관련되어 교파 간 갈등의 여러 징후들이 나타났다, 그 양상은 장로교·감리교 연합으로 표현되어 온 교회연합운동이 교파교회의 이권분쟁으로 인해 와해되는 현상이 나타났고, 교회 안에서도 신앙·신학적 갈등과 지방색이 배경이 된 교권 분쟁현상이 나타났다. 특히 장로교 안에서는 마치 세포 분열하듯 많은 교파와 계파가 나누어지게 되었다. 이러한 부정적 사건의 근본원인은 교파신학에 근거한 교파간의 이해관계, 폐쇄적이고 배타적인 신학풍토, 지방색에 의한 교권의식 등이었다는 점에서, 이 같은 신학과 기독교인 의식형성에 상당한 영향을 끼친 선교사들에게도 책임의 일면이 있었음을 지적했다.113)

---

110) 노평구 엮음, 『김교신 전집』 6, 일기 2, 191쪽; 김행선, 위의 책, 196-197쪽.
111) 노평구 엮음, 『김교신 전집』 6, 일기 2, 192쪽; 김행선, 위의 책, 197쪽.
112) 김행선, 위의 책, 197쪽.
113) 이진삼, 앞의 논문, 14쪽, 17쪽; 김행선, 위의 책, 197쪽.

당시 기독교의 종파주의 내지는 교파주의 실정에 대해 김교신은 다음과 같이 지적했다.114)

"오늘날의 신자는 전도를 열심히 한다. 불쌍한 영혼을 구원하기 위하여 한다고 한다. 그러나 그 불쌍한 영혼은 끌려서 어디로 가나, 하나님께로 가나, 예수께로 가나, 아니 우리 장로교로 가고, 우리 감리교로 간다. 때로는 좌우편에서 끌어, 그 가련한 양은 갈팡질팡하는 수도 있다. 그것을 없애기 위하여 구역의 설정이 있다. 저기는 네 구역, 여기는 내 구역, 재산 분배를 청하는 사람을 보고, 「누가 나를 너의 위에 법관과 물건 나누는 자로 삼았느냐」고 책망한 예수가 그 구역을 분배하였을까."

특히 김교신은 전도에서 각 교파의 신도 쟁탈전은 이러한 종파주의의 단적인 예라고 보았다. 교파심을 갖고 있는 사람이 기독교인이 된다는 것은 단순히 그리스도만 믿는 것이 아니고, 자기 교파의 교리를 받아들이는 것이라고 생각하여 전도에서도 자기 교파의 세력 확장을 꾀한다고 주장했다. 그로부터 천국에 가기 위해서는 우리 교파가 아니면 안 된다고 선전하고 신도 쟁탈전을 전개한다고 했다. 신도 쟁탈전이 과열되면 이미 다른 교파에 속하고 있는 신자에 대해서도 자기 교파를 강요하는 기묘한 전도가 나타난다고 보았다.115)
김교신은 인간세상에서 가장 더러운 것은 신도 사이의 종파심이라고 지적하면서, 이러한 종파심은 아무리 호의로 본다 해도 "종교

---
114) 「하나님 중심의 신앙으로 돌아오라」, 노평구 엮음, 『김교신 전집』 2, 신앙론, 242-243쪽, 김행선, 위의 책, 198쪽.
115) 양현혜, 『윤치호와 김교신』, 159쪽; 김행선, 위의 책, 198쪽.

그 물건에 침을 뱉고 싶고, 인간 세상까지도 저주하고 싶게 한다"고 극언했다.[116]

그리고 김교신은 조선 기독교의 교파 경쟁의 근본적인 원인의 하나는 미국 교회와 그 선교사들의 교파 이식적 선교방식법에 기인한다고 생각했다. 이런 교파의 역사는 우리 민족과 아무런 연관이 없다는 것이다.[117]

특히 김교신은 미국 선교사들의 보수적인 근본주의에 영향을 받아 자기의 신앙형태 이외의 것은 모두 이단으로 단죄하는 조선 기독교의「신앙경색증」을 비판하고, 각 교파가 교파심을 버리고 그리스도에게 돌아올 것을 주장했으며, 어느 교파의 주장도 이단으로 배척하지 않고, 거기에서 배우고 함께 진리를 추구해 가는 관용의 정신을 갖는 것이 중요하다고 보았다.[118]

당시 교파주의 내지는 종파주의는 기독교 내에서「가교회」나「사생아 교회」라는 용어까지 통칭될 정도로 심각했다.[119] 이렇게 조선에서 정파, 가파의 종파 싸움이 일어나는 이유 중에 서양인, 즉 선교사가 세운 교회만이 정교회이고, 조선인 자신이 창설한 교회를 보고는 가교회라고 생각하는 것이 있기 때문이라고 지적했다.[120] 그리하여 이는 후술하는 바와 같이 반선교사주의 및 조선산 기독교를 수립하려는 의지로 표출되었다.

교파 간의 경쟁은 마침내 이단 논쟁까지 일으켜 각파의 사람들은

---

116) 「섬들아」, 김교신(노치준·민혜숙 옮김), 『조와』, 43쪽; 김행선, 위의 책, 198-199쪽.
117) 양현혜, 『윤치호와 김교신』, 157쪽; 김윤정, 앞의 논문, 46쪽; 김행선, 위의 책, 199쪽.
118) 양현혜, 『윤치호와 김교신』, 159쪽, 181쪽; 김행선, 위의 책, 199쪽.
119) 「가교회」, 노평구 엮음, 『김교신 전집』 2, 신앙론, 223쪽; 김행선, 위의 책, 200쪽.
120) 김윤정, 앞의 논문, 45쪽; 김행선, 위의 책, 200쪽.

서로 증오하면서 싸우게 되는데, 이단 시비에 대해서 김교신은 정통과 이단과를 구분하는 기준이란 무엇인가 묻고, 그것을 구분할 수 있는 인간적인 표준이라는 것은 원래 존재하지 않는다고 하면서, 이단 시비는 기독교와는 아무런 관계가 없는 인간적인 세력싸움에 지나지 않는다고 비판했다.[121]

당시 조선 기독교계에서는 장로교 총회와 감리교 연회의 인가가 없는 것은 이단으로 규정하였다. 이런 방식으로 조선 기독교계에 많은 이단자가 제정되었으며, 한번 이단으로 정한 사람은 교회당에서 설교할 수도 없이 만들고, 청년회관에서 성서를 강의하는 것도 거절했다.[122]

그리하여 김교신은 "우리는 교파에 대하여 둔감하다. 남북 감리교파가 조선에서까지 대립하고 있었던 이유를 이해하지 못하였음은 물론이거니와, 장로교·감리교 양파의 교역자가 성결교에 대하여 가지는 감정과 안식교도와 천주교도가 복음주의 신교도를 보는 그 감정은 우리에게서는 쥐어짜도 나올 수 없으니, 이는 평신도인 까닭인가 한다. 교리 논쟁은 전문가와 대가에게 위탁하고, 우리는 예수를 그리스도로 믿는 일만으로 족한 자이다"라고 주장했다.[123]

(3) 부흥회적 신앙비판

3·1운동 이후 기독교에 나타난 신앙양태는 네 가지 흐름으로 나

---

121) 양현혜, 『윤치호와 김교신』, 159-160쪽; 김행선, 위의 책, 200쪽.
122) 노평구 엮음, 『김교신 전집』 5, 일기 1, 274쪽; 김행선, 위의 책, 200쪽.
123) 「우리는 한 평신도이다」, 김교신(노치준·민혜숙 옮김), 『조와』, 53쪽; 김행선, 위의 책, 200-201쪽.

누어졌다. 즉 탈역사적 복음주의로의 회귀 및 신비주의 신앙운동, 기독교 사회운동, 기독교 사회주의, 그리고 무교회주의 운동이 그것이다.[124]

특히 1920년대 사회주의 사상의 물밀듯한 조류 및 새로운 사상의 변화 속에서 민족운동 그 자체를 포기하고 탈역사적 복음주의로의 회귀 및 초월적 신비주의 신앙운동을 전개한 이들은 대개 일제와 직접·간접 혹은 결과적으로 결합하고 있었던 선교사들과 그 기독교 교단 측이며, 교리적으로는 전투적인 근본주의 및 보수주의 신학에 근거한 세력들이었다.[125]

선교사들은 당시 조선이 직면한 문제는 개인들이 도덕적인 변화를 입을 때 해결될 수 있다고 보았다. 즉 1920년대 사회현실문제에 대한 복음주의적 접근방식은 사회적인 문제를 개인의 도덕적·영적 문제로 환원시켜버리고, 정교분리를 주장하며 오로지 복음전파에 전력하는 탈역사적·비정치적 경향이다. 그리고 그 극단적 신앙양태는 신비주의로 치닫게 되었던 것이다. 이는 극단적인 복음주의로의 회귀였다.[126]

이와 같은 현상은 길선주, 김익두, 이용도 등 주로 조선 교회가 낳은 위대한 부흥사들로 평가되는 사람들에 의해 주도되었다.[127] 이 부흥회적 신앙형태는 일본의 통치가 점점 더 가혹해짐에 따라 조선

---

124) 김행선, 위의 책, 201쪽.
125) 위의 책, 201쪽.
126) 위의 책, 202-203쪽.
127) 한국기독교역사연구소,『한국기독교의 역사』2, 기독교문사, 1998, 41쪽; 민경배,『일제하의 한국기독교 민족신앙운동사』, 대한기독교서회, 1991, 281쪽; 김행선, 위의 책, 202쪽.

기독교의 대세를 점하게 되었다.[128]

이에 김교신은 부흥회적 신앙에 비판을 가했다. 그는 기독교 전교 50주년을 기념한 때 길선주 목사와 같은 기독교계의 중진이 세상을 떠나자, 50년 간 포교에 30만 또는 50만에 달하는 성도는 그 어느 한 사람도 성령의 축복이 없이 된 이는 없다고 해도 과언이 아니라고 하면서, 조선 교회의 50년 역사는 확실히 은총의 역사요, 이적으로 된 것이라고 했으며, 이러한 은혜로 된 역사를 가장 잘 구현한 성도의 한 사람이 바로 길선주 목사라고 인정했다.[129]

그러나 김교신은 이 부흥회적 신앙그룹을 「성신타입」이라고 부르고, 이들을 「성신열병환자」라고 규정했다.[130] 그는 인체의 열이 40도를 지나면 위험한 것처럼 신앙의 열도 그 도를 지나치면 대개는 위험한 일이 많다고 하면서, 무교회주의자들은 인공적으로 부흥의 열을 가하지 않을 뿐만 아니라, 될 수 있는 대로 냉수를 치면서 냉정한 중에서 성서를 배우려는 것이라고 했다.[131]

김교신은 성령이란 자연히 위에서 강림하는 것으로, 인간 측에서 인위적으로 구하는 것이 아니라고 지적했다. 그리고 부흥회에서 인위적으로 만들어낸 집단흥분 상태의 종교체험으로는 신자의 삶과 인격을 변화시키기에는 역부족이라고 보았다. 열광적인 뜨거움만을 추구하는 감성적 신앙은 마치 "마귀 하나를 쫓아 낸 후에 일곱 마귀

---

128) 양현혜, 『김교신의 철학』, 이화여자대학교출판부, 2013, 140쪽; 김행선, 위의 책, 202쪽.
129) 「금후의 조선 기독교」, 노평구 엮음, 『김교신 전집』 2, 신앙론, 97쪽; 김행선, 위의 책, 202쪽.
130) 양현혜, 『윤치호와 김교신』, 160-162쪽; 김행선, 위의 책, 202쪽.
131) 「성서연구의 목적」, 노평구 엮음, 『김교신 전집』 2, 신앙론, 71쪽; 김행선, 위의 책, 202쪽.

가 도로 들어와 거하는 것과 같다"고 비판했던 것이다.132)

따라서 김교신은 부흥회적 신앙형태 속에 있는 비이성적인 맹신을 비판했다. 그는 이성과 인간으로서 지켜야 할 도덕적 양심을 도외시하고 이성의 규범을 이탈하여 당시 부흥사들이 이끄는 맹목적인 성신의 역사를 기독교적 '무당의 무리'로 비유하면서, 이러한「성신열병환자들」을 퇴치해야 하며, 이성 존중으로 치우치고자 한다고 역설했다. 그러면서 과거의 조선, 무식 암매한 시대에는 성신의 역사로 오는 길이 확실히 은혜의 길이었으나, 반세기를 경과한 오늘 이후로는 그 길이 반드시 유일의 길이 아닐 뿐 아니라, 성신의 역사를 고의로 경계해야 할 시대에 처하였다고 지적하면서, "지나간 50년간의 조선 기독교도가 대체로「성신 타입」이었다면, 금후의 그것은「학구 타입」이 되기를 기대한다"고 주장했다.133)

김교신은 "『성서조선』과 우리 집회는 주장보다 연구를 위주로 한다. 부흥회에서 보는 흥분된 상태와 법열의 경에서 미친 듯 취한 듯한 태도는 우리의 취하는 바 아니다. 모래밥과 같을지라도 학구를 위주하고, 부족할지라도 연구의 결과를 실어 보내려 한다"고 했다.134)

그리고 김교신은 금후의 조선 기독교가 지향해야 할 것은 "이성의 시대요, 연구의 시대"라고 외치면서, "기독신자가 되기 전에 우선 이성의 정상과 교양을 힘쓸 것이다. 이성이 왜곡된 데는 신앙도 구원도 없다"고 했다.135)

---

132) 양현혜,『김교신의 철학』, 141쪽; 김행선, 위의 책, 203쪽.
133) 양현혜,『김교신의 철학』, 142-143쪽; 노평구 엮음,『김교신 전집』2, 신앙론, 97-98쪽, 112쪽; 김행선, 위의 책, 203쪽.
134)「성서조선은 무엇인가」, 김교신,『김교신 전집』2(신앙과 인생 하), 김교신전집간행회, 1975, 357쪽; 김행선, 위의 책, 203-204쪽.

김교신은 과거 50년 간 조선 기독교계의 인물은 대소고하의 차는 있어도 총괄하여 말하면, 대다수인 우익은 길선주 목사 타입의 성신파요, 소수의 좌익은 소화불량한 비판학자 몇 사람이었다라고 하면서, 금후에는 학문과 신앙을 완전히 합금한 건실한 학자 출신의 시대여야 한다고 주장했다.[136)]

이러한 김교신의 주장은 감정적이고 맹목적인 신앙으로 치닫는 부흥회적 신앙을 비판하고, 성서연구를 통한 이성적이고 합리적이며 과학적인 신앙에 기초한 것이었다.[137)]

(4) 기독교 사회운동 비판

3·1운동의 실패에 대한 평가 및 반성과 더불어 나타난 기독교 사회운동은 일제의 문화통치라는 정세변화 및 사회주의 사상의 도입이라는 새로운 시대상황에 직면해서 단순히 복음주의로의 회귀와는 달리 보다 적극적으로 현실변화에 대처해 나가려는 시도였다. 기독교 사회운동은 농촌계몽운동, 문맹퇴치운동, 절제운동, 야학운동, 문서운동, 여성계몽운동, 금주, 금연, 절제운동 등으로 전개되었다.[138)]

김교신은 우치무라의 사상을 반영하여 위와 같은 기독교 사회운동에 대해서도 비판했다. 그는 기독교 사회운동에 대해 이런 신진사상가들의 노력을 장하게 여기며, 문을 넓히고 길을 평탄히 하여서

---

135) 노평구 엮음,『김교신 전집』 2, 신앙론, 98쪽, 112쪽; 김교신,『김교신 전집』 1(신앙과 인생 상), 124쪽, 139쪽; 김행선, 위의 책, 204쪽.
136) 노평구 엮음,『김교신 전집』 5, 일기 1, 426-427쪽; 김행선, 위의 책, 204쪽.
137) 김행선, 위의 책, 204쪽.
138) 위의 책, 204-205쪽.

라도 침체된 예수교회를 좀 더 진흥시켜 보겠다는 생각만은 가상한 일이며, 기독교가 전무후무의 빈곤에 처해 있는 조선사회의 절박한 요구에 부응했다는 점에서는 그 의의를 인정하면서, 이러한 예수교는 과연 시대에 적합한 종교라고 인정했다.[139]

그러나 김교신은 당시의 세태를 스피디한 활동을 강조하는 시대라고 진단하면서, "기독교의 이상은 활동과 사업에 있지 않고 안식에 있다"고 했으며, 이러한 기독교 사회운동은 시대에 적합한 종교라 할 것이지만, 그가 예수교를 믿는 것은 "천당 가는 것만이 목적이다"라고 주장했다.[140]

김교신은 근래의 세태는 스피드, 스피드 하여 육해공의 교통기관은 극도로 발달하였고, 집무와 사교기구는 일찍 상상도 못했던 만큼 완비되었지만, 현대인은 대체로 깊은 안식을 모르고 있다고 주장했다. 그리하여 그는 세상과 같이 요동하는 자는 세파에 부서질 것이며, 스피드를 강조하는 사람은 스피드에 침몰되리라고 했다. 그리하여 안식에 이상을 두는 자만이 죽을 정도로 바쁜 세상에서 구원을 받을 것이며, 안식을 이상으로 품은 기독교에 참구원이 있을 것이라고 주장했다.[141]

김교신은 그리스도가 십자가에 못 박힌 것은 바로 교회의 형식과 세속주의를 박멸하기 위한 것이라고 하면서, 교회가 형식과 세속주의에 빠져서는 안 된다고 강조했으며, 교회가 수양소나 문화기관이니 하는 문화주의나 형식주의에 매몰되지 말고, 본래 그리스도의 한

---

[139] 「나의 예수교」, 노평구 엮음, 『김교신 전집』 2, 신앙론, 85-86쪽; 김행선, 위의 책, 205쪽.
[140] 김교신, 『김교신 전집』 1(신앙과 인생 상), 110쪽, 221-222쪽; 김행선, 위의 책, 205쪽.
[141] 김교신(노치준·민혜숙 옮김), 『조와』, 180쪽; 김행선, 위의 책, 205쪽.

지체로서 「하나님 중심신앙」이라는 본연의 모습으로 돌아와야 한다고 했다.142)

김교신은 과학조선운동이나 농업조선중흥운동 및 상공조선운동, 더 나아가 공산조선운동 등은 나름대로 의미가 있지만, 그럼에도 불구하고 모두 풀의 꽃과 같고, 아침 이슬과 같아 오늘 있으나 내일은 그 자취도 찾아볼 수 없을 것이며, 모래 위의 건축이라 풍우를 당하여 파괴됨이 심하지 않을 수 없다고 생각했다. 그러므로 조선의 영구적인 기초공사라 할 수 있는 성서적 진리를 조선인에게 소유시키며, 조선을 널리 깊이 연구하고, 새로운 조선을 성서 위에 세우는 일이 보다 중요한 일이라고 보았다. 이것이 그의 신념이요, 인생관이요, 또 포부의 전부라고 했다.143)

김교신은 금주단연이나 허례폐지, 문맹퇴치, 민족의식의 고취 등 사회운동은 기독교에 전매특허권이 있는 것이 아니요, 다른 단체나 종교에서도 능히 할 수 있는 일이라고 주장했다.144)

요컨대 기독교 사회운동은 근본적으로는 기독교의 본말이 전도된 운동이라고 생각했다. 그 이유는 첫째, 기독교 사회운동의 이념은 기독교=사회개혁으로, 거기에는 속죄도 없고, 부활도 십자가도 없다고 보았기 때문이다. 둘째, 김교신은 기독교 사회운동의 하나님 나라 이해에 문제를 제기했다. 그는 기독교 사회운동은 하나님 나라가 지상에 점차적으로 임한다고 이해한 결과, 교회가 「지상천국건설운동」을 하는 하나의 사회사업기관으로 화하고 있다고 보았다. 그는

---

142) 「하나님 중심의 신앙으로 돌아오라」, 노평구 엮음, 『김교신 전집』 2, 신앙론, 243-244쪽; 김행선, 위의 책, 206쪽.
143) 노평구 엮음, 『김교신을 말한다』, 61-62쪽, 130쪽; 김행선, 위의 책, 206쪽.
144) 노평구 엮음, 『김교신 전집』 2, 신앙론, 86쪽, 187-188쪽; 김행선, 위의 책, 206쪽.

하나님 나라는 인간의 힘으로 실현되는 것이 아니라, 신 자신의 절대적인 이니셔티브를 갖는 나라라고 보았다. 물론 그 운동은 인간 역사와 접점을 가지고 역사 내에서 진행된다는 의미에서 내재적이지만, 그 근거와 실현은 초월적이라고 보았다.[145]

(5) 개방적인 신앙관

김교신은 열려진 신앙관에 기초하여 기존 교회 종교가의 집합이 가진 한계를 이렇게 피력했다. 첫째로 사상의 고갈이라고 지적했다. 둘째로 진실의 결핍이라고 지적했다. 그리고 그는 조선역사를 살펴볼 때 조선이 가진 바 위대하고 영구한 것은 모두 불교의 소산이라고 하여도 과언이 아니라고 지적하면서, 이러한 면을 무시하는 자는 조선의 역사를 자세히 살펴볼 필요가 있다고 조언했다.[146]

김교신은 당시 다른 사상이나 학설 및 교리는 절대 용납하지 않는 기독교의 폐쇄된 신앙과 교리를 비판했다. 그는 기독교계의 영적 능력이 있다는 신자, 수준이 높다하고 정통 신조라며 자랑하는 신자를 대할 때마다 기독교에 염증이 생기고, 유교를 향하여 무한한 동경이 일어남을 깨닫는다고 말하기까지 했다. 즉 그는 신앙 혹은 신념 때문에 그 심정이 규암보다도 단단하게 굳어서 다시 가르침을 받을 수 없게 된다면, 이는 그에게 다시 고칠 수 없는 고질병이 된다고 하면서, 이러한 「신앙적 경화병」에 걸린 후에는 백약이 무효하다고 역설했다. 따라서 어느 부분의 학술이든지, 어느 교파의 주장이든지 감

---

145) 양현혜, 『김교신의 철학』, 146-150쪽; 김행선, 위의 책, 206-207쪽.
146) 김정환, 앞의 책, 71-72쪽.

히 쓸모없다고 속단치 말고, 거기서 배우고 얻어서 살과 피를 만드는 자가 되기를 소원한다고 했다. 그리고 그가 강습회를 여는 것도 지식을 자랑하고자 하는 것이 아니라, 서로 배우려는 것이라고 고백했다.[147]

김교신은 기독 신자는 본래 겸손이 생명이요, 겸허하여 배우기를 좋아해야 할 사람들이라고 지적했다. 그런데 그는 현재 조선 기독교인들의 생활은 교파가 다르면 벌써 배울 길이 없고 가르칠 도리가 없다고 보았으며, 화석화된 법칙에 의해 구속되고 약자의 억압에나 유능한 노회·총회·연회 등의 결의에 의해 인형의 춤을 추면서, 한갓 고집스럽고 편협하게 달음질하고 있다고 주장했다. 이는 결코 기독교 본연의 자태가 아님을 지적했다. 더구나 돈독한 신자일수록 고집불통의 벽에 빠지는 이가 많다고 하면서, 우리는 아직 천연한 인간으로 남아 배울 수 있고, 회개할 수 있고, 성장할 여력이 있는 겸허한 살림을 하기 원한다고 했다. 원컨대 동맥경화증 보다 더 두려운 병, 즉 우리의 심령의 굳어짐을 면케 하여 끝까지 부드럽고 만만한 심령, 배우고 자랄 수 있는 청년으로 두오 달라고 기도했다.[148]

김교신은 기독신자일지라도 때로는 그 독서의 범위를 성서 이외에 확장하여 지리와 역사, 자연과학 등에도 미치는 것이 보건상 불가피하다고 주장했다. 난쟁이 두골이나 정구 선수의 팔처럼 기형적으로 발달하기 보다는 균형을 잃지 않는 신앙이 더욱 요긴하다고 보았던 것이다.[149]

---

147) 김교신(노치준·민혜숙 옮김), 『조와』, 49-50쪽.
148) 위의 책, 155쪽.
149) 노평구 엮음, 『김교신 전집』 5, 일기 1, 87쪽; 김정환, 앞의 책, 68쪽, 241쪽.

그리하여 김교신은 기독교 내부에서도 암투와 분열이 그칠 바를 모르는 때에 불교, 천도교, 유교와 함께 무릇 인도와 진리를 위하여 지성으로 인생을 걸으려는 자가 동일한 보조로써 회합하려 했을 때 기뻐했으며, 또한 조선 역사에 있어서 불교의 공헌과 유래를 인정하기도 했다.150) 이러한 개방적인 사고 아래 그는 논어 강의도 했다.151)

또한 김교신은 과학적이고 합리적인 신앙관에 기초하고 있었다. 즉 그에게서 얼마 동안 성서를 배웠다는 학생 하나가 폐질환이라는 진단을 받고 휴학 정양하라는 의사의 명령을 받았을 때에, "공중에 나는 참새 한 마리도 하나님의 허가 없이는 떨어지지 않는다 하였는데, 예수를 믿는 제가 쉽사리 죽겠습니까? 또 병균이 전염한다는 것도 알 수 없는 일인 줄 압니다. 전염할 것 같으면 벌써 했을 터인데요."라고 눈을 부릅뜨며 주먹을 움켜쥐고 발악할 때에, 김교신은 "너 다시는 나에게서 성서 배웠다는 말을 아무에게도 하지 말아라"고 하면서, 그 이유를 다음과 같이 설명했다.152)

> "우리는 전문 이외의 일에는 전문가의 지도에 순종한다. 우리는 병난 때에 의사의 지시대로 복약하는 자이다. 하나님의 호위 안에 있으려면 하나님의 법칙에서 살아야 할 것이다. 참새의 살림에 참새에게 합당한 법칙이 있는 것처럼 사람의 살림에는 사람에게 상응한 법칙이 있어야 할 것이다…평일의 살림살이는 모조리 하나님 의사에 어그러지게 해 놓고서 죽지 않는 신앙만은 하나님께 강요하려드니 내가 만일 하나님이었다면 벌써 최후의 호흡까지 회수하였을 것이니라."

---

150) 노평구 엮음, 『김교신 전집』 5, 일기 1, 28-29쪽.
151) 노평구 엮음, 『김교신 전집』 6, 일기 2, 278쪽.
152) 「내가 믿는 하나님」, 노평구 엮음, 『김교신 전집』 2, 신앙론, 14-15쪽.

이러한 개방적이고 합리적인 신앙적 관점에서 김교신은 사회주의에 대해서도 기존 교회의 반공노선과는 달리 열려진 세계관을 나타내고 있었다.

김교신의 역사관은 물론 유심사관이었다. 그렇다고 유물사관을 적대시하거나 사갈(蛇蝎)시 하지는 않았다. 개인적 교우관계에 있어서도 ML당 사건 주모급인 한림이 있어 그 사귐은 관중과 포숙의 사이 같았다.[153]

김교신의 일기에 1933년 9월 초순 그가 감옥에서 석방되는 한림을 마중 나가는 장면이 나온다. 김교신은 감옥에서 나오는 한림의 태도가 너무나 당당하고 희망에 부풀어 있어 감탄을 금치 못했다. 김교신의 눈에는 유물론자 한림의 당당한 모습과 조선 기독교인들의 왜소한 모습이 너무나 대조적으로 비쳤다. 김교신이 도쿄고등사범학교에 다니면서 우치무라 문하에서 성서를 공부하던 무렵, 한림은 와세다 대학에 다녔다. 그는 1926년 고려공산청년회 중앙후보위원, 1927년 고려공산청년회 일본부 초대 책임비서를 지냈고, 신간회 도쿄지회 책임을 맡았다. 1928년에는 조선공산당 일본총국 책임비서가 되었고, 그 해 일본 경찰에 검거되어 1930년 10월 경성지법에서 징역 4년 6월형을 선고받고 복역한 뒤 1933년 9월 만기 출옥했다.[154]

김교신은 이날 일기에 "한림군은 백두산의 거목이라면, 오늘의 기독신자 대다수는 고층건물의 옥상 분재(盆栽)에 불과하다"라고 썼다. 사회과학적 분석에 근거하여 사회 구조악을 청산하려는 사회주의가 백두산의 거목이라면, 구조악을 무시한 채 오직 개인 구원만을

---

153) 노평구 엮음, 『김교신을 말한다』, 382쪽.
154) 박상익, 「김교신이 오늘 한국교회에 던지는 질문」, 『기독교사상』 677호, 2015.5, 60쪽.

강조하며 현실도피적 엑스터시를 탐닉하는 부흥회적 신앙은 옥상에 심은 분재에 지나지 않는다는 것이다.155)

신념에 목숨을 건 사회주의자 한림의 당당한 기개에 견주어, 1930년대 조선기독교는 나약하기 그지없었다. 1930년대는 조선기독교의 암흑시대라 불린다. 김교신의 『성서조선』도 계속 간행여부가 불투명해질 정도였다. 앞일을 알 수 없는 불안한 세월이었다. 1934년 9월 12일 한림이 보낸 편지가 인용되어 있다. 사회주의자 한림이 『성서조선』의 속간 허가를 축의하는 격려의 편지였다. 그리고 축하의 의미는 김교신의 생애 사업으로 전 생명을 투입하는 김교신의 의지 또는 정신을 생각하고서 축의를 보낸 것이었다. 이 편지를 받은 김교신은 감격의 눈물을 흘렸다. 밖으로는 폐간을 위협하는 일본의 탄압이, 안으로는 무교회주의자란 이유로 기독교회로부터의 조롱과 핍박이 있던 시기에 엉뚱하게도 유물론자의 격려를 받게 되었기 때문이다. 그래서 김교신은 이렇게 감회를 남겼다.156)

> "모든 기독신자가 무시하고 동인들까지 조롱할지라도 대표적 유물론자 한 사람의 지지가 있으면 족하다. 소위 과격주의자 한 사람에게 읽히고 그 비판을 받기 위하여 『성조』지는 발간하여야 하겠다. 그러나 무엇보다도 기이한 것은 하나님의 의지이다. 무신론자와 함께 주를 찬송하니 비통한 찬송이다."

『성서조선』이 폐간 위기에 몰렸던 1940년 6월에도 한림의 집에 초

---

155) 양현혜, 『김교신의 철학』, 142쪽; 박상익, 위의 논문, 60-61쪽.
156) 박상익, 위의 논문, 60-61쪽.

청받아 격려의 말을 듣기도 했다. 기독교 신자가 돕지 않는다면 내가 돌봐주겠으니 끝까지 신앙의 길을 가라고 유물론자가 격려했다는 말이다. 이념을 뛰어넘어 기독신자와 유물론자 두 거인을 끈끈한 동지애로 맺어준 공통점은 의기였다.[157]

또한 유물론자 친구의 내방을 얻어 연일 밤낮으로 논의를 계속했다. 김교신은 "우리와 같이 태만하고 편협한 자에게, 이처럼 동과 서가 멀고 적과 백이 다른 것처럼 전연 다른 세계에 호흡하는 친구를 주어, 애씀이 적고 배움이 많은 기회를 주시는 섭리의 은총에 감사하면서, 유물론자 친구의 말을 듣는 동안에 놀란 것은 사회개혁에 관하여 특히 도덕풍습에 관한 그의 의견이, 아주 온건하고 타당한 것을 발견한 일이었다. 그 중에서 유물론자인 친구의 예수관에서 놀랄 뿐 아니라 크게 배웠다고 했다. 그의 의견에 따르면 기독교회와 그 신도는 가증스럽지만 예수 자신은 비난할 점이 없을 뿐 아니라, 존경할 만하고 사랑할 만한 유물론자라고 찬사를 보냈다는 것이다. 이 말에 김교신은 많은 깨달음을 얻게 되었으며, 예수를 유물론적으로 보면, 부패한 종교가는 물론이거니와 문사적, 도취적, 가상적 신도를 일소하는 효험은 확실한 바 있다고 설명하기도 했다.[158]

더 나아가 김교신은 "내가 볼셰비즘을 환영할 무슨 이유가 있다 하면, 그는 우리 신앙의 진위를 판별하여 단련하기 위해서다. 조만간 한 번은 적나체로서 심판대 앞에 서서 진위허실을 가릴 수 없이 심판받을 것임을 확신하는 우리는 원컨대 하루라도 속히 과학으로서든지, 핍박으로서든지, 국가적 압박으로서든지 우리 신앙이 헛된

---

157) 위의 논문, 61-62쪽.
158) 노평구 엮음, 『김교신 전집』 2, 신앙론, 46-47쪽.

것이라면 그 도금을 벗겨 주기를 바라지 않을 수 없다"라고까지 언급했다.[159]

또한 유물론에 조예가 깊은 학자가 기독교의 신앙운동을 평하여 「상층구조」에 불과한 일이라고 비판한 일이 있었다. 즉 의식주의 생활문제가 해결 안정되어야 반석 같은 기초 위에 건축할 수 있을 것인데, 현대의 불합리한 이 사회에서 그대로 영적 생명이니 복음이니 하고 떠드는 것은 모래 위에 건축함과 다름없는 일이라는 것이다. 이에 대해 김교신은 다음과 같이 주장했다.[160]

> "기독교는 아편이라고 할 때보다 상층구조라고 함은 일단의 진보라고 할 수 있다. 천지를 창조하신 하나님과 우주에 엄연한 도덕률을 무시함이 아니나, 조석으로 협박하는 생활고에 견딜 수 없으니 무엇보다도 빵의 분배부터 공평하게 하자고 할진대, 우리는 이러한 사회주의자에게 동정할 법은 있어도 반격할 이유는 없으며, 더구나 우리 신앙에 동요 받을 근거는 전무하다. 빈부의 현격을 없이 하고, 불로소득으로 유탕하는 자 없이 누구나 다 근로의 땀을 먹을 것이라고 함은 근대인이 발견한 신사조가 아니라, 2천 년 전 예수 그리스도의 가르치신 교훈이요, 생활이었다. 다만 논자는 사회개조로써 선결문제라고 하는 대신에 우리는 신앙으로써 기초공사라고 믿는다."

심지어 김교신은 "차거나 뜨겁거나 할 것이지 반숙반냉(半熟半冷)이 제일 가증하다는 것은, 특히 청년 학생기의 인물들에게 합당한 정의인 듯 하다는 것이 감개 그 둘. 사상으로나 행동으로나 중성적

---

159) 위의 책, 75-76쪽.
160) 위의 책, 91-92쪽.

인물에게는 크게 기대할 것이 없다. 유물주의자라도 반드시 우리의 적이 아니다"라고 했다.[161]

그리고 다음과 같이 사회주의 세력이 일제의 탄압으로부터 비합법적 지하활동을 함으로써 지상에서 사라지게 되자, 다음과 같이 이들 세력의 존재여부에 대해 관심을 갖기도 했다.

"오늘날도 무신론자, 유물주의자라는 것이 아직 존속 중인가. 혹은 벌써 절멸했는가. 가장 알고 싶은 소식 중의 하나이다. 지금부터 십수 년 전만 했어도 이 과격사상의 열병이 온 세계를 풍미했었다. 당시 같으면 기독교도로서 행세하기에 가장 완강포학한 대적은 저들일 것 같았다. 저들이 때로 종교박멸운동을 일으키면 그 연설회에서 공격의 표적이 되는 것은 논할 것도 없이 기독교가 알파요 오메가였다. 우리의 신앙하는 예수와 그 아버지 하나님은 저들의 열화 같은 독설악담에 여지없이 박멸되는 것 같았다…당시에 의기충천하여 천하의 쾌남아는 자기들뿐인 줄 알고, 세계의 지식은 자기들만이 통달한 줄로 자임하면서 횡행활보하던 무신론도배들의 자태가 작일의 일같이 아직 우리의 인상에 새롭것마는 그들의 최성기로부터 불과 10년 못 지난 금일에 이르러 저들의 존재가 어디 있는가. 종교박멸운동이 박멸된 이래로 하도 적적한 심정을 못 이겨서 저들의 거부를 찾고자 하나 찾을 길이 없으니 어찌 된 일인가. 우리에게 만일 거대한 탐조등이 있다면 백두산으로부터 한라산까지의 골목골목을 모두 뒤져보고 싶은 생각도 전무하지 않다…그러나 우리의 목적은 조선에서의 유물주의사를 편찬하려는 것도 아니요, 무신론자의 모모를 추격하여 쾌재를 부르려는 것도 아니다. 우리의 경험하는 모든 사변을 통하여 성구의 진리

---

[161] 노평구 엮음, 『김교신 전집』 5 일기 1, 256쪽.

성을 재음미하며, 여호와 신의 영원무궁한 영광을 찬송하고자 하는 일이다."162)

그러나 김교신은 기독교도와 유물론자를 혼동하여 취급받는 일은 괴로운 일이라고 했다.163)

이처럼 김교신은 식민지 조선의 비참한 현실상황에서 빵의 분배부터 공평하게 하며, 빈부의 격차를 없애고, 불로소득을 없애서 누구나 노동하여 땀을 흘린 대가로 살아가자는 사회주의 사상은 바로 예수 그리스도의 가르치신 교훈이요, 생활이었다고 하면서, 사회주의 사상을 동정할지언정 반격은 할 수 없으며, 더 나아가 반드시 적으로 대할 수 없다고까지 말했다. 다만 사회주의와 무교회주의 사상이 다른 점은 사회주의 사상이 사회개조가 선결문제라고 하는 대신에, 무교회주의 세력은 신앙으로써 기초공사를 삼는다는 점이라고 지적했다.

그러나 김교신은 사회주의와의 관계에 있어서 개인적인 교분 외에 사회주의 세력과의 연대를 통해 민족해방운동에 참여한다는 의식으로 발전시키지 못했다. 이런 점에서도 김교신은 우치무라를 넘어서지 못하고 있는 것이다.

이상과 같이 김교신은 우치무라의 사상을 적극적으로 수용하여 기존의 기독교가 자본주의의 노예로 전락하여 물질만능주의 및 성장주의 및 사업주의에 열중하여 그리스도의 복음은 찾아 볼 수 없다

---

162) 「무신론자를 탐조함」, 『성서조선』 104호, 1937.9, 94쪽.
163) 노평구 엮음, 『김교신 전집』 5 일기 1, 210쪽.

고 비판했다. 또한 그는 당시 교회가 많은 교파와 계파로 나뉘어져 서로 대립하게 된 교파주의를 비판했다. 이러한 교파주의는 교파 간의 이해관계, 폐쇄적이고 배타적인 신학풍토, 지방색에 의한 교권의식 등을 낳았으며, 교파별 경쟁의식이 많은 미국 교회와 선교사들의 조선 선교활동에게도 책임을 물었다. 그리고 이러한 교파주의 내지 종파주의는 신도 쟁탈전으로까지 나타나 인간세상에서 가장 더러운 것이라고 질책했다. 더 나아가 이러한 교파 간의 경쟁은 이단논쟁까지 일으켜 각파의 사람들은 서로 증오하면서 싸우게 되었다고 지적했다.

한편 김교신은 감정에 치우쳐 종교적 신비주의로 나아간 부흥회적 신앙도 비판했다. 이 부흥회적 신앙그룹을 「성신타입」이라고 부르고, 「성신열병환자」라고 규정하면서, 부흥회적 신앙형태 속에 있는 비이성적 맹신을 비판했다. 그는 이러한 맹목적인 성신의 역사를 기독교적 무당의 무리로 비유하면서, 이러한 성신열병환자들을 퇴치해야 하며, 이후의 기독교는 「학구타입」이 되어야 하고, 금후의 기독교는 이성과 연구를 지향하면서 학문적 근거 위에 신앙을 재건해야 한다고 주장했다.

이런 점에서 같은 순복음주의를 지향하면서도 부흥회적 신앙과 차별성이 있는 것이다. 그러나 부흥회적 신앙을 역사적이고 사회적인 입장에서 비판하지는 못하고 있다.

또 한편 김교신은 기독교 사회운동에도 비판을 가했다. 그는 기독교 사회운동은 조선사회의 절박한 요구에 부응한 측면도 있지만, 이는 근본적으로 기독교의 본말이 전도된 운동이라고 지적했다. 기독교 사회운동은 단지 교회가 지상천국건설운동을 하는 하나의 사회사업기관으로 전락한 것이라고 보았다.

특히 김교신은 열려진 신앙관을 갖고 있었다. 이는 당시 다른 사상이나 학설 및 교리는 절대 용납하지 않는 기존의 교회가 가지고 있는 배타성과 편협성 및 폐쇄성을 극복한 것이었다. 또한 그는 과학적이고 합리적인 신앙관에 기초하여 기존의 교회들이 고수하던 반공주의도 극복하고 사회주의자들의 개혁에 일정 정도 공감하면서, 유물주의자라도 반드시 무교회주의의 적이 아니라고 주장했다.

그러나 김교신은 적극적으로 사회주의 세력과의 연대를 통해 민족해방운동에 참여한다는 의식으로 발전하지는 못했다.

3. 무교회주의 비판

(1) 교회관과 일본주의 비판

위와 같은 김교신의 사상으로 인해 그는 이단자 칭호를 받았다.[164] 더 나아가 일부 교회에서는 김교신 일파를 뱀이나 전갈 보듯이 대하거나 지옥에 들어갈 제일 후보자로 지목했다.[165]

김교신이 일본인 우치무라에게 영향을 받았다는 것과 그가 어느 교파나 교회에도 소속되지 않은 채 신학적인 글을 출간하고 있다는 사실은 기성교회에 달갑지 않을 수밖에 없었다. 기성교회는 그의 배경과 입장을 믿을 수 없었다. 교역자도 신학자도 아닌 한 중학교 교사가 성서에 관련된 잡지를 낸다는 것은 그들에게 당연히 석연치 않

---

164) 김정환, 앞의 책, 67쪽.
165) 「발행 지연의 이유」, 김교신(노치준·민혜숙 옮김), 『조와』, 119쪽.

은 일이었다.[166]

그리하여 기존의 교회들은 김교신과 그를 따르는 사람들에게 전도할 교회당을 빌려 주지 않았으며, 성서 강의를 할 청년회관을 거절한 바 있고,『성서조선』독자를 교회에서 축출하거나 병중의 병인 나환자에게까지 이러한 위협과 박해를 가했다. 또한 각 교단들은 산하 교회를 통해 교인들이『성서조선』을 구독하는 것을 금지시켰으며,『성서조선』이 주관하는 모든 집회는 철저히 방해했다. 또한『성서조선』은 일제 당국에게도 간섭을 받았다.[167]

김교신 등 무교회주의 모임에 대한 비판을 정리하면 다음과 같다. 김교신에 대해 가장 먼저 공식적인 반응을 보인 것은 평양장로회신학교의 김인서였다. 그는 우치무라의 무교회주의에 대한 비판에서부터 김교신에 대한 비판을 시작했다. 김인서는 1930년 7월 평양장로회신학교의 기관지인『신학지남』제12권 4호에서「무교회주의자 내촌감삼씨에 대하여」라는 글에서 우치무라의 신앙과 사상을 혹평했다. 그리고 직접 비난을 하지 않았지만 김교신을 그의 직계 제자라고 언급함으로 김교신을 중심으로 한 조선 무교회주의의 집회까지도 비판의 대상으로 삼았다. 당시 장로교가 주로 부흥회적 신앙형태를 띠고 있었고, 김인서는 대표적인 부흥목사인 길선주의 제자였던 점을 생각하면, 김인서의 비판은 무교회주의에 대한 부흥회적 신앙그룹의 입장을 대표하는 것으로 볼 수 있다.[168] 김인서는 길선주와 김익두 목사를 조선교회의 진정한 초석으로 보며, 그들의 뒤를

---

166) 김윤정, 앞의 논문, 59쪽.
167) 김요한, 앞의 논문, 26쪽;「나환자의 음신을 받고」, 노평구 엮음,『김교신 전집』2, 신앙론, 107쪽.
168) 김윤정, 앞의 논문, 59쪽.

잇는 부흥운동에 열심을 다했다.[169]

　김인서는 우치무라의 무교회주의나 그 사상을 이단으로 규정했으며, 우치무라의 무교회주의는 교회라는 조직체를 부패의 원인인 것처럼 보는 것이 근본적인 오류라고 주장했다. 인간이 새로울 때에 교회도 새롭고, 인간이 타락한 곳에 교회도 타락한다는 것이다. 교회가 낡아진다는 일면만을 가지고 성경이 명한 교회를 부인하는 것은 자가당착이라고 말하고, 교회 부패의 문제는 조직에 원인이 있는 것이 아니라, 오히려 인간의 문제라고 주장했다.[170]

　또한 김인서는 김교신의 무교회주의는 그 안에 일본의 내셔널리즘을 내포하고 있기 때문에 불순하다고 보았다. 이는 일본주의 즉 일본적 기독교를 내포하고 있다는 것이었다. 김인서는 우치무라의 무교회주의는 일본주의에서 생겨난 것으로, 이로 인해 우치무라는 조선 문제에 대해 침묵할 수밖에 없었는데, 이 점이 바로 그의 예언자적 활동의 한계로 결국 무교회는 야마토(大和) 기독교라는 것이었다. 이러한 이해에 근거하여 김인서는 우치무라의 "나의 복음주의는 일본에서는 실패하나 조선에서는 성공한다. 일본은 조선을 통해 기독교를 아시아 대륙에 전하는 자이다"라는 말에서, "조선 영계를 호시탐탐하는 영적 제국주의의 야심"이나 「종교의 독재제국 건설」의 야심을 가지고 있는 사람으로 우치무라를 묘사했다. 그리고 김교신의 무교회주의의 집회에 대해 "大和 기독교 제작자인 우치무라가 조선 영계에 군림했다"고 주장하고, 김교신 등은 복음까지도 우월감을

---

169) 황인혁, 「김교신의 무교회주의에 대한 신학적 재평가」, 서울장신대학교 일반대학원 교회사 전공 석사학위논문, 2015, 6쪽.
170) 김윤정, 앞의 논문, 59-60쪽; 황인혁, 위의 논문, 7-8쪽.

갖는 소위 「상국신자(일본기독교인)」에게 배우려 한다고 비난했다. 즉 김인서는 김교신 등을 일본주의에 동화된 그리스도교인으로 본 것이었다.[171]

요컨대 김인서는 김교신이 우치무라의 일본적 기독교를 그대로 수입함으로 인해 우치무라의 일본적 기독교가 조선 식민지화에 앞장설 것이라고 보았다. 무교회주의를 식민 지배와 연결시킨 것이었다.[172]

이에 대해 양현혜는 김인서의 우치무라에 대한 이해는 일면적인 것이며, 거기에는 김인서 자신의 자기 방어적이며 편협한 민족주의적 감정이 보인다고 주장했다.[173]

그러나 양현혜는 한편으로는 우치무라의 무교회주의에 대한 비판의 배후에는 일본 기독교회에 대한 조선 기독교인의 불신이 반영된 것이기 때문에, 김인서의 비판은 우치무라의 무교회주의가 조선에 뿌리내리려 할 때 짚고 넘어가야 할 문제점들을 제시한 것이었다고 보았다. 즉 조선에 무교회주의가 토착화될 때 무교회주의 속에 내재되어 있는 일본적 성격을 어떻게 수용해야 할 것인가? 그리고 우치무라의 애국심과 「조선관」을 어떻게 볼 것인가라는 문제가 조선 무교회주의자에게는 피하기 어려운 질문이었다고 주장하고 있다.[174]

위와 같은 김인서의 비판에 김교신은 어떠한 형태로든 대답하지 않을 수 없었다. 우선 김교신은 우치무라와의 관계에 대하여 고백하기를 "조선인 된 나에게 이것이 과연 영예인지 훼손인지, 이익이 될는지 해가 될는지는 분변치 못하나, 기성 사실로써 우치무라 선생은

---

171) 김윤정, 위의 논문, 59-61쪽.
172) 황인혁, 앞의 논문, 9쪽.
173) 양현혜, 『김교신의 철학』, 157-159쪽.
174) 위의 책, 157-159쪽.

나에게 둘도 없는 선생이었다. 감히 말하노니 우치무라 간조 선생은 나에게 유일의 선생이다"라고 고백했다.[175]

그러나 김교신은 자신과 무교회주의는 교회제도를 부정하며 세례와 성만찬과 조선 교회를 전복시키려는 어떤 집단이 아니라고 주장했다. 무교회주의는 신앙의 본질이신 예수 그리스도를 나타내는 방법을 일본에서 찾았을 뿐이고, 그 본질로 조선 기독교와 상생하려는 자들이라고 말했다. 즉 김교신은 우치무라의 일본적 기독교를 통해 일본의 기독교를 배운 것이 아니라, 복음의 자생능력을 배웠다고 반박했다. 조선의 상황과 어우러진 조선적 기독교 없이는 조선의 본질적인 변화와 이로 인한 민족의 자유를 뒷받침할 능력이 없다는 것을 배웠다는 것이다.[176]

그리고 김교신은 우치무라 간조가 아무 것이 아닐지라도 일본의 진정한 애국자인 것은 초기부터 간취했다고 고백했다. 자연과학자의 정신에 입각한 성서 연구와 국적으로 전 국민의 비방 중에 매장된 지 반생여일에 오히려 그 일본을 저버리지 못하는 애국자의 열혈, 이것이 무엇보다 힘 있게 김교신을 견인했다고 주장했다. 그리고 우치무라의 지도를 통해 복음의 깊은 뜻을 알게 되었다고 했다.[177]

또한 김교신은 무교회주의에 내재되어 있는 일본적 성격과 관련하여 "바울 당시의 이방인이 유태주의의 할례당을 거절해서 복음만을 신수한 것 같이, 조선 기독교도가 우치무라 선생에게 배우려고 한다면 그 무사도보다는 그가 가진 바울의 교리를 받아들이자"라고

---

175) 「우치무라 간조론에 답하여」, 노평구 엮음, 『김교신 전집』 2, 신앙론, 278-280쪽.
176) 황인혁, 앞의 논문, 12쪽.
177) 「우치무라 간조론에 답하여」, 노평구 엮음, 『김교신 전집』 2, 신앙론, 278-280쪽.

말했다.178)

그러나 우치무라는 1915년 5월 동경 조선기독교청년회에서 「교회와 성서-조선인에게 조선 성서연구를 권하는 말」이라는 제목으로 행한 강연에서 조선과 일본의 바람직한 관계를 일본과 조선의 민족적인 평등과 독립에 근거한 것이 아니라, 그리스도 아래에서 조선과 일본 양국인의 진정한 합동융합이라고 말했다. 나아가 우치무라는 일본조합교회의 조선전도, 1919년의 3·1운동 그리고 관동대지진 때의 조선인 학살 등 일본인의 「조선관」을 알 수 있는 지표라고 이야기 되어지는 일련의 문제에 대해 어떠한 언급도 하지 않았다. 이러한 우치무라에 대해서 김교신은 "우치무라는 많은 조선 기독교인에 대해 좋은 사마리아인이었다"고 하며, "이집트의 애국자에게 유대의 영계까지 걱정시키려고 하니까 문제가 일어나는 것이다. 일본의 애국자에게 일본을 열애하도록 하라. 증오도 비판도 일어날 것이 없고, 오히려 아름다운 것을 거기서 발견할 것이다"라고 변명했다.179)

그러면서 김교신은 김인서가 말하는 대로 우치무라가 영적 제국주의를 시도하고자 했으면, 당시 조선 기독교가 했던 것처럼 전도데이, 전국총동원, 대거전도(大擧傳道), 대거기행렬(大擧旗行列) 등의 문구나 선동이 있어야 했지만, 무교회주의는 그런 시도조차 하지 않았다고 했다. 오히려 그런 태도를 지양했으며, 조선 기독교를 타도하거나 정치적인 의도를 숨긴 것이 아니라 개인의 신앙의 정립을 위한 것이라고 하면서, 우치무라의 무교회주의가 이단의 유입과 일본의 강제침략에 큰 관련이 있다는 김인서의 비판은 너무도 사실을 왜

---

178) 김윤정, 앞의 논문, 64쪽.
179) 양현혜, 『김교신의 철학』, 164쪽; 김윤정, 위의 논문, 63-64쪽.

곡하고, 교회에 대한 사랑이 병증으로 나타난 것이라고 주장했다. 그러면서 우치무라는 조선 기독교와는 관계 영향이 전무하다고 반박했다. 그리고 김인서가 방어하고 나서는 조선 기독교가 스스로 지나치게 나약함을 드러내는 처사라고 보았다.[180]

특히 김교신은 그의 무교회주의가 우치무라의 것을 그대로 받아들인 것은 아니라는 것을 분명히 했다. 우치무라와 김교신과의 관계에 대해서 김교신은 "나는 오늘까지 자진하여 내가 우치무라 선생의 제자라거나, 혹은 이에 근사한 관계를 가졌다 함은 한 번도 문자로나 말로써 공포한 것이 없었던 줄로 기억한다"고 하면서, 김인서가 그를 우치무라 간조의 제자로 만들어 놓았다고 주장했다.[181]

또한 우치무라의 강연에 매주일 600 내지 800명의 청강자가 있었고, 그 주간지 『성서지연구』가 3천 내지 5천의 독자를 가졌으나 그 청강자와 구독자가 모두 무교회주의자였을까 회의하기도 하면서, 각인각양으로 배울 것을 배워 가는데 무슨 영리한 말이 있으며, 괴이한 반성이 있겠는가고 반문했다.[182]

또한 김교신은 "나는 나라는 것을 인식하라는 것이다. 나는 물론 우치무라 간조가 아니다. 영웅이 못 되어도 나는 나요, 신학설이 변천하여도 나는 나다. 선생이 이랬으니 너도 이래야 쓴다는 논법은 나에게 하등의 권위가 못 된다. 이제 우치무라 전집 20권을 펼쳐 놓고 항마다 고증하기도 성가신 일이요, 했대야 우리 영혼에 별 수 없는 것이다. 그러므로 무교회를 논하든지 신앙을 의논하든지 우선 나

---

180) 「우치무라 간조론에 답하여」, 노평구 엮음, 『김교신 전집』 2, 신앙론, 285쪽; 황인혁, 앞의 논문, 10-11쪽.
181) 「우치무라 간조론에 답하여」, 노평구 엮음, 『김교신 전집』 2, 신앙론, 273-276쪽.
182) 「내가 본 우치무라 간조 선생」, 노평구 엮음, 『김교신 전집』 1, 인생론, 272쪽.

는 나라는 것을 인식하고서 할 일이다"라고 하면서, 우리가 10년에 걸쳐 우치무라 선생에게 배운 것은 무교회주의가 아니오, 성경이요 복음이었다고 해명했다. 설령 우치무라 선생의 내심에는 무교회주의란 것을 건설하며 고취하려는 심산이 있었다 할지라도, 내가 배운 것은 무교회주의가 아니오, 성서의 진리였다고 반박했다.[183]

그리고 김교신은 말하기를 현재 무교회자의 대가들과 우리의 보조가 일치하지 않다고 우리를 시비하지 말라고 했으며, 우치무라의 싸우던 싸움과 다르다고 우리를 책하지 말라고 하면서, "저들은 저들의 입장이 다르고, 저는 저의 시대가 있었다"고 주장했다.[184]

양현혜는 김교신의 이러한 변명에는 우치무라에게 조선을 위한 싸움을 기대하거나 의존하지 않고, 그가 일본을 사랑한 방법으로 조선을 사랑하는 것을 자기의 사명으로서 주체적으로 받아들이려는 자세가 보인다고 두둔하고 있다.[185]

그러나 김교신이 주장하는 우치무라에 대한 변호는 우치무라가 조선을 식민지로 전락시킨 바로 일본 제국주의의 한 신민이자, 일본 종교계의 한 지도자였다는 점에서 전혀 조선에 대한 책임에서 벗어날 수 없다는 점에서 허무한 변론에 불과한 것이고, 더 나아가 김교신이 주장하는 것과는 달리 그는 「작은 우치무라」였다는 사실을 간과할 수 없는 것이다. 그는 우치무라로부터 성서진리의 해석뿐만 아니라, 우치무라의 핵심 사상과 일체를 이루고 있기 때문이다.

---

183) 「나의 무교회」, 노평구 엮음, 『김교신 전집』 2, 신앙론, 245-246쪽.
184) 「재출발」, 노평구 엮음, 『김교신 전집』 1, 인생론, 329쪽.
185) 양현혜, 『김교신의 철학』, 164쪽.

(2) 무교회와 개인주의 비판

한편 최태용의 무교회주의 비판이 있었다. 최태용은 훗날 우치무라를 비판하고 무교회주의도 버렸으며, 김교신 등『성서조선』그룹을 비난하기까지 했다. 그러나 그는 원래 우치무라의 조선인 첫 제자였다. 그는 1920년 도쿄영어학교에 입학했고, 바로 이때 우치무라의 문하에 들어갔다. 최태용은 누구보다도 우치무라의 영향을 크게 받았던 조선인임과 동시에 우치무라의 일본적인 것을 조선적인 것으로, 무교회적인 방법론을 새로운 교회조직으로 변화 수용한 인물이었다. 그러나 최태용은 점차 우치무라의 직접적인 영향권에서 벗어나 자신을 무교회주의자가 아니라,「비교회주의자」라고 주장했다. 그리고 최태용은 1935년 12월 22일 선교사와 관계가 없는 조선인 스스로의 교회로서「기독교조선복음교회」를 창립했으며, 목사안수를 받고 그 초대 감독에 취임했다. 이후 김교신과는 결별했다.[186]

김인서와 김교신과의 논쟁이 주로 무교회주의와 조선과의 관계라는 논점을 중심으로 이루어졌다면, 최태용과의 논쟁은 무교회주의의 본질, 특히 그 무교회론을 둘러싼 논쟁이었다.[187]

최태용은 당시 조선 기독교의 교회관에 대해서 "한편에서는 교회를 당연한 것으로서 승인하고 또 종교적인 본능의 미를 오직 거기서 만족시키려는 경향이 있으며, 또 한편에서는 무교회주의 내지는 극단의 무교회가 행해지고 있다"라고 했다. 그리고 이러한 두 개의 경향은 다 같이 문제가 있으므로 교회문제를 그리스도교 신학의 과제

---
186) 김윤정, 앞의 논문, 66-72쪽.
187) 위의 논문, 73쪽.

로서 반성할 필요가 있다고 보았다.[188]

최태용은 교회를 역사적·사회적인 실존으로 정의하면서, 제도로서의 교회가 부정되는 곳에 진정한 교회가 실현된다고 보았다. 또 그는 이러한 제도로서의 교회의 부정은 교회 자체의 존재 문제로서 당연히 교회의 내부에서 행해져야만 한다고 생각했다. 이러한 교회관에 근거하여 최태용은 기독교 신앙을 교회라고 하는 제도와 동일시하는 것이 「교회주의」라고 규정하고, 이 「교회주의」는 인간의 요구가 신의 말씀보다 우선해 있으며, 이것은 그리스도교의 본말이 전도된 비그리스도교라고 비판했다. 그는 이러한 논리의 연장에서 무교회주의를 논하여 이것을 본말이 전도된 교회의 「교회주의」에 대한 반동이라고 주장했다. 그리고 그는 무교회주의를 구체적으로는 우치무라가 일본 그리스도교회의 교회주의적 경향에 반발하여 주장했던 개인적 사상이라고 보고, 우치무라의 이러한 무교회주의는 「교회주의」의 오류를 비판함으로써 그 시대적인 사명을 마쳤다고 생각했다. 따라서 그는 우치무라의 제자들이 그 시대적 사명이 끝난 무교회주의를 영구적 내용을 지닌 무교회론으로 주장하는 것은 잘못이라고 지적했다. 또 조직적인 교회를 부정하는 무교회의 방법으로는 교회문제에 대한 적극적인 해결이 불가능하다고 주장했다.[189]

또한 최태용은 무교회의 본질이 교회에 반항하여 교회를 공격하는 입장으로의 무교회주의이며, 무교회주의이면 교회와의 대립 항쟁 만에 그 존재 이유가 있는 것이라고 주장했다.[190]

---

188) 위의 논문, 73쪽.
189) 위의 논문, 74쪽.
190) 황인혁, 앞의 논문, 16쪽.

더 나아가 최태용은 김교신의 「나의 무교회」에 대한 주장을 비판했다. 김교신은 우치무라 선생에게 배운 것은 무교회주의가 아니요, 성경이요 복음이었다고 주장한 바 있었다. 이에 대해 최태용은 김교신의 주장을 신뢰하지 않았다. 우치무라의 신학과 사상을 배웠다고 하는 것은 우치무라의 역사적 실존에 대한 주관적인 기독교를 은연중에 함께 배운 것으로, 혹 이를 부정하면 역사성이 결여된 교만한 자로 전락될 수밖에 없다는 것이다. 이에 대해 김교신은 최태용의 신학자로서의 소질과 주관적이고 일관적인 학문의 태도를 비판했다. 그러한 최태용의 태도는 우치무라의 무교회주의를 온전히 따르지 못한 패륜적 행위라고 보았다. 조선 기독교에 우치무라의 정신을 배워와 조선 기독교의 교회주의를 비판하며 개혁의 기치를 들었던 최태용이 이제는 직업적 종교가로 변질되었다고 질타했다.[191]

또한 최태용은 무교회주의의 개인주의적 경향도 비판했다. 그는 무교회주의에서는 개인이 지나치게 강조되어 극단적으로 고립된 개인주의가 되기 쉽다고 보았다. 그는 "신앙이 생명적일수록 그것은 구체적·현실적·시대적인 것"이 되며, "신앙을 같이 하고 사명을 같이 하는 사람이 모여 하나의 단체를 구성해서 그 시대에 대처하지 않으면 안 된다. 신앙을 갖고 시대를 의식하는 사람이 어떻게 고립해 있을 수 있겠는가...따라서 꼭 어떤 기구가 필요하게 되는 데, 이런 의미에서 기독교인의 기구는 교회밖에는 없다"라고 하면서, 교회 조직의 필연성을 주장했다. 그런데 이러한 그리스도교 고유의 기구인 교회를 부정하는 무교회는 고립된 개인주의에 불과하다는 것이다.[192]

---

191) 위의 논문, 17-18쪽.
192) 김윤정, 앞의 논문, 75쪽.

무교회주의가 조직적인 에클레시아를 갖지 않는 한 무교회주의의 개인주의적 성향에 대한 최태용의 비판은 적절한 것이라고 볼 수 있다. 따라서 구원받은 개인이 어떠한 에클레시아를 구성해야만 하는가라는 문제에 대한 구체적이고 합리적인 조직론의 부재는 김교신의 무교회주의에 하나의 문제로 남아 있다고 할 수 있다.[193]

이에 대한 반론으로 김교신은 주로 최태용의 무교회주의에 대한 이해를 문제 삼았다. 김교신은 무교회주의라는 것은 "교회와 대립 항쟁하는 곳에 그 존재 이유가 있다"라고 하는 최태용의 무교회주의에 대한 이해와 관련해서, 최태용은 무교회주의의 원리를 파악하지 못하고 그 외형만을 보고 있다고 비판했으며, 이는 무교회주의에 대한 심혹한 무지에서 나오는 주관적 독단일 뿐이고, 무교회주의를 크게 그릇되게 하는 견해라고 일축했다. 이는 인류가 발한 언사 중에 가장 무지한 고백이요, 가장 당돌한 선언이요, 가장 무책임한 고집이요, 실로 저능아의 고백 이외에 아무 의미도 없는 말이라고 주장했다.[194]

그리고 자신의 무교회주의는 진정한 에클레시아를 명백히 이루기 위하여 조직으로서의 교회를 부정하고 있는 것이며, 교회 비판을 본질로 삼는 것은 아니라고 말했다. 더욱이 자신의 무교회주의는 교회만을 문제로 삼는 것이 아니라, 시대적이고 사회적인 문제에 대해서도 관심을 갖기 때문에 결코 개인주의로 떨어지지는 않는다고 반박했다.[195]

---

193) 위의 논문, 76쪽.
194) 노평구 엮음, 『김교신을 말한다』, 141쪽; 노평구 엮음, 『김교신 전집』 2, 신앙론, 224쪽, 227쪽, 255-256쪽, 262-263쪽; 김정환, 앞의 책, 206쪽, 217쪽; 박찬규 엮음, 앞의 책, 192쪽.

또한 김교신은 "우리도 예수 믿는 사람이지 결코 무교회를 신봉하는 자가 아니다. 우리 흥미의 중심은 예수와 성서에 있는 것이요, 교회에는 있지 않다"고 하면서, 교회가 기독교의 정도에서 탈선했을 때에 바른 기독교를 말하려니 「무교회」라는 말을 사용한 것이지, 무교회 자체에도 교회와 마찬가지로 아무 생명도 없는 것이요, 애착할 것도 없는 바이라고 언급했으며, 단순한 그리스도와 그 복음과 성서가 우리의 사모하는 것이라고 주장했다.[196]

또한 기성 교회를 공격하는 것이 곧 무교회주의라고 오해하는 일에 대해, 김교신은 "교회 안에는 우리가 존경을 아끼지 않는 덕이 높은 목사와 충성된 장로, 경건한 평신도가 많이 존재함은 우리가 지금 새삼스럽게 깨달은 사실도 아니다. 그러므로 교회에 대한 우리의 태도는 이미 괴이한 반성이 아니냐고 공박을 받는 터이니 다 말할 것도 없거니와, 새해부터는 더욱 비난과 공격의 태도를 포기하고 백지주의를 넘어서 동정 협조의 심정으로써 출발하리라…지식보다는 사랑을, 공격보다는 엄호를, 지상의 논쟁보다도 목마른 자에게 냉수 한 잔 주기를 기도한다. 아무에게도 악의를 품어서는 안 되는데, 어찌 그리스도의 이름에 관련된 개인이나 단체에 대하여 악감을 품으랴"고 언급했다.[197]

이러한 점에서 김교신의 무교회 모임은 교회와 아주 절연한 것이 아니라 협동하고 있었다. 즉 교회 측 일들에 기꺼이 협력하고 그 교회를 아껴 키워 주려 했다. 특히 교회가 약하고, 더욱 총독정치 하에

---

195) 김윤정, 앞의 논문, 77쪽.
196) 「나의 기독교」, 노평구 엮음, 『김교신 전집』 2, 신앙론, 84쪽.
197) 「새해의 기도」, 김교신(노치준·민혜숙 옮김), 『조와』, 132-134쪽.

서는 민족주의 온상으로 찍혀 있는 마당에 더욱 그러했다. 이 측면은 우리가 주목할 바다. 김교신은 교회에 출석하기도 하고, 청하는 대로 장로교, 감리교 교회에 들어가서 설교도 하고 난생 처음으로 부흥사 노릇을 했다며 흐뭇해하고, 사경회도 인도하여 미력이나마 기독교회를 원조하고자 했으며, 새벽 4시 반에 기상하여 가정예배 준비를 하면서도 교회의 행사에도 잘 참석하고 교회를 위해 기도하기도 했다. 심지어 그는 교회가 자기를 이용해 주기를 바라기도 했다. 그는 "우리를 이용해 보라. 우리는 자비로 전도에 협력하겠다"고 했다.[198]

그리하여 김교신은 무교회주의의 본령은 소극적으로 대립 항쟁함에 있지 않고, 적극적으로 진리를 천명하며 복음에 생활하는 데 있다고 했다. 때로 항쟁이 없지 못하나, 이는 진리가 현현하며 생명이 성장하는 길에 장애물을 봉착한 때의 일시적 불가피한 현상이며, 무교회라고 해서 기독교회만이 그 항쟁이 대상이 아니고, 무교회자는 개념에 사는 학자가 아니요, 현실세계에 생활하는 산 사람인 고로 그 시대 그 사회의 현실에 착안하여 싸운다고 하면서, 교회 이외의 것과도 싸우는 데에 무교회의 정신이 있다고 주장했다.[199]

그리고 김교신은 조선을 배우면 배울수록, 조선기독교회의 내정을 알면 알수록, 차마 싸울 수도 없거니와 싸웠던들 별 수 없는 것을 알았다고 고백했다. 그러므로 혹시 교회의 그릇됨을 통책하지 않을 수 없을지라도 교회를 상하게 함을 일삼는 자는 아니라고 주장했다.[200]

---

198) 노평구 엮음, 『김교신을 말한다』, 141쪽; 노평구 엮음, 『김교신 전집』 2, 신앙론, 224쪽, 227쪽, 255-256쪽, 262-263쪽; 김정환, 앞의 책, 206쪽, 217쪽.
199) 노평구 엮음, 『김교신 전집』 2, 신앙론, 255-256쪽.
200) 위의 책, 225쪽.

그러면서 그는 교회가 교회지상주의로 기형화하지 않았다면 무교회주의가 생길 필요가 없었고, 무교회주의는 일면 전적(全的) 기독교이며, 그리스도의 고귀 심원한 정신이라고 밝혔다.[201]

김교신은 "우리는 무교회라는 용어까지 사용할 필요 없이 오직 유일한 복음을 믿었을 뿐이다. 우리는 누구보다도 '무교회'라는 문자를 즐겨하지 않는다. 그렇지마는 혼잡되기를 피하기 위하여 부득이 사용한다"고 했다.[202] 더 나아가 그는 무교회 쪽에 대해서도 경고를 한 일이 여러 차례였다. 그는 주장하기를 "무교회, 무교회를 연창함은 나무아미타불을 연창하는 속승(俗僧)과 같다. 무교회라는 범주 안에 우리를 구류하려는 모든 세력과 유혹에서 우리를 해방해야 할 것을 절감한다"고 했다.[203]

그리하여 김교신은 본산지의 무교회자들을 향하여 무교회 간판을 취하하자고 제의하기도 했다. 그 이유 중 하나는 무교회라는 데 대한 오해가 깊고 단단하여서 용이히 본연의 뜻대로 통용되기 어렵기 때문이라고 설명했다.[204]

그러면서 김교신은 "그렇다. 무교회주의자는 건드리지만 않는다면 아주 무난한 존재이다. 건드리지 않는 한 저는 결코 남의 교회를 방해하려고 하지 않을뿐더러, 기회만 있다면 교회를 도와주려고 하며, 좌석을 빌려주면 남과 같이 예배에 참석하고자 한다"고 언급했다.[205]

김교신은 무교회주의와 교회와의 관계는 진리 문제 혹은 교리 문

---

201) 위의 책, 260-261쪽, 263쪽.
202) 위의 책, 287쪽.
203) 노평구 엮음, 『김교신을 말한다』, 141쪽.
204) 노평구 엮음, 『김교신 전집』 2, 신앙론, 260-261쪽.
205) 위의 책, 286쪽.

제가 아니요, 감정문제요 이해문제이니, 그가 전과 같이 교회를 훼방하는 일을 일삼지 않고, 진심으로 교회를 도와주려 한다고 말했다.206)

그리고 김교신은 과거에 우리가 교회에 오해를 받고 배척을 당한 것이 교회에만 잘못이 있는 것이 아니요, 우리에게 더 많은 잘못과 미숙과 불능한 것이 있었다고 보았다. 그리고 그는 교회에 대하여 과거에 많은 잘못을 행한 것을 회개한다고 하면서, 교회가 다 잘했다는 것이 아니라, 교회의 잘못에 대하여 취했던 우리의 태도가 틀렸다고 했다.207)

그러면서 김교신은 무교회주의에 대한 오해를 일소하기 위해 "우리는 우리의 안을 뒤집어 보여 주어야 하겠습니다"라고 하면서, "우리 안에는 교파의 야심도 없고, 기성 교회에 대한 파괴의 사상도 없고, 기성 교회의 잘못을 공격만 하려는 생각도 없고, 다만 복음과 조선 민족을 위한 일편단심이 있을 뿐"이며, "교회를 해할 자가 아니요, 교회를 복음신앙으로 도와주려는 적심(赤心)뿐임을 알진대, 교회가 우리를 배척하거나 방해할 리가 없을 줄 압니다"라고 했다. 그리고 교회에 대하여 가졌던 우리의 태도 회개 운운은 교회의 직업적 교역자를 옹호하자는 뜻이 아니요, 교회의 공격하는 일만을 하여 미움을 사지 말고, 공격하는 일보다 건설하는 일, 도와주는 일을 더 많이 하자는 것이라고 하면서, 우리가 과거에 있어서 전도나 사업에 대하여는 일호도 한 일이 없고, 교회의 잘못을 공격하는 일만을 일삼았던 것은 덕이 되지 못한다는 것이며, 복음에 해를 끼치는 일이라고 말하기도 했다.208)

---

206) 노평구 엮음, 『김교신 전집』 5, 일기 1, 317-318쪽.
207) 위의 책, 320쪽.

이상과 같이 김교신의 무교회주의에 대한 비판은 김교신의 스승인 우치무라의 교회관이 잘못되었다는 점을 지적한 것이었으며, 그의 무교회주의를 이단으로 규정하면서 무교회주의는 그 안에 일본주의를 내포하고 있는 것으로, 우치무라의 사상에는 "조선 영계를 호시탐탐하는 영적 제국주의의 야심"을 찾아 볼 수 있다는 것이었다. 그리고 김교신 등을 일본주의 및 일본적 기독교에 동화된 기독교인이라고 비판했으며, 무교회주의를 식민지배와 연결시키는 것이었다.

또 다른 하나는 역사적이고 사회적인 실존이자 조직적이며 기독교 고유의 기구인 교회를 부정하는 무교회의 방법으로는 교회문제에 대한 적극적인 해결이 불가능하며, 극단적으로 고립된 개인주의가 되기 쉽다는 비판과 아울러 무교회주의는 교회와의 대립항쟁에만 그 존재이유가 있다는 비판이었다.

이러한 비판에 대해서 김교신은 우치무라의 사상을 통해 무교회주의 및 일본주의를 배운 것이 아니라, 복음의 자생능력을 배운 것이고, 우치무라의 지도를 통해 복음의 깊은 뜻을 알게 되었다고 반박하면서, 무교회주의는 신앙의 본질이신 예수 그리스도를 나타내는 방법을 일본에서 찾았을 뿐이라고 주장했다. 특히 김교신은 무교회주의가 우치무라의 것을 그대로 받아들인 것이 아님을 강조하면서 "나는 우치무라 간조가 아니다"라고 하였다. 그리고 "저들은 저들의 입장이 있고, 저는 저의 시대가 있었다"고 항변하면서, 우치무라는 조선 기독교와 관계 영향이 전무하다고 주장했다.

---

208) 위의 책, 298쪽.

또 한편 김교신은 자신의 무교회주의는 진정한 에클레시아를 이루기 위해 조직으로서의 교회를 부정하는 것이며, 교회 비판을 본질로 삼는 것은 아니라고 했다. 그리고 자신의 무교회주의는 시대적이고 사회적인 문제에 대해서도 관심을 갖기 때문에 결코 개인주의로 떨어지지는 않는다고 반박했다.

또한 김교신과 그 그룹은 무교회주의를 절대 신봉하는 자가 아니요, 「무교회지상주의」에 빠진 사람이 아님을 주장하면서, 오해가 많은 무교회 간판을 취하하자는 제안까지 했다. 그리고 그들의 관심은 오직 예수와 성서에 있고, 교회에 있지 않다고 하면서, 그들은 하나님에 대한 신앙의 순수성을 지키고, 오직 성서의 진리 위에 기초한 순수한 복음적인 믿음으로만 살고자 하는 사람들임을 주장했다. 그리하여 김교신은 식민지 조선에서 가장 필요한 기독교는 우치무라가 강조한 16세기 종교개혁자들이 체험한 기독교이며, 바울의 신앙으로서, 이것은 영적인 기독교요, 살아 있는 기독교라고 설파했다.

그러나 이러한 김교신의 반론에도 불구하고 실제 그의 사상은 우치무라의 사상으로부터 결코 자유롭지 못하며, 이를 적극 수용하여 일체화 된 것이었다. 따라서 무교회주의에 대한 세간의 비판에는 조선 기독교인의 불신이 반영된 것으로, 조선에 일본의 우치무라의 무교회주의가 토착화될 때 무교회주의 속에 내재되어 있는 일본적 성격을 어떻게 볼 것인가의 문제는 피할 수 없는 문제이기도 했다.

또한 김교신의 무교회주의 사상은 김교신의 반론과는 달리 우치무라의 사상적 배경인 종교개혁과 바울신앙에 기초해서 성서와 그리스도에 집중하는 순복음주의 신앙이자 개인주의 신앙으로써 그 안에 시대적이고 사회적인 문제에 깊은 관심이 있었는지에 대해서는 의문이 든다. 왜냐하면 김교신은 후술하는 바와 같이 우치무라가 원칙으로 삼는 정교분리의 원칙에 입각하여 정치와 사회문제에 관심을 두지 않는 순복음주의적 입장에 있었기 때문이다. 이런 점에서 김교신의 무교회주의 사상이 개인적인 영적 신앙의 차원에 머물고 있다는 비판을 면하기 어렵다고 볼 수 있다.

더 나아가 김교신과 그 그룹이 오랜 역사적 전통을 지닌 교회 조직을 부정하는 것은 무교회주의의 개인주의 성향을 드러낸 것으로 볼 수 있다. 구원받은 개인이 어떠한 에클레시아를 구성해야만 하는가 라는 문제에 대한 구체적이고 합리적인 조직론의 부재는 김교신의 무교회주의에 또 다른 하나의 문제로 남아 있는 것이다.

제4절 조선산 기독교와 민족주의 사상

1. 조선산 기독교

김교신의 조선산 기독교는 우치무라의 일본적 기독교와 마찬가지로 몇 가지로 정리해 볼 수 있다. 이는 우치무라의 일본적 기독교를 전적으로 받아들이고, 바울신앙과 루터의 종교개혁에 입각한 것이었다.

첫째, 조선산 기독교는 성서 위에 세워진 기독교이다. 김교신은 책 중의 책인 성서가 가장 고귀한 책이라고 하면서, 이러한 성서를 조선에 주고자 했다. 그는 언급하기를 "오직 우리는 조선에 성서를 주어 그 뼈를 세우며, 그 피를 만들고자 한다. 같은 기독교로서도 어떤 자는 기도생활의 법열의 경을 주창하며, 어떤 자는 영적 체험의 신비세계를 역설하며, 어떤 자는 신학지식의 조직적 체계를 애지중지하나 우리는 성서를 배워 성서를 조선에 주고자 한다"라고 했다.[209]

김교신이 진정 큰 의의를 부여하고 정성으로 한 일은 무엇보다도 종교의 진리를 조선민족을 위해 밝히는 일, 그리고 그것을 전하는 일이었다.[210] 특히 그는 기독교 이전 성서적 입장에 서지 못했던 조선역사에 대해 다음과 같이 평하고 있었다.[211]

---

209) 김정환, 앞의 책, 31-32쪽.
210) 위의 책, 62쪽.
211) 노평구 엮음, 『김교신 전집』 5, 일기 1, 150쪽.

"기독교가 들어오기 전에 조선을 바르게 볼 줄 아는 역사가가 났을 리가 만무하며, 기독교의 빛이 비추인 후에 아직 기독교적 역사가의 출현을 듣지 못하였었다. 빛이 반도를 비춘지 반세기에 비로소 반도의 진상을 드러냈도다. 반만 년 감추어 있던 오의(奧義)가 나타나게 된 것이다. 기독교와 관계없이, 그 빛에 비추임 없이 아무리 단군 천년사에 정통할지라도 그것은 흥분이 아니면 장난이다. 역사는 지울 수도 있다. 허무한 것을 만들어 가지고 한 민족, 한 국가가 왕성한 예도 없지 않다. 그러나 그것은 적어도 진(眞)은 아니다. 참이 아닌 역사에 취한 백성은 깨는 날에 그 멸망이 심하다. 범사가 다 그렇지만, 특히 역사에 관하여는 성서적 입장에 서지 못한 역사는 그 대소를 물론하고 만주광야에 기복(起伏)하는 마적단의 역사에 불과하다는 것이 더욱 느껴진다."

이처럼 김교신은 기독교의 빛이 비춰지기 이전의 조선역사를「흥분」아니면「장난」이라고 폄하하면서, 조선에 가장 필요한 것은 기독교라고 주장했다.

김교신은『성서조선』창간사를 통해 성서와 조선에 대한 강한 신앙적 의지를 다음과 같이 표현했다.[212]

"나는 학창시절에 오로지 학문에만 힘쓰면서 종종 이렇게 스스로 위로도 했다.「학문엔 국경이 없다.」장엄한 회당 안에서 열화 같은 설교를 경청할 때에 나는 감사하기가 비일비재이었다.「사해가 형제동포」라고 단순히 믿고 동경 에도성 내외의 양심에 충하고 나라를 사랑함에 절실한 소수자가 제2 국민의 훈도에 침식을 잊고 몰두함을 목

---

212) 김정환, 앞의 책, 21-22쪽; 노평구 엮음,『김교신 전집』1, 인생론, 19-21쪽.

도할 때에 나의 계획은 원대에 이르려 함이 있었다...과연 학문적 야심에는 국적이 보이지 않았다. 사랑의 충동에는 사해가 가슴 속의 것이었다. 이상의 실현에 이르려는 앞길이 다만 양양할 뿐이었다. 이러한 때에 들리는 일성은 무엇인고?「아무리 한데도 너는 조선인이다!」 아, 어찌 이보다 더 큰 의미를 우리에게 전하는 말이 있으랴! 이를 깨우쳐 만사 끝장이요, 이를 이해하여 만사 이룸이로다. 이에 시선은 초점에 맞추어졌고, 대상은 하나임이 명확해지도다. 우리는 감히 조선을 사랑한다고 큰소리치지 못하나, 조선과 자아와의 관계에 대해 겨우 무엇을 깨우침이 있는 줄 믿노라. 그 늦음이야 어찌 웃음을 기다리오만...그러므로 걱정을 같이하고 소망을 한 곳에 붙이는 어리석은 자 5, 6인이 동경 시외 스기나미 촌에서 처음으로 회합하여 조선성서연구회를 시작하고 매주 때를 기하여 조선을 생각하고 성서를 공부하면서 지내온 지 반년 남짓하여 누가 동의하여 어간의 소원이던 연구의 일단을 세상에 공개하려 하니 그 이름을 『성서조선』이라 하게 되도다. 그 이름의 우열과 적부는 우리의 불문하는 바이다. 다만 우리의 마음의 전부를 차지하는 것은 「조선」이란 두 글자이고, 애인에게 보낸 최고의 선물은 성서 한권뿐이니, 양자의 어느 하나도 버리지 못하여 된 것이 그 이름이었다...『성서조선』아, 너는 우선 이스라엘 집으로 가라. 소위 기성신자의 손에 거치지 말라. 그리스도보다 외인(서양인)을 예배하고 성서보다 회당을 중시하는 자의 집에는 그 발의 먼지를 털지어다. 「성서조선」아, 너는 소위 기독신자보다도 조선혼을 소지한 조선 사람에게 가라. 시골로 가라. 산촌으로 가라. 거기의 나무꾼 한 사람을 위함으로 너의 사명을 삼으라."

이는 조선은 다시 없는 조선이며, 세상에 제일 좋은 것은 성서와 조선이라는 것이다. 그리하여 김교신과 무교회주의자들은 오직 성서를 배워 성서를 조선에 주고, 조선을 성서 위에 세우고자 했던 것이다. 이는 겉모습을 갖춘 조선의 속살에 영원한 기반을 넣어주는 일이며, 그 지하의 기초공사인 성서적 진리를 조선인에게 소유시키는 일이었다. 넓고 깊게 조선을 연구하여 영원한 새로운 조선을 성서 위에 세우는 것이었다. 그러므로 「조선을 성서 위에」라고 한 것이다. 「성서와 조선」,「성서를 조선에」,「조선을 성서 위에」, 이것이 『성서조선』이었다.213)

김교신은 『성서조선』 잡지를 통해 무교회주의적인 입장에 서서 조선산 기독교를 주장했다. 즉 김교신은 우치무라의 일본적 기독교를 식민지 조선이라는 별개의 사회환경에 도입하여 전개하고자 했다.

김교신은 「학문에는 국경이 없다」는 말과 함께 「사해가 형제 동포」라는 인식에 근거하여 우치무라의 일본적 기독교 사상을 흔쾌히 도입하였다. 그리고 우치무라의 애국사상을 식민지 조선사회에 적용시켰다. 그리하여 우치무라에게 그의 조국인 「일본」이 그랬듯이 김교신의 마음의 전부를 차지한 것은 「조선」이란 두 글자였으며, 「조선」은 그의 애인이었다. 그리고 그런 애인에게 보내는 최고의 선물은 바로 성서였다. 이는 바로 성서 위에 영원한 새로운 조선을 건설한다는 이상을 내포한 것이었다.

둘째, 김교신의 조선산 기독교는 후술하는 바와 같은 조선에 대한 애국심으로 충만된 애국주의에 기반을 두었다.

김교신은 우치무라에게서 "나는 일본을 위해, 일본은 세계를 위해, 세계는 그리스도를 위해"라는 민족적 신앙방식을 배웠다.214) 김

---

213) 김정환 엮음, 『성서조선 명논설집』, 36-37쪽.
214) 김정환, 앞의 책, 35쪽.

교신은 우치무라 간조가 아무 것이 아닐지라도 일본의 진정한 애국자인 것은 초기부터 간취했으며, 애국자의 열혈, 이것이 무엇보다도 힘 있게 그를 견인하였음을 밝힌 바 있었다.[215]

또한 김교신은 우치무라를 이렇게 평가했다. "그야말로 우치무라 선생에게서 애국자라는 요소를 뺀다면 「고자 우치무라」가 될 것이다. 우치무라 선생의 모발부터 발톱까지가 전부 참 애국자의 화신이었다고 우리는 본다."[216]

이러한 우치무라의 애국심을 본받아 김교신 역시 조선에 대한 사랑을 표시했던 것이다.

셋째, 김교신의 조선산 기독교는 순복음주의적 기독교이다. 사람들로부터 김교신의 『성서조선』은 순복음주의에 입각한 잡지라고 인식되었다.[217] 이는 김교신의 조선산 기독교가 그리스도를 중심으로 하는 신앙과 십자가의 속죄, 부활과 그리스도의 재림을 내용으로 하는 순복음주의 기독교임을 의미한다.

김교신은 사도 바울의 "나는 복음을 부끄러워하지 않는다(로마서 1장 16절)"고 한 말씀만큼 신자에게 힘을 주는 것이 없다고 하면서, "십자가의 피에 자기의 죄가 속해지는 것, 한 번 죽어서 부활하는 것, 마지막 날에 그리스도가 다시 오시는 것 등, 이것이 모두 현대 과학교육을 받은 자로서 부끄러워할 충분한 이유를 가지는 신조들뿐이다. 복음은 실로 부끄러워해야 할 것이다"고 했다. 그러나 이 모든 부끄러운 이유를 다 알면서도 복음을 믿고 후퇴하지 않을 뿐 아니라, 이

---

215) 「우치무라 간조론에 답하여」, 노평구 엮음, 『김교신 전집』 2, 신앙론, 278쪽.
216) 「내가 본 우치무라 간조 선생」, 노평구 엮음, 『김교신 전집』 1, 인생론, 272쪽.
217) 노평구 엮음, 『김교신 전집』 6, 일기 2, 335쪽, 391쪽; 노평구 엮음, 『김교신 전집』 5, 일기 1, 62쪽, 64쪽.

것을 위해서는 언제나 생명을 바치려는 대기 태세이니 이상한 일이라고 했으며, 이것은 복음이 이론이 아니고, 학문도 아니고, 수식도 아니고, 생명 그 자체이고 능력 자체이기 때문이라고 주장했다.[218]

김교신은 우치무라의 사상을 수용하여 바울 신앙에 근거한 그리스도 중심의 순복음주의 신앙을 주장했다. 김교신은 "다른 일이라면 몰라도 기독교에 관한 한 우리는 우치무라 선생의 갑갑한 신앙에 서서 동하지 않고, 낡은 바울의 신앙에 돌아가 부끄러워하지 않는다…그리고 바울 자신은 자나 깨나 그리스도 또 그리스도였다…우리는 낡은 바울과 함께 하나도 그리스도, 둘도 그리스도, 셋도 그리스도, 그렇다. 넷도 그리스도의 십자가 외에는 알지 않으려고 결심하리라. 이것이 우리의 강령이다"라고 말했다.[219]

바울은 말하였다. "우리가 살아도 주를 위하여 살고 죽어도 주를 위하여 죽나니 그런고로 사나 죽으나 우리가 주의 것이니라."(로마서 14장 8절) 이것은 "바울 안에 그리스도가 사시고, 그리스도 안에 바울이 있었던 까닭이다. 이 일을 말하여 신앙생명이라 하며, 이러한 생활을 말하여 신앙생활이라 한다. 바울에게 있어서는 믿는 일이 곧 사는 일이다. 신앙과 생활이 결코 별개의 것이 아니었다. 신앙이 생활이며, 생활이 신앙이었다. 이것을 일러 신앙만의 신앙이다. 이것을 주장하는 것을 말하여 「순복음」이라 한다. 「순복음」이 아닌 것은 그것이 무엇이거나 절대로 기독교가 아니다." 그리하여 무교회주의자들은 교회라는 우상, 또는 전통이니 통제니 전체니 하는 미신, 심지어 무교회라는 허영 그 모든 것을 벗어나 바울에게 돌아가 신앙

---

218) 노평구 엮음, 『김교신 전집』 2, 신앙론, 123-124쪽.
219) 위의 책, 208-209쪽.

만의 「순복음」을 배우며, 그리스도만의 생활을 해야 한다고 주장했다.[220]

그리하여 그리스도를 믿는다는 것은 그리스도의 십자가와 그의 사랑을 믿는 것이었다. 주 예수가 세상을 떠날 때 제자의 발을 씻으면서 부탁하신 새로운 교훈도 "너희가 서로 사랑하여라" 하심이었다. 사도 바울도 "그런즉 믿음과 소망과 사랑, 이 세 가지는 항상 있을 것인데, 그 중에 제일은 사랑이라"고 결론했다고 하면서, 이렇게 보면 기독교는 전체로 사랑의 종교요, 그 밖에는 아무 것도 없는 것처럼 보인다고 했다.[221]

한편 김교신의 조선산 기독교는 순복음주의적 입장에서 부활을 믿는 것이었다. 이를테면 예수가 동정녀에게 성령으로 잉태되어 구유에 나서 광야에서 시험받고 십자가에서 죽어 사흘 만에 부활했다는 교리를 그대로 믿었다. 그는 이 같은 사실은 유희가 아니요, 연습이 아니요, 연극이 아닌 실전이라고 고백했다. 세상이 이해하든지 못하든지 엄연한 역사적 사실임을 주장했다.[222]

생전에 학파도 없었고, 문벌도 없었고, 사회와 항쟁할 만한 단체도 조직함이 없었고, 후사를 의탁할 만한 제자도 양성한 것이 없이 서른 청년으로 요절하여 아침 이슬같이 철저히 패배했던 예수가 십자가 후 불과 일세기에 벌써 당시의 전문명 세계인 로마제국을 정복하였고, 불과 20세기인 오늘날에 전 세계에 군림하여 일찍이 저 자

---

220) 송두용, 「기독교의 본질」 2, 『성서조선』 124호, 1939.5, 11-12쪽.
221) 「애적의 사랑」, 노평구 엮음, 『김교신 전집』 2, 신앙론, 133쪽.
222) 「사실이라는 말」, 김교신(노치준·민혜숙 옮김), 『조와』, 67쪽.

신의 예언한 대로 만왕의 왕으로 영계를 통치하게 되었으니, 이는 부활이라는 열쇠가 아니고는 해명할 수 없는 만고의 뜻이라고 김교신은 주장했다. 그러면서 신자든지 불신자든지 기독교는 이론이나 사색으로 조직한 것이 아니요, 부활이라는 사실 위에 세워진 종교인 것을 인식해야 한다고 하면서, 기독교의 기반은 부활이라고 주장했다.[223]

김교신은 다음과 같이 말했다.[224]

"바울 자신으로써 말하게 하면 저의 생애의 모든 변혁과 원동력은 죽은 후에 부활한 예수를 만나 본 사변에서 생겨 나왔다. 사도행전 제26장은 저의 전 생애의 축도요, 심판 받을 때의 변명인데 「태양보다 더 광명한 빛」을 보았고, 「나는 너희가 핍박하는 예수라」는 소리를 들었다는 것이 그 요점이다. 「내가 그리스도와 그 부활의 권능과 그 고난에 참여하여 그 죽으심을 본받아 어떻든지 죽음 가운데서 부활함에 이르려 하노라」(빌립보서 3장 10-11절)는 것이 바울 평생의 신앙중축(信仰中軸)이다. 이 신앙, 이 희망을 위하여 그는 「모든 것을 잃고 분토같이 여겼고」, 오직 이 한 일만을 하여 뒤에 있는 것을 잊어버리고 앞에 있는 것을 잡으려고 푯대를 향하여 질주했다. 이해할 수 있거나 없거나 사실을 사실로 인식하여야 한다. 만물이 갱생하는 부활절에 당하여 우리는 다시 한 번 원시적 신앙에 소성(蘇醒)할 것이다."

더 나아가 김교신은 우치무라와 마찬가지로 성서에 기록된 문자 그대로를 믿어 「육체의 부활」을 믿었다. 즉 그리스도의 부활은 영혼

---

223) 노평구 엮음, 『김교신 전집』 2, 신앙론, 156쪽.
224) 위의 책, 157-158쪽.

의 부활이 아니라 육체를 장사지낸바 되었다가 그 육체가 부활했다는 것을 의미한다고 믿었다. 그리고 이를 성서를 통해 증명하고자 했다.225)

그러나 김교신은 "부활의 진리처럼 고귀한 것이 없으나 또한 부활론처럼 위험한 것도 다시없다. 자칫하면 발광한다"고 경계를 하기도 했다.226)

또한 김교신의 순복음주의적 기독교는 그리스도의 재림을 믿는 것이었다. 그는 다음과 같이 말했다.227)

> "이지(理智)의 불가능에서부터 신앙은 시작된다. 우리는 주 그리스도의 재림을 믿는다. 웃는 자는 웃으라. 무엇이 나타나는가. 첫째로 근본적 심판이 있어서 알곡과 쭉정이를 갈라내는 일이 있을 것을 믿고 우리는 두려움을 금치 못한다. 사람이 한 번 나서 죽고 심판받을 것은 정한 이치인 까닭이다(히브리서 9장 27절). 그러나 그 뿐만으로 그치지 않을 것을 또한 믿는다. 그리스도를 면대해 봄으로써 그와 유사하게 화할 것을 우리가 믿는다."

김교신은 그리스도의 재림으로 "새 하늘과 새 땅을 보니 처음 하늘과 처음 땅이 없어졌고 바다도 다시 있지 않더라. 또 내가 보매 거룩한 성 새 예루살렘이 하나님으로부터 하늘에서 내려오니 그 예비한 것이 신부가 남편을 위하여 단장한 것 같더라. 내가 들으니 보좌에서 큰 음성이 나서 가로되 보라, 하나님의 장막이 사람들과 함

---

225) 위의 책, 177쪽.
226) 노평구 엮음, 『김교신 전집』 6, 일기 2, 9-10쪽.
227) 노평구 엮음, 『김교신 전집』 2, 신앙론, 117쪽.

게 있으매 하나님이 저희와 함께 거하시리니 저희는 하나님의 백성이 되고 하나님은 친히 저회와 함께 계셔 모든 눈물을 그 눈에서 씻기시매, 다시 사망이 없고, 애통하는 것이나 곡하는 것이나 아픈 것이 다시 있지 아니하리니 처음 것들이 다 지나갔음이라(계시록 21장 1-4절)"고 하면서, 이것이 우리의 전 생존의 이유가 된다고 했다. 그러면서 오직 목마른 사슴이 시냇물을 갈급해 하듯이 주를 갈망하라고 했다.[228]

그리고 그리스도의 날까지 우리 구원의 업이 성취될 수 있도록 해야 한다고 했다. 그러나 김교신은 내세, 즉 사후문제에 대해서는, "원래 나는 사후 문제에 관하여 지식이 매우 천박합니다. 가보고 온 것처럼 확연하고 세밀하게 이야기하기를 원치 않고 또 불가능합니다. 다만 나의 믿음으로는 베드로 전서 3장 19절 및 동 4장 6절의 경우는 믿는 자는 물론이요, 미신자에게까지 미치는 것인 줄로 압니다"라고 했다.[229]

여기서 베드로 전서 3장 19절은 이러하다. "그리스도가 또한 영으로 가서 옥에 있는 영들에게 선포하시니라." 4장 6절은 이러하다. "이를 위하여 죽은 자들에게도 복음이 전파되었으며, 이는 육체로는 사람으로 심판을 받으나 영으로는 하나님을 따라 살게 하려 함이라." 이로 미루어 보면 김교신 역시 우치무라와 마찬가지로 내세론을 인정하고 있었던 것으로 보인다.

또한 무교회주의자들은 우치무라와 마찬가지로 영생을 구하고 있었다. 즉 양인성은 이렇게 말하고 있다. 조선의 소위 교인 또는 교회

---

228) 위의 책, 118쪽.
229) 위의 책, 146쪽, 149쪽.

자들은 기독교의 지엽인 교회정치 혹은 치리 등 법적 제도와 의식적 모든 규칙은 하려 하면서 기독교의 진수인 영생, 부활, 재림 등 영적 모든 진리는 등한시 하고 있다고 지적하고 있다. 그러면서 영생과 기독교의 관계를 명확하게 하여 종래의 그릇된 생각을 고치며 동시에 새 생명의 기독교를 알아야 할 필요가 있다고 주장했다. 요한복음 5장 39절을 보면 "너희가 성경을 상고하는 것은 그 가운데 영생이 있는 줄 아는 까닭이다"고 했다. 여기서 영생이란 영어로 보통 「eternal life」라고 번역하며, 「영원히 존재하는 생명」이라는 뜻이라고 했다.[230]

그러나 양인성은 "우리 동양사람은 이 영생이라는 데 대해 많은 오해를 가지고 있다"고 했다. 즉 이 세상을 떠난 후 천당에 가서 영원히 사는 것만으로 영생이라고 본다는 것이다. 그러나 요한복음 5장 24절에 기록된 예수의 말씀은 "내 말을 듣고 또 나를 보내신 이를 믿는 사람은 영생을 얻고 정죄하는 데 이르지 아니하리니 사망에서 나와 영생으로 들어갔느니라"고 했다. 「들어가리라」가 아니라, 「들어갔다」는 것이다. 미래가 아니고 과거다. 믿으면 벌써 영생에 들어간 것으로 생각했다. 즉 동양류의 사후 신선행 혹은 천당생활이 아니고, 너희가 매일 내 말 즉 성경을 상고하는 것은 그 가운데 최고지선의 생명, 항구불변의 생명이 있는 줄 아는 까닭이라는 뜻이었다. 이 생명은 시간을 초월한 과거, 현재, 미래를 통해 영원히 가치를 가진 최고의 생명이라는 것이다. 즉 생명 중 제일 귀한 생명이라는 것이다.[231]

이는 어느 시대, 어느 사람을 물론하고 적용되는 대진리라는 것이다. 예수는 이렇게 말했다. "내가 곧 길이요 진리요 생명이다", "내가

---

230) 양인성, 「기독교와 영생」, 『성서조선』 제17호, 1930.6, 18쪽.
231) 위의 논고, 18-20쪽.

영생이다", "성서는 나를 위하여 증거하는 것이다." 이는 예수가 아니면 감히 입 밖에 내지 못할 말씀이라는 것이다. 양인성은 이러한 예수를 나의 생명으로 하는 자는 이 세상 육에 있으나 벌써 영으로 영생을 맛보고 있는 자라고 보았다. 그리고 이 일을 밝히 증명하는 것은 성령이고 성경이라고 했다. 따라서 이는 우리의 매일 드리는 기도와 성경연구의 목적이라고 했다. 그러면서 양인성은 "생명 없는 교회는 속히 재래의 사각(死殼)에서 나와 영생으로 들어가라. 회개하고 각성하라. 참생명을 얻으라. 그리하여 예수 본위로 믿는 순신앙자를 많이 내기를 간절히 바란다"고 했다.[232]

이처럼 김교신과 무교회주의자들은 현실의 역사 안에서 순수한 신앙을 위한 끝없는 순례, 도덕적 순결성, 성서적 철저성을 목표로 사는「순복음주의 신앙」을 소유했던 사람들이었다.[233]

넷째, 김교신의 조선산 기독교는 독립적 기독교이다. 무교회주의자들은 바울신앙에 기초한 우치무라의 사상을 본받아 경제적 독립생계를 확립함은 결코 적은 일이 아니며, 결코 등한시 할 일이 아니라고 했으며, 육체와 분리된 영혼이 살 수 없는 것처럼 경제적 독립을 못한 신앙도 살지 못한 신앙이라고 주장했다.[234]

특히 김교신에 의하면 외국의 선교사업비에 의해서 유지되는 교회는 진정한 우리 교회가 될 수 없다고 했다. 또한 국적이 뚜렷하지 못하고 민중의 가슴과 생활에 파고들지 못하는 기독교는 식민지 시

---

232) 위의 논고, 20-21쪽.
233) 양우석, 앞의 논문, 3쪽.
234)「현실생활과 신앙」,『성서조선』108호, 1938.1, 2쪽.

대를 살아가는 조선의 기독교가 될 수 없다고 주장했다.[235]

즉 김교신은 자기와 자기 교회가 있을 뿐이요, 조선과 조선인의 염두에 없는 교회를 반대하고, 조선공산당이 다른 나라의 그것과 다른 특이한 것이 있는 것처럼, 기독교도「조선 김치」냄새나는 기독교가 출현해야 한다고 외쳤다.[236]

미국의 선교사들은 많은 양의 선교헌금을 통하여 대량의 물적 지원을 해왔는데, 김교신은 이를 당시 교회가 독립하지 못하는 가장 큰 장애물로 인식했다. 그는 조선도 언제까지고 남에게 의지할 것이 아니며, 말 잘하는 남아와 눈물 많은 여 대표를 파송하여 "미주의 황금을 구걸하는 것이 언제까지든지 능사일 수는 없다. 모든 일이 다 그렇지만 특히 만사의 기초되는 구령사업에 있어서 조선은 남의 신세만 질 것이 아니다. 하루속히 자립하여야 하겠고"라며, 될 수만 있으면 미국과 기타 외국에서 받은 것을 갚아 주어야 하겠다고 주장하면서, 조선교회의 자립을 촉구했다.[237]

특히 김교신의 1937년 12월 7일자 일기에 쓰여 있는 미국에 대한 소식은 다음과 같이 부정적인 것이었다.

> "물질로나 도덕으로나 세계에 제일 더러운 인종을 구하는 자가 있다면, 미국 사람을 소금 발라서 내어 보이고 싶습니다. 민본주의가 생명이라고 자랑하는 그들의 내면을 보면 극악한 계급주의가 있습니다. 쓰고 남은 돈으로 선교사를 외국에 보내는 그들의 생활내면을 보면

---

235) 김정환, 앞의 책, 24쪽.
236) 노평구 엮음,『김교신 전집』5, 일기 1, 243쪽; 김정환,「김교신의 민족정신사적 유산」, 『민족문화연구』10호, 고려대학교 민족문화연구소, 1976.9, 181쪽.
237) 노평구 엮음,『김교신 전집』5, 일기 1, 131쪽; 김윤정, 앞의 논문, 45쪽.

진부하기 짝이 없습니다. 금주국이라고 하지만 집집마다 술을 만들어 마시며, 주류 밀수입자들이 정부 관리들을 매수하여 가지고 대규모로 술을 파는 동시에 소위 갱스터의 횡행이 심하여 범죄율이 놀랄 만큼 고등합니다. 그 중에서 제(弟)가 제일 머리 아파하는 것은 양키들의 인종차별이올시다. 어느 점으로 보든지 백인이 황인보다 우수한 점을 볼 수가 없건만 이것들은 교만합니다. 그리하여 언제든지 우월감을 가지고 있으므로 우리가 보기에 구역질나는 일이 많습니다. 그들의 흑인에 대한 차별은 신인(神人)이 용서할 수 없는 죄악입니다. 남방에서는 흑인에게 사형이 성행합니다. 흑인이 보스의 말을 불순(不順)한다든지 불공평한 대우에 항의를 할 때에는 백인 여자를 강간하였다는 구실을 위조하여 가지고, 잡아 가둔 후에는 수백의 시민이 폭동으로 감옥을 습격하여 이 흑인을 끌어내어 나무에 매달고 총으로 쏘아 벌집을 만들어 죽이곤 합니다…이런 사형이 생긴 때마다 폭도들이 누구인지 알 수 없다고 늘 당국은 말합니다. 고약하지 않습니까?"[238]

이러한 미국에 대한 부정적인 인식 아래 김교신은 조선의 전통적인 가치의식과 미의식의 깊이에도 미치지 않는「미국적 기독교」를 흉내 내거나 자민족 우월주의에 빠져 있는 선교사의 일방적인 선교 방식을 무비판적으로 수용하려는 조선 기독교의 경향을 조선인으로서의 자기를 잃어버린 주체 상실적인 기독교라고 보았다.[239]

따라서 김교신은 이러한 제 문제를 포함한 미국적 기독교라면 차라리 믿지 않는 것이 오히려 좋다고 말할 정도로[240] 철저하게 반미주의적이며 독립적 기독교인 조선산 기독교를 제창했던 것이다. 이

---

238) 노평구 엮음,『김교신 전집』5, 일기 1, 34-35쪽.
239) 양현혜,『윤치호와 김교신』, 181쪽.
240) 위의 책, 181쪽.

러한 조선산 기독교는 우치무라의 일본적 기독교를 그대로 수용한 것이기도 했다.

한편 김교신의 조선산 기독교에서 주장하는 독립은 우치무라와 마찬가지로 단독과 개인주의를 의미했다. 그는 다음과 같이 말했다.241)

"그러면 그리스도를 믿는 것은 세계 최대 부강국이 기독교국인 까닭인가. 영·독·불 등 선진 제국과 전 세계의 대다수 민중이 그리스도를 숭배하는 까닭인가. 아니다. 결코 아니다. 비록 세계 종교 분포도의 색채가 오늘과 상반하여 기독교국이 극소하여지더라도, 아니 지구상에 오직 홀로 남은 때에도 신앙하는 것이 신앙이다. 홀로 설 때에라야 참 신앙이다. 아브라함은 홀로 믿었다. 노아는 독신도들의 단체 속에서 신앙을 부지(扶持)한 것이 아니었다. 루터는 시국의 대세를 살피어 하나님을 믿는 척한 것이 아니었다. 전 세계 대 한 사람으로 저는 신앙한 자다. 알지 못하거니와 우리는 이 각오가 있는가 없는가."

김교신은 "우리는 공동이나 연합으로 일하는 데는 흥미를 잃은 자요, 만부득이한 일이면 단독으로 당하려니와"라고 말한 바 있으며,242) 우리의 희망은 거대한 사업성취나 혹은 신령한 사업 헌신에 있는 것이 아니라 진실한 한 사람의 출현에 있다고 밝혔다. 그가 아무 사업도 성취한 것 없이 그리스도와 같은 참패로써 세상을 마친다 해도 참 의미에서 하나님을 믿고 그와 함께 걷고 함께 생각하며 함께 노역하는 자면 우리의 희망은 전혀 그에게 달렸다고 말했다.243)

---

241) 노평구 엮음, 『김교신 전집』 2, 신앙론, 112쪽.
242) 노평구 엮음, 『김교신 전집』 5, 일기 1, 207쪽.
243) 노평구 엮음, 『김교신 전집』 1, 인생론, 35-36쪽.

특히 김교신은 "주 그리스도가 40일 40야를 광야에서 시험 받을 때에 단독이었고, 그 십자가가 또한 단독이었다. 단독은 원하고 싶은 것은 아니나, 인생에 단독은 불가피한 것인 듯하며, 또한 인생에 가장 고귀한 것은 단독으로 당하는 일에서만 얻을 수 있는 듯하다. 우리가 병환으로 인하여 친족에게 버림을 당하고, 빈곤으로 인하여 친구를 잃으며, 불리한 사업을 기도하여 협력자의 배반을 당할 때에 그 자리가 아니고는 받을 수 없는 진리의 잔이 넘침을 본다. 그리하여 나중 심판의 자리에도 통역 없이, 변호사 없이 오직 중보자인 예수와 함께 단독으로 서리라"고 했다.244)

함석헌도 조선산 기독교는 개인적임을 밝혔다. 그 진리의 말씀적인 까닭으로, 그 신앙의 생명적인 까닭으로 개인적이지 않을 수 없다고 주장했다. 믿는 자는 그리스도의 살을 먹고, 피를 마시지 않으면 안 되고, 하나님은 각 개의 영혼이 자기 자신을 그 손에 바치기를 요구한다고 했다. "나를 따라오려거든 자기를 이기고, 날마다 제 십자가를 지고 오라"고 그리스도는 말한다고 했다. 이 말을 듣고 어떤 사람이라도 신앙의 개인성을 부인할 수 없다고 주장했다.245)

다섯째, 김교신의 조선산 기독교는 평민적 기독교이다. 김교신은 기독교를 「범부의 종교」라 하여246) 그 평민성을 지적했다. 그의 조선산 기독교는 이름 없는 민중과 그 민중이 지켜 온 삶과 역사와 땅을 사랑하고 그 속에 믿음과 진리를 키우려는 것이었다.247)

김교신은 민족을 구성하는 중핵 층인 민중 속에 파고들지 못하는,

---

244) 위의 책, 131쪽.
245) 함석헌, 「무교회」, 『성서조선』 86호, 1936.3, 3쪽.
246) 노평구 엮음, 『김교신 전집』 2, 신앙론, 55쪽.
247) 김정환, 앞의 책, 203쪽.

그리고 그들의 생활 속에 소화되지 못하는 기독교는 조선의 기독교가 될 수 없다고 생각했다.[248] 그리하여 그의 신앙은 다음과 같은 민중에 기반을 둔 평신도 신앙관에 기초하고 있었다.[249]

> "신학교에서 배운 일이 없고, 목회의 직분을 받은 일이 없으니 평신도요, 특수한 경험으로 크게 성령의 역사를 받아 동포나 이방 만인을 위하여 세움을 받았다는 확신이 없으니 평신도요, 어느 교회가 주장하는 것처럼 육신 이대로 완전히 깨끗함을 받아 다시 범죄하지 않는 지경에 달하였다는 신선 같은 체험이 없으니 평신도이다. 가르치는 일은 천만 부득이한 때의 일이요, 배우려는 일을 평생의 천직으로 삼았으니 평신도인 줄 안다. 우리의 지식은 물론이요 우리의 신앙까지도 가장 완전한 신앙이라고는 자부하지 못한다. 학식이 깊은 이에게서는 학식을 배우고, 체험을 귀히 여기는 이에게서는 체험을 듣고자 한다. 어떠한 인물이라도 그가 가르치고자 하면 이 편은 배우고자 할 뿐이다. 다만 천국에 관하여, 사후 생명의 부활에 관하여 마치 금강산이나 팔레스타인을 구경하고 와서 이야기 하듯이 골고루 샅샅이 너무 자세히 이야기 하는 교역자는 우리가 신용하지 않으니 이도 평신도인 탓이다."

특히 김교신은 예수의 행적과 하나님 나라 비유의 말씀들을 지적하면서, 이러한 예수의 말씀은 특히 소약(小弱)한 범부에게 하늘에서 온 가신(嘉信; 기쁜 소식)으로 들린다고 하면서, 우리는 예수와 함께 작은 일을 행하고 만족하려 하며 감사하리라고 했다. 따라서

---

[248] 위의 책, 41쪽.
[249] 「우리는 한 평신도이다」, 김교신(노치준·민혜숙 옮김), 『조와』, 52쪽; 「우리는 한 평신도다」, 노평구 엮음, 『김교신 전집』 2, 신앙론, 190-191쪽.

그는 이런 점에서 기독교는 범부의 종교라 해도 과언이 아니라고 주장했다.250)

그는 예수의 식탁에는 세리와 창기와 악인과 빈자들뿐이라고 시비를 들었다고 지적하면서, 어느덧 우리는 교우의 귀족주의자요, 부르주아지요, 독선주의자로 되어버렸다고 했으며, 오늘부터 우리는 치욕감을 누르기 어려울 만 한 자를 택하여 그대의 책무와 치욕을 분담하고자 기원하고 병자와 죄인을 부르러 오신 주 예수와 함께 온갖 천한 자, 낮은 자, 추한 자와 사귀기를 갈구한다고 부르짖었다.251)

예를 들어 김교신은 1935년 3월 16일에 처음으로 소록도의 나환자로부터 편지를 받았는데 이에 충격을 받았다. 이는 『성서조선』 주필의 일생에 큰 사변의 하나였다. 그는 조선의 유능한 청년들에 대한 전도사업은 교권자들에게 양도하고 그들은 이제부터 소록도 5천 여 나환자들에게 복음을 전하고 코이노니아를 맺는 일에 온 정성을 쏟아야 한다고 다짐했다. 그 후 김교신은 계속 소록도에 대한 관심과 사랑을 쏟았고, 소록도에서 온 편지를 『성서조선』에 요약해서 공개했다. 그리고 소록도의 믿음의 형제들에게 모든 수단을 다하여 원조의 손길을 뻗치기 시작했다. 그들을 위로하는 글을 썼고 그들이 원하는 성조지 다수를 무료로 제공했으며, 또 학문적 지식을 총동원하여 나환자 구원사업 캠페인을 벌이기 시작했다. 이렇게 그의 소록도 환자들에 대한 관심은 날로 높아졌고 이로 인해서 나병환자 일반에 대한 관심도 커갔다.252)

---

250) 노평구 엮음, 『김교신 전집』 2, 신앙론, 55쪽.
251) 위의 책, 142-143쪽.
252) 김정환, 앞의 책, 123쪽, 130쪽.

또한 김교신은 일본 광업주식회사에 견학을 갔는데 그곳에서 석탄 캐는 소년 광부를 보고 그 소감을 일기에 다음과 같이 썼다.253)

"처음 한 시간은 산에 관한 이런저런 강화를 듣고, 다음에 안전모와 갱내 복을 갈아입고 갱내를 일순하고 셋째로 선광작업을 견학하다. 이 광산은 연산액이 350만원에 달하여 조선 제3위라고 설명을 들어도 평생에 이런 거액의 금전을 취급한 체험 없는 우리에게는 광산의 대소에 관하여 하등 실감을 느끼지 못하다. 단 갱내 도처가 심히 청결 정돈된 것이 놀랍고, 갱내 막다른 골목에 이르렀을 때에 컴컴한 중에 착암기를 잡고 서 있는 15,6세의 소년 하나가 나의 가슴을 덜컥 내려 앉게 했다. 광맥보다 이 소년이 나의 온 주의를 끌어 버렸다. 저가 꼭 내 동생, 내 아들만 같아 견딜 수 없었다. 갱내가 컴컴한 것을 기화로 광벽을 향하여 무량의 눈물을 뿌리지 아니치 못하였으니, 이것이 박물교사의 광산견학의 총수확이었다. 갱내에서 이런 소년 광부 3,4인을 만나는 대로 나이를 물은 즉 16세. 학업은 보통학교도 못 다녔다 하며, 일수 55전이라고 저들도 보통교육을 받고 바울을 읽으며, 예수의 복음 듣는 날 오기까지 우리가 어찌 편안히 눈을 감을 수 있으랴."

즉 김교신의 기독교는 복음의 평민화와 평민의 생활을 복음적 진리화하는 「평민적 기독교」였다.254)

이상과 같은 김교신의 조선산 기독교에 대해 채송희를 비롯해서 많은 연구자들이 일제에 대한 저항적 산물이라고 하고 있다.255) 특

---

253) 노평구 엮음, 『김교신 전집』 6, 일기 2, 414쪽; 김정환, 위의 책, 72-73쪽, 260-261쪽.
254) 노평구 엮음, 『김교신 전집』 5, 일기 1, 81쪽.
255) 채송희, 「김교신의 대일관 연구」, 연세대학교 대학원 신학과 석사학위논문, 2003,

히 삼산호이(森山浩二)는 "조선민족의 심령적 기초를 하나님의 말씀, 즉 성서의 진리 위에 재건해서 조국의 독립에 이바지할 조선인을 육성배출하기 위한 것이었다"고 보고 있다. 이는 바로 일제가 수행해 온 민족말살정책에 근본적으로 대결하는 성격을 가진 운동이었다고 주장하면서, 더 나아가 일제 식민지배 정책에 대한 소극적 활동에 그치지 않고, 오히려 그것을 근본적으로 극복하기 위해 조선민족의 사명과 이상을 제시하고, 그리고 조선인으로서의 민족의식을 자각하게 하며, 민족혼을 심어주고, 또 한편으로는 기독교 복음을 인하여 신생한 조선인 또는 하나님 이외 아무 사람도 두려워하지 않는 참 독립된 조선인을 육성한다는 비전을 제시한 "구체적이고 건설적이며 보다「적극적인 저항운동」"이라고 주장하고 있다.[256]

그러나 실제로 보면 김교신의 가장 선결적인 과제는 미국 기독교와 미국 선교사들로부터 독립하는 것이었다. 그의 조선산 기독교는 조선 기독교회가 미국적 형식을 제거하고 성서로부터 직접 배우는 것이며, 더 나아가 미국 기독교회에 대한 경제적 의존으로부터 독립하는 독립적 기독교를 수립하는 것이었다.

또한 김교신의 조선산 기독교는 바울신앙에 근거를 둔 우치무라의 사상인 순복음주의적인 신앙에 기반을 둔 것으로 그 내용은 그리스도의 십자가와 속죄, 부활, 그리스도 재림 등이었다.

따라서 조선산 기독교는 식민지 조선을 억압·지배하고 있었던 일본에 대해서는 전혀 비판이나 저항의 성격을 갖고 있지 않았다. 오히려「학문에는 국경이 없다」는 말과 함께「사해가 형제 동포」라

67쪽.
256) 森山浩二, 앞의 논문, 68-69쪽.

는 인식 하에 우치무라의 일본적 기독교를 적극적으로 받아들여, 식민지 조선사회에 적용시켰던 것이다.

요컨대 김교신의 조선산 기독교란 어디까지나 우치무라의 사상에 입각한 개인적이고 순복음주의적인 영적 종교운동이지, 정치적으로 조선의 독립과 일제로부터의 해방을 논한 민족해방운동이라고는 볼 수 없다.

2. 민족주의 사상

(1) 두 개의 C(예수와 조선)

김교신은 우치무라로부터 바울의 민족주의 사상 및 애국사상을 배웠다. 우치무라가 사랑한 두 개의 J가 Jesus and Japan이었다면, 김교신이 사랑한 두 개의 C는 Christ and Chosun이었다.

정상훈은 "나의 살의 살이요 뼈의 뼈인 조선아!"라고 했으며,[257] 김교신은 1933년 1월 11일 일기에서 이렇게 고백했다.[258]

> "조선을 알고, 조선을 먹고, 조선을 숨 쉬다가 장차 그 흙으로 돌아가리니 또한 기쁘지 않겠는가."

김교신은 우치무라의 사상을 받아들여 조선의 국토와 지리 및 자연 그리고 역사를 알고, 알리기 위해 수업 이외에 「물에 산에」라는

---

[257] 김정환 엮음, 『성서조선 명논설집』, 128쪽.
[258] 박찬규 엮음, 앞의 책, 76쪽.

과외활동 서클을 조직해서 토요일 오후나 일요일마다 북한, 삼각, 관악, 인왕 등 병풍처럼 둘러싸인 산악순례, 성벽 돌기, 서울 근교의 명승지나 성지 및 사적을 답사하기도 하고, 저명인사를 방문해서 여러 가지 이야기를 듣기도 해서 산 지리와 역사를 학생들에게 공부시켰다. 그는 학생들에게 이 서클에 참가를 권하면서 언급하기를 "조선의 국토는 산하 그대로 조선의 역사이다. 그리고 조선인의 정신이 이 땅에 깃들어 있다. 조선인의 마음, 조선인의 생활의 자취가 고스란히 이 국토 위에 박혀 있다. 자기를 분명히 알아가는 일이 인생의 근본인 즉 상급생을 따라「물에 산에」참가하여 하루 휴일을 값있게 보냄도 좋을 것이다"라고 했다.[259]

그리하여 학생들은 이 서클에 참가하여 산 역사 공부와 산 지리 공부를 할 수가 있었으며, 조선의 자연과 역사를 통해 의식 또는 무의식 간에 인생을 배우고 민족의 얼을 배울 수 있었다.[260]

특히 김교신은 여행을 통해 산으로 강으로 또 고적으로 조선을 속속들이 보고 싶고, 속속들이 알고 싶다고 고백했다.[261] 더 나아가 그는 조선의 국토를 사랑했다. 그리하여 늘 말하기를 내 나라, 내 땅의 흙 맛을 알아야 한다고 했다. 그는 일본으로 유학하고자 하는 한 학생에게 "조선 사람이 조선의 것을 잘 알고 난 후에 딴 나라에 가서 공부해야 할 것이 아니겠느냐? 한 줌의 흙에서도 무한한 공부를 할 수 있지 않느냐? 그러니 삼천리강산에서는 배울 것이 산더미 같으니라"고 권고하기도 했다.[262]

---

259) 노평구 엮음, 『김교신을 말한다』, 189쪽; 森山浩二, 앞의 논문, 29쪽.
260) 森山浩二, 위의 논문, 30쪽.
261) 노평구 엮음, 『김교신 전집』 7, 일기 3, 부키, 2002, 358쪽.
262) 노평구 엮음, 『김교신을 말한다』, 168쪽, 172-173쪽.

또한 김교신은 북한산상의 설교에서 학생들에게 다음과 같이 호소했다.263)

"여러분, 이렇게 추운 날씨에도 입춘이 되면 눈 아래 있는 풀도 생기를 도로 찾는 것처럼, 여러분도 삶의 생기를 도로 찾아야 살고, 또 제군들과 같이 젊은 청년들이 우리 민족의 생기를 도로 찾아 줄 수 있도록 돼야 한다...눈은 풀에 대하여 무서운 장애물이다. 그러나 그 풀은 입춘이 되면 날씨가 춥더라도 생기를 도로 찾게 된다. 여러분 청년 학도들이 머리에 간직하고 있는 민족의식과 여러분 가슴에 간직하고 있는 민족정기는 피압박민족으로 영원히 소멸되는 것이 아니라, 영구히 여러분의 머리와 가슴에 살고 있으나 지금 생기를 도로 찾지 못하고 있을 뿐이다. 그러니 절대로 낙담하지 말고 입춘의 시기가 되면 풀이 생기를 찾는 것처럼 우리도 민족의식과 민족정기를 도로 찾아 일본인의 압박에서 벗어나 독립을 찾을 때가 있을 것이니, 여러분은 원대한 포부와 희망을 가지고 열심히 공부함은 물론 앞으로 민족과 국가를 위해 이바지할 수 있는 능력과 교양을 쌓는 것이 긴급한 임무다."

그리하여 김교신의 교육관은 신앙 중시 교육뿐만 아니라, 학생들에게 조선에 대한 사랑과 민족애를 심어주는 것이었다. 그는 18년간 공생애를 보내는 동안 지성으로 애국의 정열을 청년교육과 민족계몽을 위해 바쳤다. 그는 끝까지 창씨개명을 하지 않았고, 조선어로 강의를 했다.264)

특히 그의 지리·박물수업은 매우 자유스러운 것이며, 대체로 수

---

263) 위의 책, 199쪽.
264) 박신관, 「김교신 연구」, 고려대학교 교육대학원 석사학위논문, 63-64쪽; 森山浩二, 앞의 논문, 26쪽.

업시간마다 십분 정도는 인생에 대한 이야기로부터 시작하고, 때로는 수업시간 한 시간의 3분이 2가 자유강의였고, 나머지 시간이 그 날의 학습시간이었다. 대강 요점만을 가르치는 것도 있었다. 인생강의 내용은 고전명저나 신앙의 위인들에 관한 전기 등의 독서소개를 하기도 했고, 특히 그 중에서는 피히테의 『독일 국민에게 고함』이라는 책을 기회가 있을 때마다 열독하라고 권장했다.[265] 그리고 그는 조선에 독립을 주겠다고 약속을 한 미국 대통령 루즈벨트의 사망을 참으로 원통한 일이라고 하면서 눈물을 흘리기도 했다.[266]

　당시 학생들이 배우는 지리과목은 대부분이 일본지리였고, 조선지리는 겨우 두 서너 시간만으로 마치도록 교과서가 쓰여 있었다. 그러나 김교신은 거의 일 년을 통해서 조선지리만을 가르쳤다. 산천조화의 아름다움, 좋은 기후, 특유한 해안선의 발달, 차고 더운 해류의 교차, 대양과 대륙으로 통하는 동양의 심장 같은 한반도에 대해 가르쳤다. 그 위에 박물시간에 고구려 이야기를 하고 세종대왕·이순신 등의 인물을 중심으로 한 역사이야기를 하며 조선의 역사를 가르쳤다. 그는 항상 조선의 지도를 들여다보며 이 땅과 민족을 지켜온 민족혼을 찾는 데 심혈을 기울였다. 그리고 이러한 수업을 양정시대만이 아니라 경기중학교에서도 변함없이 계속했다. 강의는 시종일관 조선어로 했다. 그리고 이것이 경기중학교를 추방당한 원인이 되었다. 또 1937년 10월부터 황국신민의 서사가 강요되었으나, 김교신은 수업 중에 이를 '망국신민의 서사'라고 비판했다.[267]

---

265) 森山浩二, 위의 논문, 27쪽.
266) 노평구 엮음, 『김교신을 말한다』, 168쪽.
267) 森山浩二, 앞의 논문, 28쪽; 양현혜, 『김교신의 철학』, 217쪽.

이러한 수업과 교육을 받은 제자들은 일제 식민지하에서 자포자기하고 자기를 멸시하는 경향이 많은 시절에 조선의 지리와 역사에 대해서 눈을 뜨고 조국에 대해서 근본적으로 재인식하게 되었고, 조선인으로서의 자각과 자신을 가지게 되었다고 증언했다.[268]

김교신은 소크라테스의「너 자신을 알라」라는 명제를 학생들에게 철저하게 가르쳤다. 자기의 가능성과 한계성을 객관적으로 알고, 자기의 좋은 것을 아껴 길러 키우고, 자기의 나쁜 것을 애써 시정하여 자기 자신을 최선으로 실현시키게 하는 일이 교육의 참모습이라고 생각하여 학생들에게 자기발견을 촉구했던 것이다.[269]

그의 가르침은 하나하나의 사물을 모두 무조건 암기시키는 주입식이 아니라, 체계를 세우고 원리원칙을 제시하여 학생들이 흥미를 갖고 스스로 탐구하고 정리하여 소화시켜 나가도록 하는 것이었다.[270] 그리하여 김교신은 이러한 교육방법을 통해 학생들이 자기를 인식하고, 더 나아가 자기 민족에 대한 주체적인 인식을 하도록 하는 것을 목적으로 하고 있었다.[271]

한편 김교신은「조선지리소고」에서 말하기를, 조선의 지리적 요소에 관해서는 우리가 불평을 토하기보다 만족과 감사를 표하지 않을 수 없다고 했다. 이는 넉넉히 한 살림살이를 부지할 만한 강산이요, 넉넉히 인류사상에 큰 공헌을 제공할 만한 활무대라고 인식했다. 그리고 조선의 과거 역사와 현장을 통관한 이는 누구든지 그 위치의 불리함을 통탄하여 마지않는다고 했다. 그러나 조선 역사에 영

---

268) 森山浩二, 위의 논문, 28쪽.
269) 김정환, 앞의 책, 57-58쪽.
270) 노평구 엮음,『김교신을 말한다』, 157쪽.
271) 森山浩二, 앞의 논문, 31-32쪽.

일이 없었다함은 무엇보다도 이 반도가 동양 정국의 중심인 것을 여실히 증명하는 것이라고 했다. 물러나 은둔하기는 불안한 곳이나, 나아가 활약하기는 이만한 데가 다시없다고 말했다. 그리하여 현세적으로나 물질적으로나 정치적으로 고찰할 때에 조선반도의 지리적 결함, 선천적 결함은 없는 줄로 확신한다고 주장했다. 만약 눈을 돌려 정신적 소산, 영적 생산의 파악을 한다면 반도에는 특이한 희망이 있다고 보았다. 즉 반도의 백성이 과거 반만년의 역사를 고요히 생각한다면 안전한 백성과 강대한 국민으로는 도저히 미칠 수 없는 바를 오득함이 있을 것이라고 했다. 다른 사상이나 발명은 모르나 지고한 사상, 즉 신의 경륜에 관한 사상만은 특히 가난하고 약하고 멸시당하고 유린당하여 생래의 교만의 뿌리까지 뽑힌 자에게만 계시된 듯하다고 했다. 그리하여 동양에서 산출하여야 할 바 무슨 고귀한 사상, 동반구의 반만년의 총량을 대용광로에 달이어 낸 정소(精素)는 필연코 이 반도에서 찾아 볼 수 있을 것으로 생각했다.[272]

이처럼 김교신은 한반도의 불리한 지리적 위치로 오히려 조선역사는 중요한 민족사적 사명과 세계사적 사명을 지니게 되었다고 역설했다. 그것은 어디까지나 하나님의 섭리론적 근거에서 신이 우리 민족에게 주신 고유하고도 독특한 세계사적 사명이 무엇인가를 자각하고 정립하는 것을 우리 민족의 가장 중요한 신앙적 과제로 삼은 것이었다.[273]

이는 마치 우치무라가 하나님의 섭리사관에 의해 일본의 세계사적 사명인 일본의 천직을 받았다고 한 주장과 같은 것이었다.

---

272) 노평구 엮음, 『김교신 전집』 1, 인생론, 62-64쪽.
273) 김정환, 앞의 책, 44쪽, 332쪽.

(2) 시대인식과 부활의 소망

한편 김교신은 만주사변 이후의 시대상황에 대해 다음과 같이 인식했다.274)

> "오늘날은 힘의 강약을 다툴 법은 있어도 진리의 가부를 시비할 나라는 하나도 없다. 인류 5천 년간에 허다한 피를 흘려 획득하였던 자유-언론, 출판, 결사, 집회, 신교-를 상실하여 땅을 쓸어도 다시 찾아볼 수 없고, 오직 파쇼의 진군 소리만 골골이 우렁차니 식자는 이 시대를 일컬어 '암흑시대'라 하며, 1929년 이후에는 전 세계 문화의 대조류가 정지하였을 뿐더러 급속도로 역전을 시작하였다고 한다. 어디까지 퇴각할 것인지는 알 수 없거니와, 이러한 암흑시대에 우리의 희망을 걸 수가 없는 것만은 사실이다."

김교신은 제국주의라는 자신의 시대가 "힘이 정의라는 허망한 미몽에 취해 있는 시대"이고, 국가와 민족의 죄악을 미화하고 칭송하는 집단이기주의의 시대라고 보았다. 그는 이러한 집단적 이기심에 의해 움직이고, 그것을 추구하는 방법이 힘이라는 제국주의적 약육강식의 국제질서는 신적 공의에 반하는 질서라고 보았다.275)

더 나아가 일제는 만주침략과 중일전쟁을 수행해가면서 이를 지지하는 만주사변 시국대처 대강연회에 일반 도시민을 동원했다. 그 연사 중 기독교계의 저명인사인 윤치호, 서춘 등도 들어 있었다. 또 일제는 일반농민들의 마음의 고향이요 교육기관인 서당을 폐쇄하는

---

274) 「부활」, 노평구 엮음, 『김교신 전집』 2, 신앙론, 151-152쪽.
275) 양현혜, 『김교신의 철학』, 77쪽.

정책의 일환으로, 황해도에서는 서당 140여개를 폐쇄시켰다. 이에 김교신은 비통함을 이렇게 일기에 적고 있다.[276]

"슬픈 때에 마음대로 슬퍼할 수나 있으면 오히려 위로가 되는 수도 있건만, 슬퍼도 슬픔을 나타낼 수 없고, 따라서 위로의 말 한 마디 전해 줄 사람 없으니 슬픔은 갑절 뼈에 사무친다. 모든 것이 허위요, 공갈의 세상."

또한 김교신은 1937년 9월 29일 일기에서 시대적 울분을 다음과 같은 시편의 기록에서 위로를 받기도 했다.[277]

"내 마음이 풀과 같이 쇠잔하였으니 내가 음식 먹기도 잊었습니다. 나의 탄식 소리로 인하여 나의 살이 뼈에 붙었나이다. 나는 광야의 당아새 같고 황폐한 곳의 부엉이같이 되었사오며, 내가 밤을 새우니 지붕 위의 외로운 참새같으니이다. 내 원수들이 종일 나를 훼방하며 나를 대하여 미칠 듯이 날치는 자들이 나를 해하려고 맹세하나이다."

특히 김교신은 만주사변 이후 일제의 전시체제기 하의 조선의 상황을 「위기」라고 진단하면서, 이러한 위기나 대사변이 지구 위에 온다고 해도 열강의 모든 동태는 전능하신 여호와 하나님의 섭리가 실현되는 것 이외에 아무 것도 아님을 주장했다. 그리고 우주의 주재자가 엄연히 존재하는 한 이것은 멸망을 의미함이 아니요, 단련을 의미하는 것이며, 타락이 아니요 회개를 유도하는 기회라고 하면서,

---

276) 김정환, 앞의 책, 157쪽.
277) 노평구 엮음, 『김교신 전집』 6, 일기 2, 288-289쪽.

진정한 위기는 유형한 물건과 눈에 보이는 세계에만 국한되는 것이고, 무릇 헛된 것이 그 정체를 폭로하여 퇴각하지 않을 수 없는 것이 위기의 결과라고 했다. 그리고 정의에 입각한 나라들이 이기고, 허위의 공작으로 꾸민 외교와 사건들은 파멸될 것이라고 예언하기도 했다. 그러니 우리는 주 그리스도 안에서 은거하며 환난은 인내를 낳고, 인내는 연단을 낳고, 연단은 소망을 낳는다는 성경말씀에 기초하여 소망을 갖고 인내하며 살아야 함을 강조했다.[278]

그리고 1937년의 시대상황 역시「비상시국」이라 칭하고, 이러한「비상시국」에 처한 때가 또 영계의 풍년을 초래하는 기회가 된다고 보았으며, 재림의 날이 멀지 않았고, 심판의 시간은 임박했다고 주장했다.[279]

또한 평화냐 전쟁이냐는 차치하고 근년의 구주인들처럼 평화를 희구하고 전쟁을 회피하려는 사람들의 기대와는 달리 1939년 9월 1일 독일군의 네덜란드 침입으로부터 영국·프랑스 양국이 대독선전포고와 소련군의 네덜란드 진주까지 이미 전쟁이 확대되었을 때, 이에 대해『성서조선』129호(1939.10)에는 "이것은 세계대전 이외의 아무 것도 아니다. 하물며 장기전은 쌍방이 다 각오했다 하며, 항복은 서로 안 하겠다 하니 그 결과는 묻지 않아도 알 수 있다. 오호라…그런즉 개인의 내심에 돌아보아도 탄식이오, 세계의 정국을 살펴보아도 절망이다"라고 하면서, 오직 주 예수 그리스도의 재림에만 우리의 생의 소망은 달렸다고 했다.[280]

---

[278]「1935」, 김교신(노치준·민혜숙 옮김),『조와』, 87-88쪽.
[279]「비상시국에 처한 신앙태도」,『성서조선』105호, 1937.10, 3-4쪽.
[280]「재림을 갈망함」,『성서조선』129호, 1939.10, 217쪽.

그리하여 김교신은 "전대미문의 대경제적 공황과 파산이 회오리에 휩쓸린 형제여. 공연히 힘을 잃고 초조해하지 말고 긴 꿈을 깨고 현실을 직관하라"고 하면서, "믿을 수 없는 재물에 소망을 두지 말고, 오직 우리에게 모든 것을 후히 주사 누리게 하시는 하나님께 소망을 두라(디모데 전서 6장 17절)"는 사도의 충고를 경청하라고 권했다. 그리고 예수에게 와서 위안을 얻고 능력을 얻으라고 권했다. 그리하여 김교신은 그리스도와 함께 섰을 때가 최후의 승전임을 강조했다.281)

이러한 식민지 조선의 상황에서 김교신이 『성서조선』을 계속 간행한다는 것은 지난한 일이었다. 그는 몇 번 폐간을 할까 결심했다가도 마음을 돌이켜 휴간 정도로 시일을 끌기도 하고 속간도 했다. 일제의 권력과 위협 앞에서 속간조건으로 잡지에 황국신민서사 및 「전승의 신년을 맞이하면서」를 게재했으며, 관제시국 표어로 내선일체, 국가총력의 발휘, 저축보국, 총후 국민생활 등을 잡지에 실어 일제에 협력하기도 했다.282)

이처럼 이따금 싣기 싫은 시국표어도 실어야 했고, 이로 인해서 그럴 바에야 차라리 깨끗이 폐간하는 게 어떠냐는 사람들의 빈정댐을 당하기도 했다. 그러나 그가 끝까지 자진폐간을 못한 것은 이것이 인위적으로 처리되어야 할 문제가 아니고, 하나님의 섭리에 의해서 되어야 할 문제라는 소신과 신앙 때문이었다.283)

김교신은 『성서조선』을 발간할 때 시대의 변천에 따라 일제로부

---

281) 김교신(노치준·민혜숙 옮김), 『조와』, 40-41쪽, 90쪽.
282) 김정환, 앞의 책, 159-165쪽.
283) 위의 책, 165쪽.

터 많은 간섭을 받았다. 어떤 때는 『성서조선』 같은 잡지는 순종교 이외의 영역을 범해서는 안 된다고 했으며, 또 어떤 때는 정치·사회문제를 게재하지 않으려 든다고 꾸지람을 받기도 했다.[284]

즉 식민지 조선에 있어서는 월간 잡지의 발행은 매호 우선 원고의 검열을 받고 허가를 얻은 다음 인쇄하게 되어 있었다. 검열의 경우 '치안방해'에 저촉되는 곳은 삭제 처분되고, 그 삭제 부분의 분량 또는 성질에 따라 불허가의 처분을 받았다. 이 경우에는 원고를 다시 쓰고 또 편집을 아주 다시 해서 새로 허가수속을 밟아야 하는데, 그 수속이 또 굉장히 시끄러워서 불허가 처분에는 응징의 의미가 가해졌다. 『성서조선』 107호까지에는 삭제는 물론이고 불허가의 처분도 수십 회 받았다.[285]

그리하여 김교신은 하나님의 것을 하나님께 바치기 위해서는 가이사의 것을 철저히 가이사에게 돌려야 할 것을 배웠다고 하면서, 가급적 자진해서 사회정치문제에는 관여하지 않기로 결심했으며, 굳이 관리를 흥분시키는 것 같은 기사는 안 쓸 것이라고 했다. 성서대로 말할 수 있는 것으로 최대의 자유로 알고 감사할 것이라고 했다. 그러나 만일 전쟁, 신사문제, 현실 총독정치를 성서로써 증명, 찬동하는 등을 강요당할 경우가 온다면 폐간 또는 발행인 변경 등의 방법을 강구하겠다고 했다.[286]

김교신은 『성서조선』을 휴간하기도 했다. 그 이유에 대해서 그는 말하기를, "성서조선의 휴간은 비전론 또는 평화론을 마음대로 주장

---

[284] 노평구 엮음, 『김교신 전집』 6, 일기 2, 373쪽.
[285] 노평구 엮음, 『김교신 전집』 7, 일기 3, 382쪽.
[286] 위의 책, 386-387쪽.

할 수 없기 때문은 아닙니다. 정치문제에 저촉「치안방해」된다면 자진 양보도 하고 조심도 할 것입니다. 그러나 출판허가의 교환조건으로 관리가 지정한 문구를 권두에 걸고 또 현실정치를 성서로써 증명, 찬미하고 아첨하라는 강압에는 참을 수도 없고, 또 연극도 할 수 없으므로 도리어 옥쇄(玉碎; 옥처럼 아름답게 부서진다)할 것을 택했습니다"고 했다.[287]

김교신은 이러한 당시의 억압적인 상황에 대해서 다음과 같이 언급했다.[288]

"문제도 안 되는 것이 바보 같은 관리의 장난으로 삭제되는 것도 참을 수 없는데 적극적으로 이것을 써라 저것을 게재하라고 해서…우리도 심중으로는 황실을 위해 빌기도 하고 국민으로서 자진 국법에는 따르려고 하지만 교환조건으로 극악 불충한 관리의 강압으로 그런 문자로 권두를 장식할 수는 없는 것입니다. 이는 나 자신의 불명예입니다. 현금의 관리들은 조선 사람의 총독이 되려 않고 조선의 개, 돼지의 총독이 되려는 것 같습니다. 현금 조선에 있어서는 돼지로 떨어지지 않고는 아무라도 합법적인 출판은 불가능합니다."

그러면서 김교신은 난세에 처한 우리에게 바울의 교훈이 새롭게 음향(音響; 소리의 울림)을 준다고 했다. "너희가 그리스도와 함께 다시 살았으니 위에 있는 것을 찾으라…위에 있는 것을 생각하고 땅에 있는 것을 생각지 마라." 그리하여 김교신은 이러한 바울의 말에 따라 땅에 있는 것을 위하여, 시대 문제 등을 위하여 상심할 필요가

---
287) 위의 책, 385쪽.
288) 위의 책, 384-385쪽.

없다고 주장했다.[289]

그러나 김교신은 만주사변 이후의 암흑적 시대상황 속에서도 다음과 같이 복음에 기초하여 민족에 대한 희망과 비전을 간직하고 있었다.

> "그러나 20세기의 전반도 가지 못해서 지구는 다시 전쟁터에 서서 잇달아 기도하게 되었다. 나의 좁은 소견으로는 세계사가 적어도 반세기는 뒷걸음질 한 것 같다. 올 듯싶던 정의와 평화는 좀처럼 오지 않고 허위와 암흑만이 안개처럼 감돌아든다. 사람들은 새해가 왔다고 근하신년이라 하나 우리에게 새해를 치하할만한 무슨 희망과 무슨 새로운 계획이 있는 것인가?…보라. 만국의 종교가들이 신구 대륙에서 여러 번 회합하였건만 전쟁의 책임문제, 군축문제, 일본과 중국문제 등등 중대한 문제를 거의 다 숙제로 남긴 것뿐 해결된 것이 없지 않은가?…1933년 또한 암흑이 더욱 심하고 공중에 권세 잡은 자들의 횡행함이 극에 달할는지 모른다. 그러나 새벽이 캄캄한들 얼마나 가랴. 의의 태양이 떠올라 구름과 안개가 지면에서 소산할 것이 눈앞에 보인다. 살구나무 가지를 보던 예레미야와 함께 새해를 맞이하는 아침. 하나님의 말씀에 귀를 기울이자. 원컨대 새해부터 더욱 그리스도의 십자가밖에 알 것이 없고, 벌레 같은 인간과 이 조그만 인쇄물을 통해서라도 주 그리스도의 영광만이 나타나옵시기를 빈다."[290]

또한 김교신은 중일전쟁 이후 1938년 1월의 일기에서 조선의 상황에 대해 언급하기를 "현상의 세계를 살펴보면 과연 허무한 것뿐이요, 맹랑한 일뿐이요, 억울한 것뿐이다. 그러나 우리의 시선을 피상

---

289) 노평구 엮음, 『김교신 전집』 6, 일기 2, 289쪽.
290) 김교신(노치준·민혜숙 옮김), 『조와』, 45쪽.

의 세계에서 돌려 피상의 저편 한 껍질 속을 투시하여 보면 작년 같은 1년에도 감사의 재료가 없지 않았고, 새해의 전망에도 새로운 희망을 막을 수 없음을 깨닫는다"고 하면서, 새해에도 우리 눈앞에서 질식할 일이 근절되지 않고, 의로운 자가 환난을 피하지 못한다 할지라도 이는 가벼운 일이요, 잠시의 일이니 우리를 위하여 지극히 크고 영원한 영광의 중한 것을 성취해 가는 일에 비길 바가 아니다…보이는 것은 잠깐이요, 보이지 않는 것은 영원함이니라"[291]고 소망의 마음을 하나님의 섭리에 두었다.

김교신은 하나님이 조선민족을 버리지 않으신다는 굳건한 믿음 위에서 예레미야 선지자가 살구나무 가지에서 하나님의 생명이 흐르고 있음을 본 것처럼 식민지 조선의 잔인한 겨울과도 같은 절망적인 상황 속에서도 희망의 살구나무 가지를 보았던 것이다.

당시의 상황을 암흑시대로 인식한 김교신은 오직 희망이 있다면 그것은 영체로써 부활하는 일에 있고, 이 일을 위해 하는 일만이 본직(本職)이라고 했으며, 그 밖의 것은 주려거든 주고 박탈하려거든 박탈하라고 하면서, 삶은 희망에 삶이요, 희망은 부활에만 있으며, 부활은 봄과 같이 확실히 임한다고 확신했다.[292]

김교신은 일제의 가혹한 전시체제 아래 생존과 민족정신을 위협받는 현실에서 이러한 부활신앙을 통해 희망을 이야기하고 새 역사의 도래를 예고했던 것이다.[293] 그리하여 『성서조선』이 폐간되는 「조와」사건이 일어났다.

---

291) 위의 책, 156-157쪽.
292) 「부활」, 노평구 엮음, 『김교신 전집』 2, 신앙론, 152-153쪽.
293) 임희숙, 「김교신의 민족교육과 기독교」, 『신학사상』 128호, 한국신학연구소, 2005 봄, 266쪽.

1942년 3월호 『성서조선』의 폐간호의 권두언 「조와」의 전문은 다음과 같다.294)

"작년 늦은 가을 이래로 새로운 기도터가 생겼었다. 층을 이룬 바위가 병풍처럼 둘러싸고 가느다란 폭포 밑에 작은 담을 이룬 곳에 평탄한 반석 하나 담 속에 솟아나서 한 사람이 꿇어앉아서 기도하기에는 천성의 성전이다.

이 바위 위에서 혹은 크게 기구하며 또한 찬송하고 보면 전후좌우로 엉금엉금 기어오는 것은 담 속에서 암색에 적응하여 보호색을 이룬 개구리들이다. 산 중에 큰일이나 생겼다는 표정으로 이 낯선 손님에게 접근하는 개구리 무리들. 때로는 5, 6마리, 때로는 7, 8마리.

늦은 가을도 지나서 담상에 엷은 얼음이 붙기 시작함에 따라서 개구리들의 기동이 하루가 다르게 느려지다가 나중에 두꺼운 얼음이 투명을 가린 후로는 기도와 찬송의 음파가 저들의 귀 고막에 닿는지 안 닿는지 알 길이 없었다. 이렇게 격조하기 무릇 수개월 남짓!

봄비 쏟아지는 날 새벽, 이 바위틈의 얼음 덩어리도 드디어 풀리는 날이 왔다. 오랜 간만에 친구 개구리들의 안부를 살피고자 담 속을 구푸려 찾았더니 오호라, 개구리의 시체 두세 마리 담 꼬리에 둥둥 떠 있지 않은가!

짐작컨대 지난 겨울의 비상한 혹한에 작은 담수의 밑바닥까지 얼어서 이 참사가 생긴 모양이다. 예년에는 얼지 않았던 데까지 얼어붙은 까닭인 듯, 동사한 개구리 시체를 모아 매장하여 주고 보니 담 속에 아직 두 마리 기어 다닌다. 아, 전멸은 면했나보다!"

이는 암흑기로 불리는 당시 조선총독부에 의한 가혹한 식민지 지

---
294) 김정환, 앞의 책, 23쪽.

배 하의 사회상황을 혹한으로, 그러한 상황 하에 있는 수난의 조선민족을 개구리로 비유하며, 그 개구리가 두서너 마리 살아남아 있다고 하는 묘사를 통해 일제의 무서운 민족말살정책에도 불구하고, 조선민족의 일부는 굴복하지 않고 남아 있다는 불굴의 의지와 독립을 대망하는 마음을 토로한 하나의 암시적인 글이라고 보고 있다.[295] 즉 그의 비유에는 조선의 장래가 반드시 새 날을 맞아 다시금 솟아난다는 확고하고도 현저한 부활신앙과 희망을 반영한 것이었다.[296]

그리하여 『성서조선』은 1942년 3월 158호에 실린 「조와」가 어떤 혹한에도 살아남는 민족의 희망을 개구리의 생명력을 빌어서 노래했다는 검찰 측의 해석에 의해 폐간되었다.[297]

특히 제158호에 「조와」와 함께 실린 권두문인 「부활의 봄」을 보면 다음과 같다.[298]

"춥지 않은 겨울이 없었건만 최근 두 해 겨울은 유난스레 추운 것 같았다. 시간에 따라 감각의 기억이 무디어졌음인가? 먼저 겨울보다 지난 겨울이 더 춥고 더 길었던 것 같다. 강과 산과 땅과 하늘까지 언 것 같은 때는 다시 봄이 올 것 같지 않았었다. 입춘을 지난 후로 추위가 더 심해졌을 때는 영원한 겨울만 남은 것 같기도 했다.

그러나 드디어 봄은 돌아왔다. 전체가 얼음 덩어리 같던 지구도 무르녹아 생기가 돌기 시작했다. 만물이 모두 죽음에서 삶으로 통하기 시작했다. 이렇게 확실하게 뚜렷하게 생명으로서 임하는 봄을 어찌하

---

295) 森山浩二, 앞의 논문, 67쪽.
296) 노평구 엮음, 『김교신을 말한다』, 359쪽.
297) 김정환, 앞의 책, 23쪽.
298) 위의 책, 169-170쪽.

여 영원히 안 올 것으로 알았던고. 1년에 한 차례의 춘하추동의 순환을 치르기가 무릇 40여 회를 거듭했어도 당하기 전에는 안 올 것 같고, 당해보고는 그 절대한 조화에 놀라게 되거늘, 하물며 일생에-전만고 후만고에-한 번만 통과할 수 있는 죽음의 겨울과 부활의 봄을 오히려 의아하기로서 구태여 꾸지람할 것 있으랴. 모진 얼음은 고통과 절망을 심하게 하나 다시 봄빛의 기쁨을 절대케 한다.

　지금 우리에게 임하는 모든 얼음은 봄빛의 부활을 확연히 하고자 하는 데 없을 수 없는 과정이다. 우리의 소망은 오직 부활의 봄에 있고 부활은 봄과 같이 확실히 임한다."

　김교신은 일본의 패망이 임박해 왔음을 실감하고 조선이 일제 식민지로부터 해방되어 죽음과 같은 노예생활로부터 부활할 것을 시사했던 것이다. 이 같은 믿음은 정의와 공의의 하나님을 믿는 그의 굳건한 신앙관에서 오는 것이었다.

　「조와」사건으로 김교신은 전국의 약 삼백 여 명의 지우, 독자, 동지들과 더불어 피검되었고, 그 중 함석헌·송두용·류달영 등 13인은 서대문형무소에서 약 1년 간 옥고를 치렀다. 이것이「성서조선사건」이다.

　이때 형사의 취조 첫마디가 "민족의식이 있느냐?"는 것이었다. 이에 대해 김교신은 정치적인 뜻이라면 물론 없고, "조선 사람임을 의식하느냐"의 뜻이라면 물론 있다고 대답하였더니, 형사는 자기 취조 방법이 서툴렀다는 것을 느꼈음인지 어색한 안색을 했다. 그리고 취조형사가 자기는 조선의 유명한 모모를 전향시킨 내력이 있다고 자랑하며 김교신에게 전향할 것을 종용했으나, 그는 아무 한 일이 없기 때문에 전향할 처지가 아니라고 거절했다.[299]

또한 형사가 취조 중 김교신에게 하나님을 믿느냐고 묻기에 믿는다고 하니까, 전지전능한 하나님으로 믿느냐고 하기에 그렇다고 했다. 그랬더니 다시 하나님은 우주만물을 창조하신 하나님으로 믿느냐고 하므로 역시 그렇다고 했다. 그런 즉 형사는 다시 일본천황도 하나님이 창조했느냐 하기에 그렇다고 했다. 이렇게 김교신은 신앙에 관해서는 한 걸음도 양보 안 하고 만사를 당하기로 결심했던 것이다.300) 특히 김교신은 형사의 취조에 대해 사도 바울의 고백과 마찬가지로 "그리스도와 인연이 끊어지는 경우가 있더라도 나는 이 조선을 사랑하지 않을 수 없다"라고 말했다.301)

그리하여 경찰들은 증오에 가득 찬 눈으로 「성서조선사건」으로 검거된 사람들을 바라보면서 이렇게 말했다.

> "너희 놈들은 우리가 지금까지 잡은 조선 놈들 가운데 가장 악질의 부류들이다. 결사니 조국이니 해가면서 파뜩파뜩 뛰어다니는 것들은 오히려 좋다. 그러나 너희들은 종교의 허울을 쓰고 조선민족의 정신을 깊이 심어서 백년 후에라도, 아니 5백년 후에라도 독립이 될 수 있게 할 터전을 마련해 주려는 고약한 놈들이다."302)

이러한 민족주의 사상에 입각하여 김교신은 일본흥남질소비료공장에 취업하여 노동자들의 후생과 복지 및 교육에 힘쓰다가 전염병에 걸려 요절하게 되었던 것이다. 그는 이 공장에서 도로보수작업을

---

299) 노평구 엮음,『김교신을 말한다』, 33쪽; 김정환, 앞의 책, 171-172쪽.
300) 노평구 엮음,『김교신을 말한다』, 35쪽; 김정환, 위의 책, 172-173쪽.
301) 양현혜,『윤치호와 김교신』, 196쪽.
302) 박신관,「김교신 연구」,『성서연구』218호, 1973.1, 19쪽.

필두로 하수도와 변소소제, 부엌과 침실점검 등에 그치지 않고, 빨랫감들을 끄집어내어 순번대로 일광소독까지 시켰다. 물론 당번을 대동하고 하는 일이지만 그는 비호처럼 앞장서서 이런 궂은 일을 우리의 일로 알고 해나갔던 것이다. 또한 그는 노무자들을 위해 성인교육에 힘썼다. 그는 유치원을 세웠고, 노무자를 위해 회당을 지어 한글로 교육을 시켰다. 이때 당국 특히 헌병과의 마찰이 많았다. 그때마다 조선인에게는 조선말로 교육시키는 것이 효과적이라는 이론을 내세워 그는 이를 격퇴시켰다. 더 나아가 그는 근로자의 생활개선을 위해 노력했으며, 그들의 인격적 혁명을 도모했다. 즉 시간을 잘 지키고 거짓말을 절대 하지 않으며 일을 묵묵히 실천하며 매사를 정결한 마음으로 해나가는 일이었다. 마지막으로 그는 노무자들에게 민족적 자각을 갖게 했다. 그는 이를 늘 조선인으로서의 인간적 자각이라는 말로 잘 썼다.[303]

그러나 1945년 4월 8일 조선인 노무자들만 모여 살던 고요한 이 마을에 뜻하지 않은 소동이 벌어졌다. 악성 발진티푸스가 제6동에서 발생했다. 그러므로 총동원해서 환자의 색출과 방역 및 계몽에 힘쓰라는 전갈이 있었다. 그러나 당시의 시설과 능력으로는 별 효과를 기대하지 못했다. 환자는 일단 격리수용 되면 살아서 다시 돌아오기는 기대하기 어려웠기에 집에 숨어서 치료하는 도리밖에는 없었다. 환자의 가족들과 친지들은 그저 불안과 공포에 떨고 있었다. 이 병은 전염병이기에 의당 당국에 신고해야 할 의무가 있었으나 위와 같은 사정으로 신고를 기피하였기에 이 악질 전염병은 더욱 번져만 갔다.[304]

---

303) 김정환, 앞의 책, 176-177쪽.
304) 위의 책, 180-181쪽.

이에 김교신은 음식을 전폐하다시피 하면서 환자의 방안 깊숙이 들어가 계몽과 지도와 간호에 힘썼고, 며칠 동안 이런 일로 밤을 새우기도 했다. 그러다가 그도 결국 이 전염병에 감염되어 요절하게 되었던 것이다.[305] 이는 순수한 그리스도의 사랑을 실천한 것이자 그의 평민적 기독교 신앙을 실현시킨 것이기도 했다.

요컨대 김교신의 죽음은 일본 제국주의의 희생이 된 것이며, 신앙적으로는 해방을 앞에 놓고 조선민족의 죄를 지고 희생된 것이라고 평가되기도 한다.[306]

이상과 같이 김교신의 민족주의 사상은 우치무라의 민족애국사상을 받아들여 그가 고백했듯이 「정치적」인 뜻에 기반을 둔 것이 아니라, 정교분리와 순복음주의적 입장에서 단지 조선 사람임을 의식하는 뜻에서 출발하여 조선의 국토와 역사 및 지리를 사랑하고 교육하며, 조선인으로서의 자각을 하는 것이었다.

또한 김교신은 그의 시대를 힘이 정의이고 제국주의적 약육강식의 국제질서이고, 만주사변 이후를 「암흑시대」나 「비상시국」 또는 「위기」라고 진단하면서, 이는 신적 공의에 반하는 질서임을 주장했다. 하지만 그의 민족사상은 기독교의 섭리사관으로부터 나왔으며, 일제에 맞서서 저항하는 적극적 민족운동이 아니라, 부활신앙과 그리스도의 재림사상에 근거하여 위기를 단련과 회개의 기회로 인식하면서, 환난의 시대를 인내와 소망의 믿음을 가지고 봄을 기다리라는 무저항적 순복음주의 신앙에 기반을 두어 조선민족을 구원하고

---

[305] 위의 책, 181쪽.
[306] 노평구 엮음, 『김교신을 말한다』, 67쪽.

자 한 것이라고 볼 수 있다.

따라서 이러한 김교신의 민족주의 사상의 한계는 바로 정교분리의 원칙에 입각하여 식민지 조선사회의 여러 가지 사회문제들이나 정치문제 등에 관심을 두지 않는 비정치적 태도에 있었다. 이러한 가치관은 그의 사상이 비록 민중적 성격을 띤 측면도 있지만, 오히려 식민지 현실로부터 동떨어진 사상으로 민중으로부터 멀어지는 요인으로 작용할 수 있었던 것이다. 즉 기독교적 정의의 문제와 식민지 조선의 사회현실을 연결하여 구조적이고 역사적으로 생각하지 못한 한계가 있다.

특히 정치경제문제에 대한 무관심은 중립적인 태도를 취하는 것이 아니라, 실질적으로는 강자의 논리에 굴복하는 것에 불과하다.[307] 그런 점에서 김교신이 원칙으로 삼은 정교분리는 결국 일제 식민통치를 합리화하거나 교회의 보신주의적 태도를 변명하는 군색한 논리이기도 했다. 이는 체제수호논리 혹은 생존논리의 변용이라고 할 수 있었다.[308]

그리하여 김교신의 순복음주의적이고 소극적인 민족의식은 다음과 같이 무저항주의 노선으로 나타나 때로는 일본 제국주의의 권력과 위협 앞에서 그 요구에 협조하는 자세를 취하기도 했던 것이다.

---

307) 노치준, 「사회복지를 향한 개신교의 사회봉사」, 이삼열 외, 『한국사회발전과 기독교의 역할』, 한울, 2000, 189쪽.
308) 차정식, 『예수, 한국사회에 답하다』, 새물결플러스, 2012, 17-18쪽.

(3) 무저항주의

김교신은 우치무라와 마찬가지로 성서 안에서 무저항주의의 근거가 될 수 있는 예수의 말씀을 다음과 같이 제시했다.[309]

> "또 하신 말씀을 너희가 들었나니 눈은 눈으로 갚고 이는 이로 갚으라 하였으나, 오직 나는 너희에게 이르노니 악한 사람을 대적치 말라. 누구든지 네 오른편 뺨을 치거든 왼편까지 돌려 향하며, 또 사람이 너를 송사하여 속옷을 가지고자 하거든 겉옷까지 가지게 하며, 또 누구든지 너를 억지로 5리를 가자하거든 그 사람과 10리를 동행하고, 네게 구하는 자든 주며, 네게 꾸고자 하는 자든 물리치지 말라."(마태복음 5장 38-42절)

이 같은 예수의 말씀에도 불구하고, 김교신은 일제 식민지 치하에 있는 조선인으로써 결론적으로는 무저항주의를 취하면서도 그에 대한 논리적 반박도 아울러 하고 있다.

즉 김교신은 인간에게는 공통적으로 복수감정이 내재되어 있다고 보았다. 더구나 복수가 사리사욕을 떠나 행하게 될 때에 우리는 더욱 그 불가함을 발견하기 어려운 경우가 많다고 보았다. 이스라엘 백성이 바빌론에 포로가 되어 민족적 모욕과 신앙상 조롱을 당하였을 때에 그 조국에 대한 충성과 그 적국에 대한 복수의 열정은 시편 제137편에 가장 여실히 나타났다고 했다. 따라서 사람은 문화인이 못 된다 할지라도, 아니 기독자가 못 된다 할지라도 이 인간성의 대

---

[309] 노평구 엮음, 『김교신 전집』 4, 성서연구, 부키, 2001, 94쪽.

본(大本)을 부인할 수 없다고 보았다. 특히 동족을 학대하는 나라를 향하여 복수의 감정을 품는 것은 자연스러운 일이며, 정당한 저항 또는 복수를 행함을 금지하려 함은 이것이 비록 하나님의 명령일지라도 수긍할 이유를 발견하기 어렵다고 했다. 그러므로 예수의 이 무저항에 관한 말씀들은 고래로 다종다양의 해석과 또한 분파를 낳았고, 불신도가 이 교훈을 들어 기독교가 비실천적임을 논박하곤 했으며, 또 여러 가지로 적당한 정도에 완화하여 해석하게 되었다고 했다.[310]

그러나 김교신은 예수의 교훈을 납득하기 위해서는 예수 자신의 언행에 소급할 필요가 있다고 했다. 예수는 누구보다도 무저항자였다는 것이다. 예를 들어 예수는 이렇게 말했다. "네 환도를 도로 집에 꽂으라, 환도 쓰는 사람은 환도로 망하느니라."(마태복음 26장 52절) 이를 인용하면서 김교신은 최후의 위기에도 소호의 저항이 없이 어린양과 같은 일생을 마치신 이는 예수 자신이었다고 주장했으며, 예수는 무저항주의를 신봉하라는 것이 아니라, 한 걸음 나아가 악한 자를 긍휼히 여기는 사랑에 입각하여 행위의 외적규정이 아니고, 마음의 내적 약동의 표준을 교시한 것으로 해석했다. 이리하여 그리스도는 단지 소극적으로 무저항의 도덕교를 펼치신 것이 아니라, 적극적으로 복수의 방향을 전환시킨 것으로 보았다. 즉 원수에 대해 사랑으로 복수하라는 것이다. 사랑으로 갚는 복수보다 더 현저한 복수의 방법이 없기 때문이라는 것이다.[311]

김교신은 예수가 제창하는 사랑이란 재래의 그것과는 전연 다른

---

310) 위의 책, 94-96쪽, 98쪽.
311) 위의 책, 99-100쪽.

종류의 사랑이며, 혁명적이라고 했다. 동포는 사랑하고, 다른 나라 사람은 미워하라는 따위의 사랑은 도시 사랑이라 할 수 없다는 것이다. 그의 사랑은 완전한 사랑이다. 여기서 적을 사랑함으로써 개인의 이해와 국가 민족의 복리는 어찌 될까? 이것은 다 이해 손득의 문제요, 진리의 문제가 아니라고 주장했다. 다만 우리는 자식된 자가 지성을 다하여 아버지를 닮듯이 하나님 아버지와 같이 완전해지는 것뿐이라고 했다.312)

김교신은 위급한 때일수록, 허약함을 느끼는 때일수록, 여호와 하나님께 돌아와서 전비(前非)를 회개하고 안정을 얻을 것이요, 불평을 토로하여 사람과 세상과 하나님을 저주하기보다 먼저 정숙하며 침묵함으로써 대망의 자세를 취하고 서야 할 것이라고 주장했다. 이것이 신앙의 도가 지니는 강성의 비결이라고 했다. 사도 바울이 데살로니가 사람들의 일상생활을 지도할 때의 제1조는 실로 정묵(靜默)이었다. 신앙이 적다고 걱정 말고, 성신을 받았노라고 날뛰지 말고, 사업이 부진하다고 비탄치 말고, 시대가 초고속도로 변전한다고 놀라지 말고, 우선 정묵하여 앙망하라고 권했다. 그러면 구원이 이슬같이 임함을 볼 것이요, 강성의 능력이 샘같이 솟아오름을 깨닫게 될 것이라고 했다.313)

김교신은 인류 중에 호사자가 있어 소위 비전론이라는 것을 주창하고, 이로 인하여 전 국민의 핍박을 당한 일까지도 있었지만, 1934년 3월 지금에 와서는 비전론을 창도하고자 하는 호사자가 있다 할지라도 저는 제창할 기회를 얻지 못하는「비전론 무용시대」가 되었다

---

312) 위의 책, 104-107쪽.
313) 노평구 엮음,『김교신 전집』1, 인생론, 165-166쪽.

고 주장했다. 국제조약이 발달한 결과로 전쟁은 못하게끔 되었기 때문이라는 것이다. 그러므로 수천 병졸이 사상하는 사변이 발생하여 국민들은 출정군을 함성으로 보내고, 또 개선장군을 화환으로 맞이하였을지라도 그것은 단지 사변이었지 전쟁은 아니라는 것이다. 금후는 점점 더 할 것이며, 아무리 절세의 영걸이 출현한다 하여도 금후에는 선전포고로써 당당한 전투를 개시할 위인은 인간에게는 없을 것이라고 주장했다.314)

특히 김교신은 1940년 6월 9일 일기에서 누가복음에 있는 적을 사랑하라는 교훈을 공부했다고 하면서, 동경 야마다 중좌의 내신을 다음과 같이 게재했다.315)

> "그리스도 앞에는 일인도 조선인도 없으매 다 같은 주 안의 형제입니다. 만일 사람이 회개하고 그리스도의 십자가의 구원에 참여한다면, 그리고 그리스도의 영을 받는다면 그것으로 형제입니다. 연령별, 국적별, 학문 지위 등등 그런 지상의 것은 관계없이 노예는 노예로, 노예면 노예대로 좋지 않으냐. 그대로 좋아, 충실한 노예 되라. 불평 말라. 그래도 하나님 앞에서 마음은 세상에 한없이 존귀한 그리스도의 것이 되어 있지 않은가. 어전(御前)에서 영혼이 하나님의 자녀가 되어 있다면 몸은 노예라도 그만 마음이 천국의 것이 되어 있다면 몸 같은 것은 어떻게 낮아도 괴로워할 것 없어. 현세에서 낮으면 낮을수록 천국에서는 높임을 받을 가능성이 있음...지상만을 보고 일인(日人)이다 선인(鮮人)이다, 교회다, 무교회다 하고 떠드는 것은 신자답지 못한, 하나님의 자녀답지 못한, 국적이 천국에 있는 사람답지 못합니다."

---

314) 위의 책, 202-204쪽.
315) 노평구 엮음,『김교신 전집』7, 일기 3, 248-249쪽.

이렇게 소개된 순복음주의 신앙 속에는 일제에 대한 저항의식을 전혀 찾아볼 수 없다. 특히 이는 영혼이 하나님의 자녀가 되어 있다면 노예 같은 조선인이라도 괴로워 할 것이 없으며, 불평하지 말고 충실한 노예가 되라고 함으로써 일제에 대한 저항의식을 거세시키고 있는 것이다.

이러한 무저항주의의 사랑 안에서 김교신은 소위 불량 기독교인들에 의한 비밀결사운동에 대해서는 "참 기독신도에게는 그런 종류의 결사 등은 만무하리라고 우리도 동감이다"고 비판적인 입장을 취했다.[316]

따라서 김교신의 민족주의 사상은 우치무라의 무저항주의의 사상을 전폭적으로 수용한 것이었다. 김교신은 그것을 인도의 간디나 미국의 마틴 루터 킹 같은 사람에게서 배운 것이 아니라, 성서의 예수의 교훈에서 직접 발견했고, 조선의 현실에 가장 적합하게 적용하기를 원했다.[317]

그러나 김교신이 강조하는 예수의 십자가 사랑이란 점을 좀 더 깊이 생각해 보아야 한다. 이는 세상을 구원하는 진리이자, 기독교 진리의 핵심이기 때문이다. 그런데 세상구원이란 무엇인가? 그것은 관념적이고 추상적인 개념이 아니다. 세상구원이란 죄악의 구조와 불의의 세력에 피해를 입고 있는 세상을 구해낸다는 의미다. 결론부터 말하면 불의에 대한 저항과 비판이 없는 곳에는 십자가가 없다는 사실이다.[318]

---

316) 위의 책, 298쪽.
317) 김정환, 앞의 책, 334쪽.

예수 그리스도가 간 길은 결코 김교신이나 우치무라가 말한 무저항의 길이 아니었다. 식민지 조선인의 고통과 식민지 사회의 부조리에 대해 이들이 취한 무관심과 침묵이 아니었다. 예수 그리스도가 간 길은 사랑과 정의를 위한 투쟁의 길이었다. 가난하고, 병들고, 억눌린 민중들을 위해 봉사하는 길이었고, 이웃의 고통과 사회의 아픔을 외면하거나 그 아픔을 만들어내는 사회의 지도층, 그리고 당시 종교적 귀족들의 불의와 부패를 날카롭게 비판하면서 정의를 촉구한 험난한 길이었다. 만일 교회가 이 나라와 사회의 역사에 대한 책임, 사회봉사, 사회정의에 관심이 없다면, 그것은 그리스도의 몸이 아니다. 즉 교회는 역사와 사회로부터 격리될 수가 없는 것이다.[319]

기독교는 과연 김교신이나 우치무라가 주장하는 바와 같이 정치와 무관한가? 예수의 탄생 자체가 정치 권력자에게 위협적인 존재였으며, 예수는 태어날 때부터 정치와 운명적으로 악연을 맺고 있었다. 이는 예수가 이미 태어나면서부터 정치적 횡포에 대결하는 혁명의 중심에 있는 핵이었다는 것이다. 이 말은 기독교는 처음부터 정치적 음모와 그 포학한 권력에 저항하면서 태어난 종교라는 뜻이다. 저 악독하고 잔인무도한 헤롯왕의 정치권력이 예수에게 칼을 겨누고 있고, 그로 인해 수많은 두 살짜리 갓난아기들이 죽어 가는데도 우치무라나 김교신처럼 정치와 무관한 예수만 모셔도 괜찮은가?[320]

히브리 민족의 지도자 모세가 이집트의 독재자 바로 왕에게 조직적으로 저항해서 끈질긴 투쟁 끝에 성공한 히브리 노예들의 집단 탈

---

318) 한용상, 『교회가 죽어야 예수가 산다』, 해누리, 2001, 134-135쪽.
319) 위의 책, 170-171쪽.
320) 위의 책, 235쪽.

출기를 신앙고백적으로 기록한 책이 바로 모세 5경이다. 다시 말하면, 기독교의 기원이 독재자 바로 왕에게 항거하면서 형성된 노예들의 종교라고 볼 때, 기독교는 어떤 모양이든 정치와 관계를 가진 매우 정치적인 종교이다. 여기서도 기독교의 기원은 부패한 권력과 대결하면서 태어난 종교라는 것을 확인할 수 있다.[321]

더 나아가 예수의 사회활동을 보자. 예수가 공적 사회활동을 시작할 때의 유대는 로마의 식민지였다. 일본 제국주의의 식민지가 된 우리나라의 독립운동 보다 더 극렬한 로마제국으로부터의 독립운동이 전개되고 있었다. 당시 로마 제국의 탄압정치는 매우 혹독했다. 인권유린, 자유박탈의 차원이 아니라 여차하면 가차 없이 죽이는 무서운 상황이었다. 이러한 살벌한 시대상황 속에서 예수가 사회활동을 시작하면서 발표한 첫 공식 성명은 매우 저항적이고 무시무시했다. "나는 가난한 자들에게 기쁜 소식을 주고, 갇힌 자들을 석방하고, 눈 먼 사람들을 보게 하고, 억눌린 사람들에게 자유를 주러 왔다." (누가복음 4장 18절) 이를 곰곰이 해석해보면 대담하고도 신랄한 도전이었다. 예수는 정치권력과 결탁해서 부패한 기득권층과 성전 종교의 성직자들을 향해 독사의 자식들, 회칠한 무덤 같은 놈들, 강도의 소굴이라고 힐난했다. 이것은 정치적 비판이었다. 그리하여 예수가 가는 곳이면 어디서든지 긴장감이 돌았고, 구름떼처럼 사람들이 모여들었다. 그들은 모든 것을 내팽개치고 예수를 따라다녔다. 이는 깊은 정치적 절망의 상황에서 예수가 정치적 희망을 던져주었기 때문에 열화와 같은 지지가 있었던 것이다. 예수의 제자들도 예수가 정치적 왕이 될 것으로 확신하고 자리다툼까지 벌이기도 했다. 이것

---

[321] 위의 책, 235-236쪽.

이 예수의 복음이었다.[322]

결국 예수는 죄 없는 사람을 죽이는 인민재판에 의해서 정치범으로 사형을 당했다. 예수의 십자가 역시 정치적 불의의 세력과 어둠의 권세에 의한 희생의 한 상징이었다. 그리스도의 정치는 백성들을 섬기기 위해 불의의 권력에 대항했으나, 그가 대항하는 정치적 무기는 힘에 이기기 위한 더 큰 힘이 아니며, 조직에 대항하기 위한 더 큰 조직이 아니요, 폭력을 제압하기 위한 더 큰 폭력이 아니라, 날카로운 언어를 도구로 하는 정의의 선포였으며, 죽임을 당하므로 이기는 역설의 진리였다.[323]

이처럼 예수의 복음은 우치무라나 김교신이 역설한 바처럼 무저항주의나 정치에 대한 무관심이나 침묵이 아니라, 혁명적이었고 정치적이었다. 그러나 이들은 정교분리를 외치며, 예수의 복음을 철저한 순복음주의 신앙에 가두어 놓고 일본 제국주의 체제에 안주했던 것이다.

따라서 김교신과 우치무라가 내세우는 무저항주의는 개인주의적인 순복음주의 신앙에 기초하여 기독교 신앙을 세상의 현실과 격리시키고, 단지 신앙의 울타리에 가두어 놓으려는 것이며, 더 나아가 기독교 신앙의 사회화 내지는 정치화를 경계하고, 방기하며 오로지 개인의 영혼구원에만 매달리게 하는 결과를 초래할 수 있다.

이러한 점은 당시 김교신을 비롯한 무교회주의 세력이 비판하고 있었던 기성교회의 탈역사적이고 비정치적인 부흥회적 근본주의 신앙의 모습과 별반 다르지 않은 것이다.

---

322) 위의 책, 236-239쪽.
323) 위의 책, 240-241쪽.

제5절 역사적 평가

함석헌은 김교신을 회상하면서 "김교신의 김교신다운 이유는 허위나 불의라고 생각되는 일에 대해서는 용서를 하지 않는 데 있다. 그는 인생을 참으로 살고자 했고, 나라를 참사랑 하고자 했으며, 인생을 참으로 사는 것이 가장 참으로 나라를 사랑하는 것이요, 신앙에 사는 인생이 참인생이라고 생각했다. 그것이 그의 말이요, 글이요, 그렇게 살고자 노력한 것이 그의 생애이다"고 했다.324)

또한 함석헌은 무교회주의는 이론적 주장이라기보다는 역사적 주장이라고 하면서, 무교회주의는 이것을 주장하는 사람의 수가 아무리 적고, 통일이 아무리 없다 하더라도 결코 무시 또는 묵살할 수 없는 하나의 외침이라고 주장했다.325)

김정환은 김교신을 한용운과 비교하여 김교신은 그 생애로 보나 사상, 업적으로 보나 아주 특이한 분이라고 하면서 김교신의 특이한 개성과 업적은 조선인으로서의 철저한 자각 위에서 복음을 체험한 민족적 기독교의 이념이요, 교회 밖에서 순수한 신앙을 키우며 지키려 했던 무교회 이념이요, 그리고 이웃과 고난을 더불어 나누는 복음의 토착화, 생활화요, 그 오욕의 역사를 영광의 역사로 돌려놓기 위한, 섭리의 역사에의 참여 이념이었다고 극찬하고 있다. 즉 한마디로 김교신의 삶과 믿음의 논리를 민족적·민중적·토착적 기독교

---

324) 김교신(노치준·민혜숙 옮김), 『조와』, 8쪽.
325) 김정환, 앞의 책, 317쪽.

라고 칭하고 있다.326)

또한 노평구는 김교신은 조선에 무교회적인 복음의 종자를 뿌리고 가꾸는 일에 개척자와 선구자로서 활동한 것은 물론 규모는 작을지 모르나 그 정신에 있어서, 또는 그 태도에 있어서 원시 기독교에 있어서 초대교회를 각처에 건설한 데서도 그리스도의 종 바울선생에 비유하기도 한다. 그리하여 김교신을 조선의 무교회에 있어서만이 아니라 조선 기독교계에 있어서도 귀한 특유한 존재라고 평가하고 있다.327)

민경배는 앞서 언급한 바와 같이 김교신을 민족신앙사의 한 거인이었다고 평가했으며, 한국기독교역사연구소에서 펴낸 『한국기독교의 역사』에서도 김교신을 민족주의적 신앙인이었다고 규정한 바 있다.

이밖에도 서정민은 김교신과 그의 동지들에게 있어서 민족과 복음은 동일선상에 위치하고 있다고 주장하고 있다. 이들에게서는 신앙과 민족이 하나의 가치로 연결되어 있으며, 이러한 이유로 김교신과 『성서조선』 공동체의 조선 무교회주의 운동은 신앙운동인과 동시에 사상적, 실천적 민족운동의 성격을 강하게 드러내었다고 강조하고 있다.328)

그러나 또 한편으로는 김교신의 무교회주의 사상은 한계를 지니고 있다고 지적되고 있다. 즉 그는 교회와 기독교에 대한 역사적 이해가 부족하다는 것이다. 교회 안에 유구한 역사와 전통을 가진 신

---

326) 위의 책.
327) 노평구 엮음, 『김교신을 말한다』, 22-23쪽.
328) 서정민, 「한국 무교회주의 운동사의 검토」, 『신학사상』 146집, 한국신학연구소, 2009 가을, 233-234쪽, 236쪽.

앙유산 및 조직들은 하루아침에 이루어지지 않았다는 것이다. 오랜 시간동안 수많은 시행착오를 지나고, 많은 신앙인들의 거듭남과 회개 속에서 보배와 같은 신앙적 가치가 이루어진 것이기에 값진 것이다. 교회조직과 성직제도, 교리 등 인간의 제도들은 교회를 지켜나간 지혜였으며, 신앙의 삶을 추구할 때에 필수적인 부분이었다는 점에서 무교회주의는 문제가 있다는 것이다. 또한 김교신은 성경을 통해 복음의 본질을 강조하였지만 또 다른 복음, 또 다른 본질의 형태인 성례와 성찬의 중요성을 간과한 측면도 한계로 지적되고 있다.329)

더 나아가 김교신의 성서 중심적인 교회이해는 긍정적인 부분도 있지만 한계점 역시 지적되고 있다. 즉 성서 중심의 교회를 너무 강조하다보면 엘리트 중심적인 모습이 나타날 수 있다는 점이다. 특히 그의 성경모임은 헬라어나 히브리어 등 성서 원문을 통해 공부하는 데에 의의를 두었다. 이는 성서 해석을 객관적이며, 전문적으로 연구할 수 있어서 그들의 연구모임에서 주로 사용했던 방법이었다. 하지만 헬라어, 히브리어에 관한 언어연구는 일반인이 참여하기에는 거리가 먼 것이었다. 소수의 엘리트들이 이러한 부분에 관심을 가졌지만, 이러한 소수의 사람들을 위한 성서연구가 많은 사람들의 참여에 장애물이 되었다고 보기도 한다.330)

또한 박홍규는 김교신의 무교회운동은 그가 말한 조선산 기독교나 조선적 기독교라 할 수 없다고 하면서, 그의 무교회운동은 우치무라의 무교회운동의 한국판 정도에 불과하며, 그의 더욱 큰 문제는 그가 함석헌과 마찬가지로 조선현실을 신의 섭리관 내지 신앙 환원

---

329) 김요한, 앞의 논문, 32쪽.
330) 위의 논문, 33쪽.

주의의 입장에서 보아 구조적으로 파악하지 못하고, 조선인의 독립운동이나 정치참여를 신의 섭리에 어긋나는 인위적인 행위로 본 점으로, 이는 오늘에 이르는 보수적 복음주의의 견해와 조금도 다르지 않다고 지적했다. 그러면서 박홍규는 조선사회에서 주류사회로 편입하는 데 필수적인 몇 가지 코스 중 하나가 개신교이고, 특히 대형교회이며 그것은 보수적 복음주의의 터전이 되어 왔다고 하면서, 이를 바꾸는 데에 무교회운동은 대단히 혁명적인 역할을 할 수 있지만, 그것이 여전히 보수적 복음주의의 그것이라면 문제는 여전히 크다고 주장했다. 요컨대 박홍규는 김교신의 무교회운동은 식민지 조선의 상황에서 그것을 극복하는 데 어떤 기능을 할 수 있었는가에 대한 답은 아니었다고 말하고 있다.[331]

특히 김용복은 김교신이 일제 치하에서 민족의 해방과 자유를 위해 어떤 일을 구체적으로 도모했는가? 적어도 그가 민족적 교회를 세우고자 했다면, 당시 일제에 의해 수탈당하던 민족의 운명에 대해 어떠한 형태로든 저항하는 모습을 보여주어야 하지 않았을까? 라고 반문하면서, 김교신의 삶과 행동은 어떤 점에서 보면 눈앞에 전개되는 민족의 실제적 아픔에 동참하기보다 미래를 준비하는 데 더 많은 관심과 노력을 기울였던 것 같다고 평가하고 있다. 김교신이 미래의 민족지도자들을 양성하고 배출하는 데 기여했던 것은 분명하지만, 그는 조선의 현실에 대해서는 거리감을 두고 소극적으로 임했던 것처럼 보인다고 주장하고 있다.[332]

---

331) 박홍규, 「김교신과 우치무라 간조」, 『일본사상』 30호, 한국일본사상사학회, 2016.6, 122쪽, 125쪽, 143쪽.
332) 김용복, 「김교신의 무교회운동 재고」, 『성경과 신학』 제54권, 2010.5, 228쪽.

또한 김용복은 신사참배를 반대하지 못하고 소극적으로 참여했던 김교신이 추구하고자 했던 조선산 기독교는 실제로 어떤 모습이었는가? 그리고 일본에 대한 김교신의 태도는 이상하리만치 호의적이고 관용적이었던 것처럼 보이는 이유는 무엇일까? 그가 서구 선교사들을 비판한 것에 비한다면, 일본에 대해서는 오히려 우호적이었다는 느낌이 드는 까닭은 어디에 있는가? 이는 그가 유일의 선생으로 모신 분이 바로 일본인 우치무라 간조였기 때문이었을까? 하고 반문한다.[333]

그리고 김용복은 김교신이 추구한 민족적 기독교 혹은 조선산 기독교는 그 운동방향과 취지는 옳았지만, 구체적 실천성과 현장성이 부족했던 것이 아닌가 하는 반성을 하게 된다고 하면서, 그 운동이 일제에 수탈당하는 민족의 사회적 현실에 적극 동참하지 못한 것은 못내 아쉬운 부분이라고 평가하고 있다.[334]

따라서 김교신의 무교회주의운동이 식민지 상황에서 그것을 극복하는 데 어떤 기능을 할 수 있는가에 대한 근본적인 고찰이 있어야 할 것이다. 무교회운동을 기독교계를 넘어서서 사회적으로 역사적으로 판단하지 않으면 안 되는 시기가 왔다. 왜냐하면 김교신은 정교분리 및 개인주의적인 순복음주의 신앙의 입장에 있었기 때문에 정치적 독립을 요구한 적이 없으며, 소위 15년 전쟁이 시작된 1930년부터 죽기까지 김교신이 무교회운동가로서 반전 내지 비전에 관하여 행동하기는커녕 글을 쓴 적도 없었다는 점을 주목해야 할 것이다.[335] 이는 그가 우치무라의 사상을 받아들이면서도 우치무라의 비

---

333) 위의 논문, 229쪽.
334) 위의 논문, 236쪽.

전론은 받아들이지 않았음을 의미한다. 아니면 그러한 신념이 있었다 해도 「식민지 조선」의 상황에서 그가 적극적으로 이를 표명하지 않은 것일 수도 있다. 아니면 그가 말한 대로 「비전론 무용시대」라서 그러했는가?

한편 개인주의적인 순복음주의 신앙에 기반을 둔 김교신의 무교회주의는 정치적·역사적으로 그 한계가 분명하다고 할 수 있다. 그는 "사람을 기쁘게 할 것인가? 하나님을 기쁘게 할 것인가? 함은 상상의 세계의 의제가 아니요, 오늘 실생활의 방침 문제이다. 천국과 세상을 걸치고 서 있는 자아를 깊이 회한하는 동시에 정치적 관심도 단절할 자요, 우정도 없고, 선한 사마리아인 되기도 아주 단념한 자인 것을 우인들께 통지하니 이는 곧 제1차적 사망 즉 가사(假死)의 상태인 것을 알아주기를 바란다"고 하면서, 본래부터 정치적 업무에 흥미를 가지지 못했다고 하였다.[336]

또한 김교신의 『성서조선』과 집회는 주장보다 학구를 위시하고 연구를 위주로 한다고 하면서, 『성서조선』에는 역사와 자연과 기독교적 사상도 알고자 하나, 그보다는 성서 본문의 연구와 주제에 전력을 경주하여 부족하나마 아는 대로의 성서 지식을 제공하고자 한다고 피력했다.[337]

따라서 김교신은 정교분리 및 정치에 대한 무관심 속에서 역사에 대한 지식보다는 성서연구와 성서 지식제공에 전력하겠다는 주장을 했다. 심지어 그는 노예와도 같은 처지에 있었던 식민지 조선의 백

---

335) 박홍규, 앞의 논문, 125쪽, 141쪽.
336) 노평구 엮음, 『김교신 전집』 1, 인생론, 207-208쪽.
337) 위의 책, 322쪽.

성들을 "아무런 의무에도 구속됨이 없는 절대 자유의 백성, 과잉자유의 백성"이라고 규정하면서, 예배당 혹은 공회당에서 맺은 서약은 휴지와 같이 파기되니 당초부터 의무를 지려는 것이 아니요 신을 이용하려는 것이었고, 복음을 위하여 십자가 지는 일을 피함에는 특히 자유스럽다고 했다.338)

특히 김교신의 사상은 식민지 조선인의 비참한 현실을 도외시한 것이었다. 그리하여 김교신은 백성이 도탄에 빠져 유리 방랑하는 원인이 위정자에게 있다는 주장은 세상이 다 하는 수작이요 피상적인 관찰에 불과하고, 좀 더 본질적인 사실은 조선인의 게으름에 있다고 주장했다. 그리하여 그는 오늘의 조선인의 제일의적 급무는 눈을 돌이켜 모든 악한 생각의 원천이요, 모든 죄악의 소굴인 자신을 응시하면서, 하나님 앞에 자신의 죄를 인식하고 회개하여 하나님과 사람 사이의 정직성과 사람과 사람 사이의 신실성을 회복하는 것, 이 두 가지라고 주장했다. 그리고 조선의 정치와 경제를 염려하는 이나, 의분의 기개를 결함을 탄식하는 이도 모두 회개하라고 촉구했다.339)

이처럼 정치적·사회적·역사적 문제를 개인의 도적적인 차원으로 환원시키는 김교신의 순복음주의적 민족주의 사상은 소극적인 민족운동을 전개하다가 결국 일제와 타협하는 모습으로 나아가게 되었다.

즉 김교신은 정교분리의 원칙과 순복음주의적 민족주의 신앙으로부터 조선의 식민지 현실과 일제 식민통치에 대한 인식이 철저하지 못했다. 따라서 그는 비록 식민지 치하의 교육자의 입장에 있었으나

---

338) 위의 책, 24-25쪽, 40쪽.
339) 위의 책, 24-25쪽, 30-31쪽, 34쪽.

학생들과 함께 조선신궁 광장에서 시내 중등학교가 모인 일본정신 발양의 행렬을 하거나, 전교의 군사훈련에 참가했으며, 전교 생도와 함께 연병장에 나가 교련을 했고,[340] 남산에 올라 신궁참배를 했다.[341] 그리고 학생들의 근로보국대 작업에 출근하기도 했다.[342] 또한 남경 함락 전승 축하의 제등 행렬에 참렬하기도 했다.[343]

또한 김교신은 러일전쟁 만 30주년을 기념하는 사업 중에 당시의 참모 장졸의 생존자로 된 회고 좌담회라는 것이 열리고, 그러한 회합의 속기록이 대소 신문에 보도되어 그 기사를 탐독했다. 그 중에 그의 흥미를 끈 것은 당시의 참모본부 혹은 사령장관의 지위에 있던 이가 당시의 작전용병의 기미를 설명하는 것보다, 일개 무명의 졸병이 고량밭 속에서 혹은 참호 속에서, 호우암야(豪雨暗夜) 중에 어떻게 돌진했으며, 어떻게 숨었으며, 어떻게 팠으며, 어디에 적탄을 맞아 얼마 동안이나 기절했다가 의식이 소생한 때는 전세 어떻게 전환하였더라는 실담이 그를 울게 했다고 말했다. 그러면서 김교신은 다음과 같이 말했다.[344]

"저는 작전계획을 알지 못하였다. 다만 일본제국 신민 된 자의 의무를 다할 줄 알았다. 우리는 신문지에 엎드려 그윽히 눈물을 뿌리지 아니치 못하였다. 존경할 만한 병사여! 자손들에게 일러주라. 온 세상에 자랑하라. 그대들의 혁혁한 생애를."

---

340) 노평구 엮음, 『김교신 전집』 7, 일기 3, 28쪽, 46쪽, 80쪽.
341) 노평구 엮음, 『김교신 전집』 7, 일기 3, 62쪽, 82쪽, 94쪽; 노평구 엮음, 『김교신 전집』 6, 일기 2, 303쪽.
342) 노평구 엮음, 『김교신 전집』 7, 일기 3, 112쪽, 114-115쪽.
343) 노평구 엮음, 『김교신 전집』 6, 일기 2, 315쪽.
344) 노평구 엮음, 『김교신 전집』 2, 신앙론, 164-165쪽.

이는 일본의 제국주의적 침략야욕이나 전쟁에 대한 비판이 아니라, 일본제국의 신민된 자의 의무를 다하며 전쟁에 참여한 병사를 향한 존경의 마음을 표현한 것이었다. 이로 미루어 보더라도 그의 민족주의 사상에는 한계가 있는 것이다.

또한 김교신은 "누구든지 너희를 억지로 5리를 가자하거든 그 사람과 10리를 동행하라" 하신 말씀에 충성되어서 그런 것은 아니지만, 종종 군대를 영송하여야 된다고 했다. 사변 중만 아니라 사변이 지나간 후에도 군용열차만 지나가면 학생들과 함께 나가 영송했다.[345]

또한 그는 성서가 가장 중요한 것으로 가르치는 것의 하나는 전쟁이지만, 그러나 군인과 군마에 대해 오히려 선한 교훈의 재료로 쓰신 때가 있었다고 했다. 그러면서 그는 인생에서 절대명령에 복종해 본 자는 복된 자라고 하면서, 이처럼 생각하여 참회의 눈물이 복잡한 가슴을 암류(暗流)함을 깨달으면서 젊고도 단순한 무인들의 열차를 다대한 경의로써 영송한다고 밝혔다.[346]

특히 김교신은 "이러한 때를 당하여 우리는 전제 군국주의의 백성을 못내 부러워한다. 절대 명령이 있고 절대 복종이 있는 나라는 복된 백성이로다"라고 말함으로써[347] 봉건적이고 군국주의적인 측면도 드러내고 있었다. 이는 그의 사상이 근대적인 공화정에까지 가기에는 한계가 명확했음을 보여주는 것이었다.

더 나아가 김교신은 맹렬한 사회주의 청년들과 단신으로 싸워서 동맹휴학을 중지시키기도 했다.[348]

---

345) 노평구 엮음, 『김교신 전집』 1, 인생론, 154-155쪽.
346) 위의 책, 155쪽.
347) 노평구 엮음, 『김교신 전집』 5, 일기 1, 257쪽.
348) 노평구 엮음, 『김교신 전집』 5, 일기 1, 43쪽.

심지어 김교신은 1944년 12월 28일 일본질소비료공장 흥남연료 용흥 공장에서의 생활에 대해, "나의 평생에 처음으로 이 공장에서 민족을 내 체온 속에서 만나보았소"라고 말했으며,[349] 더 나아가 "서본궁 사택은 조선 공원(工員)의 거주지구이며, 우리들은 여기서 의식주에 관한 복리증진의 일로부터 아동과 성인의 교육, 위생 등 4-5 천명의 사람들을 위해서 많은 일을 할 책무가 지워지는 것일세…교육이라는 이름이 붙은 교육보다는 서본궁의 일이 훨씬 교육적이고 생생한 일로 나에게는 느껴지는 것일세. 그리고 공장장이나 근로과장 등 이곳 사람들은 교육가들과 관리들보다 월등히 순진한 인간들이며 피도 통하는 사람들일세. 나는 이곳 공장에 들어 와서 신세계를 발견한 것일세. 교육계에서 밀려 나온 것이 웅덩이에서 태평양으로 옮겨진 것 같은 느낌일세. 빨리 이리로 와서 직접 보게"라고 언급했다.[350]

그러면서 김교신은 일제 군국주의를 위한 특수비밀군수 공장생활을 주어진 책무이자 사명이라 여기고 가장 큰 정성을 경주해야 한다고 다음과 같이 말하기도 했다.[351]

> "우리는 사업의 귀천을 가리지 않고, 지위의 고하를 개의치 않고, 오직 놓인 자리에서 누구보다도 못지않게, 단지 일본 본토인들보다 못하지 않을 뿐만 아니라 영, 미, 독, 불의 어느 인간보다도 못하지 않게 맡은 소임을 충실하게 고귀하게 현명하게 다하고자 밤낮 몽매에 노력하고자 지(智)와 력(力)과 신(信)으로써 주님께 기구하나니, 이것이

---

349) 양현혜, 『윤치호와 김교신』, 197쪽.
350) 노평구 엮음, 『김교신 전집』 7, 일기 3, 374쪽.
351) 위의 책, 379쪽.

또한 우리의 유일한 야심이외다. 일기당천(一騎當千) 한 알 한 알이 당하는 일에야 왜 우리가 남보다 못하랴. 더욱 빈한궁천(貧寒窮賤)한 자를 핍약한 시설 중에서 일으켜 교도하는 일, 하수도 청소하는 일은 우리에게 지워진 책무요, 사명인지라 가장 큰 정과 성을 경주해야겠나이다."

이러한 김교신의 태도는 그가 그간 식민지 조선의 척박한 현실 속에서 살아가는 민중들에 대해 관념적으로만 알고 있었던 것을 직접 몸으로 체험하여 얻은 감상이라고 할 수 있지만, 이 역시 자발적으로 징용을 택하여 일제 군국주의를 수행하는 특수비밀군수공장에서 맡은 바 소임을 다하고 열심히 일하는 것이 조선인에게 주어진 책무요, 사명이자 유일한 야심으로 여기는 데는 그의 역사의식과 정치의식 및 민족의식의 한계를 느낄 수 있다.

요컨대 김교신의 사상은 오직 성경과 그리스도만을 강조하며 제2의 종교개혁을 주장하는 우치무라의 사상에 기반을 둔 개인주의적이고 철저한 순복음주의 신앙관에 근거한 것으로, 민족해방운동적 측면에서 볼 때 사회혁명의 대본영이기를 지향하는 기독교 사회주의는 물론이요, 사회개혁을 주장하는 기독교 사회운동에도 미치지 못하는 한계를 지닌 것이라고 볼 수 있다.

맺음말

본 저서는 김교신과 우치무라의 사상을 기존의 연구성과와 달리 민족해방운동의 관점과 21세기 한국 기독교가 지향해나가야 할 과제들을 근거로 재평가하는 연구방법과 또한 김교신의 사상을 구체적이고, 객관화하기 위해 그의 스승인 우치무라의 사상과 비교 검토하는 연구방법을 택했다. 이로써 김교신의 사상을 재평가하고, 오늘날 한국교회에 내재되어 있는 문제점들을 재확인하며, 이를 해결하는 방안을 모색하고, 종교개혁의 필요성을 환기시키는 데 연구목표를 둔다.

우치무라와 김교신은 각각 일본과 조선에서 무교회주의를 창도한 사람들이다. 특히 김교신은 그의 스승인 우치무라의 사상을 전폭적으로 수용하여 일체화를 이룬 「작은 우치무라」였다고 할 수 있다.

우선 두 분 모두는 유교적 분위기에서 성장했으며, 모국의 여성들을 존경했으며, 농업학교를 졸업하고, 지리와 박물학 연구 및 교직 생활에 종사했다는 점에서 그 생애의 공통점을 이루고 있다. 특히 김교신은 윤리적이며 금욕적인 경건한 삶을 살았으며, 규칙적인 생활을 했다. 이러한 점에서도 김교신은 우치무라의 순복음주의적 영적 신앙을 적극 수용할 수 있었다고 볼 수 있다.

한편 우치무라와 김교신의 사상적 배경은 루터의 종교개혁과 바울사상이다. 우치무라는 루터를 통해서 신앙의 절대적 가치와 그리스도를 발견하게 되었다. 그는 루터가 성서의 진리 중에서 바울을 재발견하고, 부흥시켰으며, 율법의 노예에서 벗어나게 함과 동시에 교회의 압제와 중세시대의 암흑으로부터 탈출케 했다고 주장했다.

그러나 우치무라는 루터의 종교개혁은 그 절반은 실패라고 보았다. 그리하여 우치무라는 제2의 종교개혁을 해야 할 필요성을 제기

하면서, 루터의 종교개혁 속에 남아 있는 정권과의 결탁과 교회주의의 흔적들을 지워버리고, 제도나 조직이나 단체가 아닌, 교회가 필요 없는 기독교가 아니면 안 된다고 주장했다. 그리고 이러한 제2의 종교개혁은 바로 일본에서 시작되어야 한다고 주장했다. 이로써 우치무라는 정교분리의 원칙과 일본적 기독교 및 무교회주의를 제시하게 되었던 것이다.

또한 우치무라는 바울의 신앙이 곧 나의 신앙이라고 고백할 정도로 바울로부터 많은 영향을 받았다. 그의 바울신앙의 해석은 그가 기성 제도권 교회를 비판하고, 무교회주의를 제창하게 된 배경이 되었다. 또한 우치무라의 일본적 기독교나 김교신의 조선산 기독교는 바울의 핵심사상인 그리스도의 십자가와 속죄 및 구원, 부활신앙과 그리스도 재림신앙에 기초하고 있었다. 더 나아가 바울의 경제적 독립사상에서 일본적 기독교나 조선산 기독교가 표방되는 사상적 근거를 찾을 수 있었다.

우치무라나 김교신은 루터의 종교개혁과 바울사상을 비판적으로 계승하여 무교회주의라는 신앙적 입장을 취했다. 이에 따라 우치무라와 김교신의 무교회주의는 반교권적이고, 반교회주의적이며, 반형식적이었다. 그리고 교회나 성직자가 가진 성서해석권을 인정하지 않고, 모든 신자가 각자 성서를 통해 직접 하나님과 만나 은혜의 분수대로 신앙의 진리를 깨우치는 루터의 「만인제사장주의」의 입장을 존중했다.

따라서 김교신과 우치무라의 무교회주의는 교회제도나 조직 및 외형과 대형화에 치중하는 기존의 교회와는 달리 그리스도와 성경 중심적인 교회였으며, 이를 토대로 다수의 회중을 필요로 하지 않는 「작은 교회」를 지향하는 것이었다. 이는 자본주의의 노예로 전락한 기존의 교회 성장주의의 폐단을 극복하고, 기독교의 근본원리인 그리스도와 성경에 충실하려는 신앙의 한 형태라고 할 수 있다.

더 나아가 김교신과 우치무라의 무교회주의는 그리스도인의 생활현장이 교회라는 「생활신앙」이었으며, 자연이 곧 교회라는 「자연친화적 신앙」을 내용으로 하고 있다.

또한 김교신과 우치무라는 예수 그리스도에 대한 신앙과 애국심을 동일선상에서 생각했다. 이들의 애국심은 예수와 바울로부터 배운 것이기도 했다. 그리하여 하나님의 섭리에 따라 세계사 속에서의 일본의 천직과 조선의 사명을 주장했다.

우치무라는 당시 일본사회의 타락상을 목격하면서, 당시의 일본사회는 멸망으로 치닫고 있다고 진단했다. 이러한 절망적인 일본사회에서 우치무라는 야훼의 대도인 자신의 종교로써 일본인을 제도하여 일본을 진흥시키리라 결심했다. 이러한 생각에서 우치무라는 무교회주의와 일본적 기독교를 제창했던 것이다. 이러한 우치무라의 애국심은 철저히 일본주의에 근거한 민족주의 사상이었다.

김교신 역시 조선민족의 높은 이상을 조선의 역사와 지리의 긍정적 이해와 그리고 기독교의 섭리사관에서 이끌어 내고자 했다. 그는 하나님의 섭리론적 근거에서 신이 조선민족에게 주신 고유하고도 독특한 민족사적 사명과 세계사적 사명이 무엇인가를 자각하고 정립하는 것을 조선민족의 가장 중요한 신앙적 과제로 삼았다.

한편 우치무라의 일본적 기독교와 김교신의 조선산 기독교는 루터의 종교개혁과 바울의 사상을 기반으로 만들어진 것이다. 이는 첫째로 서구 강대국들, 특히 미국의 기독교로부터 경제적으로 독립시키는 자생교회였다. 따라서 이들의 독립사상은 주로「반미주의」에 경도되고 있었다. 그리고 이러한 경제적 독립은 미국 선교사가 전해 주는 그릇된 민주주의에서 파생되는 다수주의나 공동생활 및 집회 등에 맞서서 단독과 개인주의로 나아가야 한다는 것으로 귀결되었다.

둘째로 일본적 기독교나 조선산 기독교는 바울의 순복음주의 신앙에 기반을 둔 순복음주의 기독교이다. 이는 기독교의 근원으로 돌아가자는 것이며, 그리스도를 중심으로 하는 기독교이자, 성경에 기반을 둔 기독교이다. 또한 내세적이고, 속죄적이며, 구원과 부활 및 그리스도 재림을 확신하는 영적 신앙을 내용으로 하고 있다.

셋째로 일본적 기독교나 조선산 기독교는 애국주의에 기반을 둔 것이며, 넷째로 평민적 기독교이며, 다섯째로 우치무라의 일본적 기독교는 추가로 무사도적 기독교를 의미한다.

이러한 일본적 기독교나 조선산 기독교에는 강한 순복음주의적 영성과 민족주의적 성격 및 일본주의를 기본으로 하고, 이와 아울러 민주주의적 성격 및 봉건적 성격이 복합적으로 내재되어 있었다.

특히 김교신의 조선산 기독교는 정치적으로 조선의 독립과 일제로부터의 해방을 논한 민족해방운동이라고 볼 수 없는 개인주의적이고 순복음주의적 영성운동이라고 할 수 있다.

우치무라와 김교신의 구원론을 보면 우선 이들은 구원은 오직 예수 그리스도에게 있다는 것을 분명히 하면서, 당시 현실상황에서 예수 그리스도가 아닌 교회를 구원의 통로로 보는 기존의 신앙에 지극히 회의적이었다. 이들은 구원은 오직 예수 그리스도가 주는 은혜의 선물이기 때문에 교회 밖에도 구원이 있다는 신앙관에 기초하고 있다. 그리고 하나님 사랑의 최종목적은 전 인류의 구원인 만인구원론이라고 역설했다. 이는 루터의 종교개혁의 정신을 더 발전시킨 것이라 할 수 있다.

또한 우치무라는 순복음주의 신앙에 기반을 두어 종교는 정치가 아니며, 「정교일치」는 종교의 본질을 모르는 것이라고 주장하면서, 정교분리의 원칙을 취했다. 그리고 국가를 개조하려면 먼저 종교부터 개조하지 않으면 안 된다고 했다.

이런 관점에서 우치무라와 김교신은 사회개조와 자기개조의 문제를 정리했다. 즉 사람은 그리스도를 통해 먼저 자기를 구원하고 난 후 사회를 구원해야 한다는 것이다. 즉 자기개조가 먼저이고 사회개조는 뒤따라오는 것임을 분명히 했던 것이다.

특히 우치무라는 사회의 불공평은 모두 사람이 하나님을 버린 데서 일어난 것이요, 사회조직의 불완전에서 온 것이 아니기 때문에 이를 바로 잡는 방법은 그 인간을 하나님께로 데려 오는 일이지, 여기에 새 사회조직을 만들 필요는 없는 것이라고 주장했다. 그러므로 기독교는 제도나 조직 같은 것에는 그다지 중점을 두지 않는다고 했다.

김교신 역시 식민지 조선의 현실을 역사적이고 구조적인 측면에서 바라본 것이 아니라, 조선인의 도덕생활의 문란으로 보았다. 그리고 도덕이 곧 신앙이라고 했으며, 도덕과 신앙의 완결은 자신의 죄를 인식하고 회개함으로써 하나님과의 바른 관계를 회복하여 하나님을 경외하고 이웃을 사랑할 수 있는데, 이것이야말로 조선민족을 살리는 원동력이라고 주장했다.

그러나 물질적 영역과 영적 영역, 세속적 영역과 종교적 영역은 서로 배타적인 것이 아니라, 서로가 서로를 간절히 필요로 한다. 이런 점에서 김교신과 우치무라의 사회개혁론은 일제 식민통치의 구조적이고 물질적인 제도에 대한 비판이나 개혁방안이 아니라, 신앙과 도덕 중심의 일면적인 개혁만을 강조하는 한계를 지니고 있다.

김교신과 우치무라는 기존의 기독교가 자본주의의 노예로 전락하여 물질만능주의 및 성공주의와 사업주의에 열중하여 그리스도의 복음은 찾아볼 수 없다고 비판했다. 또한 이들은 당시 교회가 많은 교파와 계파로 나뉘어져 서로 대립하게 된 교파주의를 비판했다. 이러한 교파주의는 교파 간의 이해관계, 폐쇄적이고 배타적인 신학풍토, 지방색에 의한 교권의식 등을 낳았으며, 교파별 경쟁의식이 많은 미국기독교와 선교사들의 선교활동에 책임을 물었다.

또한 김교신과 우치무라는 사회개량과 국가혁신을 주장하는 기독교 사회운동에도 비판적이었다. 이는 종교의 근본을 버리고 지엽적인 데에 관심을 가지기 때문이라는 것이다. 더 나아가 감정에 치우쳐 종교적 신비주의로 나아간 부흥회적 신앙의 비이성적 맹신을 비판했다. 그리하여 김교신은 금후의 기독교는 이성과 연구를 지향하면서 학문적 근거 위에 신앙을 재건해야 한다고 주장했다. 이런 점에서 같은 순복음주의를 지향하면서도 부흥회적 근본주의 신앙과 차별성이 있는 것이다.

한편 김교신의 무교회주의에 대한 비판은 우치무라의 교회관이 잘못되었다는 점을 지적했으며, 우치무라의 무교회주의를 이단으로 규정하면서, 그의 제자인 김교신을 일본주의 및 일본적 기독교에 동화된 기독교인이라고 비판했다.

또 다른 하나는 역사적이고 사회적인 실존이자 조직적이며 기독교 고유의 기구인 교회를 부정하는 무교회의 방법으로는 교회문제에 대한 적극적인 해결이 불가능하며, 극단적으로 고립된 개인주의가 되기 쉽다는 비판과 아울러 무교회주의는 교회와의 대립항쟁만에 그 존재이유가 있다는 비판이다.

이러한 비판에 대해서 김교신은 반론을 제기했지만 실제 그의 사상은 우치무라의 사상을 적극적으로 수용하여 일체화를 이룬 것이었다. 따라서 김교신의 무교회주의 사상 속에 내재되어 있는 일본적 성격을 어떻게 볼 것인가의 문제는 결코 피할 수 없는 것이기도 하다.

아울러 김교신의 사상은 그의 반론과는 달리 성서와 그리스도에 집중하는 순복음주의 신앙이자 개인주의 신앙으로써 그 안에 시대적이고 사회적인 문제에 깊은 관심이 있었는지에 대해서는 의문이 든다. 왜냐하면 김교신은 우치무라가 원칙으로 삼는 정교분리에 입각하여 정치와 사회문제에 관심을 두지 않았기 때문이다. 이런 점에서 김교신의 무교회주의 사상이 기존의 교회와 마찬가지로 개인적인 영적 신앙의 차원에 머물고 있다는 비판을 면하기 어렵다고 볼 수 있다.

더 나아가 구원받은 개인이 어떠한 에클레시아를 구성해야만 하는가 라는 문제에 대한 구체적이고 합리적인 조직론의 부재는 김교신의 무교회주의에 또 다른 하나의 문제로 남아 있는 것이다.

한편 우치무라의 전쟁폐지론은 그의 순복음주의 신앙에 근거한 평화사상에서 나온 것으로 무저항주의로 귀결되는 한계를 지닌다. 김교신의 민족주의 사상 역시 일제로부터의 독립을 논하는 적극적 민족운동이 아니라, 부활신앙과 그리스도의 재림사상에 근거한 무저항적 순복음주의 신앙에 기반을 둔 것이었다.

따라서 우치무라와 김교신의 민족주의 사상의 한계는 기존의 교회와 마찬가지로 바로 정교분리의 원칙에 입각한 비정치적 태도 및 무저항주의 노선에 있었다. 이는 기독교 신앙을 세상의 현실과 격리시키고, 단지 신앙의 울타리에 가두어 놓으려는 것이며, 더 나아가 기독교 신앙의 사회화 내지는 정치화를 경계하며, 오로지 개인의 영혼구원에만 매달리게 하는 결과를 초래할 수 있다. 이는 결국 일제 식민통치를 용인하거나 교회의 보신주의적 태도를 변명하는 군색한 논리이며, 체제수호논리 혹은 생존논리의 변용이라고 할 수 있다.

그리하여 김교신은 일제의 권력과 위협 앞에서 일제의 요구에 협조하는 자세를 취하기도 했던 것이다.

더 나아가 우치무라나 김교신의 그리스도 재림신앙 역시 역사적이고 민족해방운동선상에서 보면 인간을 극히 수동적인 존재로밖에 인식하지 않는 것이며, 사회변혁에 있어서 인간의 능력을 철저하게 배제시키는 순복음주의적이고 개인적인 영적 신앙에 기초한 것이다.

그 결과 조선산 기독교나 일본적 기독교는 이 세상과 동떨어진 금욕적이고 개인주의적인 영성의 성격을 강하게 띤 것으로 식민지 조선사회를 구원하거나, 더 나아가 21세기 한국기독교가 지향해 나가야 할 공동체 지향적이며, 인간내면의 변혁과 사회구조의 변혁을 함께 끌어안아야 하는 총체적 영성과는 거리가 먼 것이다.

특히 김교신은 우치무라의 전쟁폐지론 및 평화주의를 그의 논지에서 배제시킴으로써 오늘날 분단사회를 극복하고 평화통일을 지향해야 하는 21세기 한국기독교의 이상과도 거리가 있다. 따라서 총체적 영성과 평화통일을 향한 지향점이 바로 오늘날 한국 기독교 정치의 이상이라고 볼 때 김교신의 사상은 이에 합당한 사상이라고 볼 수 없겠다.

다만 김교신의 신앙은 이성을 존중하고, 과학과 합리성을 중시하며, 더 나아가 열려진 신앙관이었다는 점에서 오직 믿음만을 강조하며 감성에 치우치고 타종교나 다른 교리 및 학설과 사회주의에 배타적이고 폐쇄적인 기존의 교회와는 차별성이 있으며, 이를 극복한 것이었다.

더 나아가 김교신의 기성교회에 대한 비판은 오늘날 한국교회에 내재된 문제이기도 하다는 점에서 시사하는 바가 크다.

또한 김교신의 애국에 기초한 신앙관은 나라를 잃어버린 일제 식민통치 하에서는 물론이고, 오늘날에 있어서도 조국을 생각하고 사랑하는 마음을 불러일으키기에 족한 것이다.

특히 김교신이나 우치무라의 교회란 곧 예수 그리스도와 성경이며, 이를 토대로 하는 「작은 교회」를 지향하는 것이었고, 개방적이고, 그리스도인의 생활현장인 일상생활의 공간을 교회라고 보는 「생활신앙」과 자연이 곧 교회라는 「자연친화적」인 교회였다.

이 같은 사실은 21세기 한국교회의 희망이라고 일컬어지는 「작은 교회」와 생활공동체 및 생태적 자연환경공동체를 위한 회복운동의 비전을 이미 잉태하고 있었다고 할 수 있다.

아울러 김교신과 우치무라의 신앙은 예수 그리스도의 회복과 신앙의 실천 및 생활화, 그리고 영성과 도덕성 회복을 강조하면서, 기독교를 평민의 종교로 인식했다는 점에서 오늘날 기독교의 본질을 망각하고, 가진 자의 종교 및 대형화·물신화되어 가는 교회를 각성시키고 있다.

요컨대 21세기 오늘날 한국교회가 지향해나가야 할 새로운 종교개혁의 정신은 비록 김교신과 우치무라의 사상이 보여준 한계점도 있지만, 이들의 사상에서 엿볼 수 있는 예수 그리스도의 십자가 정신인 적색은총과 자연친화적인 녹색은총의 감각을 회복하고, 작은 교회를 지향하는 데서 일부 찾을 수 있겠다.

마지막으로 오늘날 한국교회가 지향해나가야 할 「기독교 정치이상」은 위에서 언급한 김교신과 우치무라의 사상이 지니고 있는 문제점들을 극복하고, 총체적 영성과 공동체적 영성을 회복하여 평화통일을 지향하면서, 김교신과 우치무라가 주장한 사회와 국가를 그 근저로부터 개조할 수 있는 인간의 내적 개혁과 아울러 이들이 도외시하고 있는 제도와 조직을 통한 사회개혁을 결합시키는 것이라 할 수 있다. 도덕과 물질의 관계는 별개의 것이 아니라 동전의 양면관계이기 때문이다.

참 고 문 헌

1. 1차 사료

(1) 저서

김교신, 『김교신 전집』 1-2(신앙과 인생 상-하), 김교신전집간행회, 1975.
김교신(노치준·민혜숙 옮김), 『조와』, 동문선, 2001.
김정환, 『김교신-그 삶과 믿음과 소망』, 한국신학연구소, 1994.
김정환 엮음, 『성서조선 명논설집』, 한국신학연구소, 2003.
노평구 엮음, 『김교신을 말한다』, 부키, 2001.
노평구 엮음, 『김교신 전집』 2, 신앙론, 부키, 2001.
노평구 엮음, 『김교신 전집』 1, 인생론, 부키, 2001.
노평구 엮음, 『김교신 전집』 5-7, 일기1-3, 부키, 2002.
노평구 엮음, 『김교신 전집』 4, 성서연구, 부키, 2001.
內村鑑三(김유곤 역), 『內村鑑三全集』 제16권, 설우사, 1980.
內村鑑三(김유곤·김윤옥 역), 『內村鑑三全集』 제1-10권, 설우사, 1975.
內村鑑三(최운걸 역), 『內村鑑三全集』 제14권, 설우사, 1980.
우치무라 간조(박수연 옮김), 『기독신도의 위로』, 설우사, 1993.
우치무라 간조(최운걸 옮김), 『소감』, 설우사, 1998.
우치무라 간조(김유곤 옮김), 『一日一生』, 설우사, 1993.
우찌무라 간조(양혜원 옮김), 『회심기』, 홍성사, 2001.

(2) 논문

김교신, 「조선인의 소원」, 『성서조선』 6호, 1928.11.
「무신론자를 탐조함」, 『성서조선』 104호, 1937.9.
「비상시국에 처한 신앙태도」, 『성서조선』 105호, 1937.10.
송두용, 「기독교의 본질」 1-2, 『성서조선』 123-124호, 1939.4-5.
송두용, 「나의 종교」, 『성서조선』 7호, 1929.1.
양인성, 「기독교와 영생」, 『성서조선』 제17호, 1930.6.

「예언자의 소리」, 『성서조선』 104호, 1937.9.
이찬갑, 「부녀는 교회 가운데서 잠잠하라」상, 『성서조선』 84호, 1936.1.
「재림을 갈망함」, 『성서조선』 129호, 1939.10.
정상훈, 「조선의 장래와 기독교」, 『성서조선』 6, 1928.11.
함석헌, 「무교회」, 『성서조선』 86호, 1936.3.
함석헌, 「무교회 신앙과 조선」, 『성서조선』 85호, 1936.2.
「현실생활과 신앙」, 『성서조선』 108호, 1938.1.

2. 2차 사료

『한겨레』, 『한성대 신문』

(1) 저서

강영안·구교형 외, 『한국교회, 개혁의 길을 묻다』, 새물결플러스, 2013.
김근주·김민웅 외, 『정치하는 교회 투표하는 그리스도인』, 새물결플러스, 2012.
김정환, 『김교신-그 삶과 믿음과 소망』, 한국신학연구소, 1994.
김행선, 『한국개신교의 수용과 성장 그리고 비판』, 선인, 2018.
랭던 길키(이선숙 옮김), 『산둥수용소』, 새물결플러스, 2015.
민경배, 『일제하의 한국기독교 민족신앙운동사』, 대한기독교서회, 1991.
민경배, 『한국기독교회사』, 연세대학교 대학출판문화원, 2017.
박경수, 『종교개혁 그 현장을 가다』, 대한기독교서회, 2013.
박찬규 엮음, 『김교신 거대한 뿌리』, 익두스, 2011.
배한국 편, 『루터와 종교개혁』, 컨콜디아사, 1993.
신재식, 『예수와 다윈의 동행』, 사이언스북스, 2013.
양현혜, 『김교신의 철학』, 이화여자대학교출판부, 2013.
양현혜, 『우치무라 간조-신 뒤에 숨지 않은 기독교인』, 이화여자대학교출판문화원, 2017.
양현혜, 『윤치호와 김교신』, 한울, 2009.

이원규, 『힘내라, 한국교회』, 동연, 2009.
전인수, 『김교신 평전』, 삼원서원, 2012.
제임스 M. 키텔슨(김승철 옮김), 『개혁자 말틴 루터』, 컨콜디아사, 1995.
조엘 박, 『맞아죽을 각오로 쓴 한국교회 비판』, 박스북스, 2008.
존 레데콥(배덕만 옮김), 『기독교 정치학』, 대장간, 2011.
차정식, 『예수, 한국사회에 답하다』, 새물결플러스, 2012.
퀜틴 스키너(박동천 옮김), 『근대정치사상의 토대-종교개혁의 시대』 2, 한국문화사, 2012.
피터 마셜(이재만 옮김), 『종교개혁』, 교유서가, 2016.
한국기독교역사연구소, 『한국기독교의 역사』 2, 기독교문사, 1998.
한완상, 『예수 없는 예수교회』, 김영사, 2008.
한용상, 『교회가 죽어야 예수가 산다』, 해누리, 2001.

(2) 논문

고학경, 「김교신의 교육사상 연구」, 인하대학교 교육대학원 교육사 철학전공 석사학위논문, 2002.
구미정, 「아나키즘과 무교회주의 대화」, 『현상과 인식』 40권 128호, 2016 봄·여름.
김병국, 「일본기독교와 우치무라 간조의 무교회주의에 관한 연구」, 강원대학교 대학원 철학과 박사학위논문, 2008.
김병서, 「한국사회의 민주화와 기독교」, 이삼열 외, 『한국사회발전과 기독교의 역할』, 한울, 2000.
김요한, 「1930년대 한국교회와 김교신 교회인식 연구」, 장로회 신학대학교 대학원 석사학위논문, 2016.
김용복, 「김교신의 무교회운동 재고」, 『성경과 신학』 제54권, 2010.5.
김윤정, 「김교신의 교회에 대한 인식」, 연세대학교 대학원 석사학위논문, 2007.
김은섭, 「김교신의 역사인식」, 연세대학교 대학원 신학과 박사학위논문, 2004.
김정환, 「김교신의 민족정신사적 유산」, 『민족문화연구』 10호, 고려대학교 민족문화연구소, 1976.9.
김현철, 「우치무라 간조의 교회이해에 관한 연구」, 연세대학교 연합신학대학

　　　　원 목회신학과 석사학위논문, 2002.
노치준, 「사회복지를 향한 개신교의 사회봉사」, 이삼열 외, 『한국사회발전과 기독교의 역할』, 한울, 2000.
문정길, 「김교신과 민족기독교」, 『성서연구』 252호, 1975.11.
문정길, 「김교신 연구-그의 생애와 신앙」, 『기독교연구』 1982.3.
문정길, 「김교신 연구」, 『기독교연구』 1982.6.
문정길, 「김교신과 민족기독교」, 『성서연구』 252호, 1975.11.
박상익, 「김교신이 오늘 한국교회에 던지는 질문」, 『기독교사상』 677호, 2015.5.
박신관, 「김교신 연구」, 고려대학교 교육대학원 석사학위논문, 1972.
박신관, 「김교신 연구」, 『성서연구』 218호, 1973.1.
박은영, 「복종과 저항; 우치무라 간조의 애국심에 대한 일고찰」, 『일본학보』 제99집, 한국일본학회, 2014.5.
박홍규, 「김교신과 우치무라 간조」, 『일본사상』 30호, 한국일본사상사학회, 2016.6.
森山浩二, 「김교신 연구」, 고려대학교 대학원 사학과 석사학위논문, 1980.
서정민, 「한국 무교회주의 운동사의 검토」, 『신학사상』 146호, 한국신학연구소, 2009 가을.
서진한, 「본회퍼의 교회, 김교신의 무교회」, 『기독교사상』 677호, 2015.5.
손정욱, 「김교신의 교육관 연구」, 서강대학교 교육대학원 역사교육전공 석사학위논문, 2004.
신은숙, 「김교신의 교육사상 연구」, 성신여자대학교 대학원 교육학과 교육철학전공 석사학위논문, 1981.
양우석, 「김교신의 평신도운동연구」, 연세대학교 연합신학대학원 이론신학과 교회사 전공, 석사학위논문, 2004.
양현혜, 「김교신과 무교회주의」 1, 『기독교사상』 38권 5호, 1994.5.
양현혜, 「김교신과 무교회주의」 2, 『기독교사상』 38권 6호, 1994.6.
양현혜, 「우치무라 간조의 재림운동」, 『종교연구』 제74집 제1호, 한국종교학회, 2014 봄.
오충환, 「루터이해-우찌무라 간조와 김교신의 루터의 하나님과 신앙이해를 중심으로」, 감리교신학대학교 대학원 역사신학전공 석사학위논문,

2007.
용연호, 「김교신의 무교회주의에 대한 비판적 연구」, 서울기독대학교 대학원 신학과 조직신학 전공 석사학위논문, 2005.
위광원, 「1930년 기성교회와 김교신의 갈등 내용연구」, 베뢰아 국제대학교 대학원 석사학위논문, 2007.
이영숙, 「한국여성의 인간화와 기독여성운동」, 이삼열 외, 『한국사회발전과 기독교의 역할』, 한울, 2000.
이원규, 「종교개혁의 신앙적 의미」, 영등포중앙교회 설교, 2017.10.29.
이정배, 「은총의 감각을 회복하라」, 성문밖교회 생태사경회, 2018.10.28.
이정배, 「한계를 아는 것이 믿음이다」, 성문밖교회 설교, 2018.10.28.
이진삼, 「김교신의 1930년대 교회비판연구」, 감리교 신학대학교 신학대학원 역사신학전공 석사학위논문, 2001.
임희숙, 「김교신의 민족교육과 기독교」, 『신학사상』 128호, 한국신학연구소, 2005 봄.
전인수, 「김교신의 무교회주의; 최태용의 비교회주의와의 비교를 중심으로」, 『한국기독교와 역사』 45, 한국기독교역사연구소, 2016.9.
전인수, 「김교신의 조선산 기독교」, 『한국기독교와 역사』 33, 2010.9.
정응수, 「우치무라 간조의 전쟁관의 변천」, 『일본문화학보』 제15집, 한국일본문화학회, 2001.11.
정호영, 「김교신의 종교교육사상; 인간화교육」, 경상대학교 대학원 교육학과 박사학위논문, 2005.
진설현, 「內村鑑三의 무교회주의 비판」, 총신대학교 신학대학원 신학과 조직신학 전공 석사학위논문, 2005.
채송희, 「김교신의 대일관 연구」, 연세대학교 대학원 신학과 석사학위논문, 2003.
최선미, 「內村鑑三의 사상연구-기독교 사상과 애국론을 중심으로」, 동서대학교 대학원 일본지역학과 석사학위논문, 2003.
황인혁, 「김교신의 무교회주의에 대한 신학적 재평가」, 서울장신대학교 일반대학원 교회사 전공 석사학위논문, 2015.

「마틴 루터」, 네이버 지식백과

찾아보기

ㄱ

간디 322
게바 72
경기중학교 196, 300
고려공산청년회 251
고백 82
고자키 히로미치 157
골로새서 강의 212
공자 133, 216, 220
관동대지진 263
관중 251
교량 187
교황권에 대한 각서 58
구본술 196
구안록 50, 194
구약성서개요 212, 214
구텐베르크 56
國民之友 51
그리스도인의 위안 50
근로보국대 333
기독교 신도의 위로 194
기독교윤리실천운동 단체 17
기독교조선복음교회 266
기독교청년회 202, 213
기드온 127
길선주 242, 243, 245, 259
김교신 22, 23, 25, 26, 28, 30, 31, 32, 33, 34, 35, 36, 183, 187, 188, 189, 190, 191, 192, 193, 194, 195, 196, 197, 198, 199, 200, 201, 202, 203, 204, 205, 206, 207, 208, 209, 210, 211, 212, 213, 214, 215, 216, 217, 218, 219, 220, 221, 222, 223, 228, 229, 230, 231, 232, 233, 234, 235, 236, 238, 239, 240, 241, 243, 244, 245, 246, 247, 248, 249, 250, 251, 252, 253, 254, 256, 257, 258, 259, 260, 261, 262, 264, 265, 266, 268, 269, 270, 271, 272, 273, 274, 275, 276, 277, 278, 279, 280, 281, 282, 283, 284, 285, 286, 288, 289, 290, 291, 292, 293, 294, 295, 296, 297, 298, 299, 300, 301, 302, 303, 304, 306, 307, 308, 309, 310, 313, 314, 316, 317, 318, 319, 320, 321, 322, 323, 325, 326, 327, 328, 329, 330, 331, 332, 333, 334, 335, 336, 339, 340, 341, 342, 343, 344, 345, 346, 347, 348
김덕재 187
김명룡 17
김병국 28
김삼환 16
김성태 196

김염희 187
김요한 33
김용복 34, 329, 330
김유곤 36
김윤옥 36
김윤정 33
김익두 242, 259
김인서 33, 259, 260, 261, 263, 264, 266
김정환 31, 229, 326
김하나 16
김현철 28

동경고등사범학교 193
동경정측영어학교 193
동계성서집회 214

ㄹ

러일전쟁 165, 180, 194, 333
루스꼬 52
루즈벨트 300
루터전강연집 54
류달영 197, 313
링컨 190

ㄴ

나는 어떻게 그리스도인이 되었는가 50
나다니엘 30, 212
노아 291
노일전쟁 166, 167
노평구 31, 36, 327
녹스 103
느부갓네살 104

ㅁ

마르크스 157
마사이케 46
마틴 루터 6, 16, 19, 20, 21, 25, 29, 47, 54, 56, 57, 58, 59, 60, 61, 62, 63, 64, 65, 66, 67, 68, 69, 88, 99, 100, 103, 119, 120, 140, 147, 155, 172, 173, 174, 209, 215, 291, 322, 339, 340
만주사변 303, 304, 309, 316
메이지유신 39
멜란히톤 63
명성교회 16
모세 30, 127, 208, 323
문예부흥 65
문정길 31
미리엄 콜버트 해리스 42
민경배 31, 327
민석홍 196
민족말살정책 312
밀턴 109

ㄷ

단테 109
당대의 권위에 대하여, 어디까지 복종하여야 하나 172
대한예수교장로회 16, 17
데살로니가전서 강의 212
데이빗 리빙스턴 82
도쿄고등사범학교 251
도쿄대학 40
도쿄영어학교 40
도쿄외국어학교 40
독일 국민에게 고함 300

ㅂ

바락 127
바로 323, 324
바울 45, 54, 60, 61, 63, 65, 67, 69, 70, 71, 72, 73, 74, 75, 76, 77, 78, 79, 80, 81, 85, 87, 99, 100, 106, 107, 109, 112, 119, 120, 127, 130, 136, 137, 140, 141, 143, 145, 146, 147, 163, 173, 215, 221, 232, 233, 262, 281, 282, 283, 284, 288, 296, 308, 314, 320, 327, 339, 340
박순 187
박은영 30
박을용 196
박정희 15
박태원 196
박홍규 35, 328, 329
번영을 위한 최상의 유물 51
베드로 45, 58, 71, 75
벤저민 프랭클린 24
보름스 국회 59
본회퍼 34
부활과 내생 52
부활사 213
부활의 봄 312
비텐베르크 대학 57

ㅅ

사카이 157
사회민주당 157
사회주의연구회 157
산상수훈연구 212, 214
삼산호이(森山浩二) 296
삼손 127

삿포로 농업대학 41, 44, 91, 92
새싹회 197
서대문형무소 197, 313
서정민 32, 327
서춘 303
석가 133, 216
성서연구회 31, 193, 213, 214
성서조선 31, 36, 195, 196, 197, 201, 203, 208, 211, 212, 213, 214, 223, 234, 235, 236, 244, 252, 259, 266, 278, 279, 280, 281, 294, 305, 306, 307, 310, 311, 312, 327, 331
성서조선사건 197, 198, 199, 313, 314
성서지연구 51, 52, 85, 194, 264
세계복음화국제대회 24
세례 요한 63
세종대왕 300
소크라테스 108, 190, 216, 301
손기정 197
송도중학교 197
송두용 195, 197, 313
송옥 196
스데반 233
스프링필드 공화주의자 165
시미즈 194
시편강해 212
시혜 187
신간회 251
신사참배 330
신약성서개요 212
신학지남 259

ㅇ

아돌푸스 103

아브라함 127, 291
아사다 다케 46
아우구스티누스 63, 82
애머스트대학 47, 48, 81
앨버트 반즈 44
야고보 75
야마다 321
양신 187
양인성 195, 228, 286, 287, 288
양정고보 196
양정중학교 196
양현혜 29, 32, 178, 183, 261, 265
언행기 82
에드먼드 버크 24
에르푸르트 수도원 47
에스겔 109
에클레시아 70, 71, 85, 86, 87, 99, 269, 275, 276, 345
엘리야 127
영생여고보 196
영일동맹 165
예레미야 30, 103, 109, 127, 309, 310
예수 그리스도 15, 17, 23, 25, 41, 42, 44, 45, 47, 52, 53, 56, 58, 59, 60, 61, 62, 63, 64, 65, 67, 69, 70, 71, 72, 73, 74, 75, 76, 77, 81, 82, 85, 86, 87, 89, 96, 99, 100, 101, 102, 104, 106, 107, 108, 109, 111, 112, 126, 127, 128, 129, 130, 131, 132, 133, 134, 135, 136, 138, 139, 141, 143, 144, 146, 147, 151, 152, 153, 159, 162, 163, 167, 168, 170, 171, 172, 175, 176, 177, 178, 179, 181, 182, 183, 184, 193, 202, 203, 204, 208, 212, 213, 214, 216, 217, 218, 219, 220, 221, 222, 227, 228, 229, 230, 233, 234, 235, 237, 238, 239, 240, 246, 253, 254, 255, 256, 262, 263, 270, 274, 279, 281, 282, 283, 284, 285, 286, 287, 288, 291, 292, 293, 294, 295, 296, 305, 306, 308, 309, 314, 316, 318, 319, 321, 322, 323, 324, 325, 327, 336, 340, 343, 346, 347, 348
요로즈초호 51, 157
요코하마 가즈코 49
요한 67, 75, 127
용연호 35
우치무라 간조 22, 23, 25, 26, 28, 29, 30, 32, 35, 36, 39, 40, 41, 43, 44, 45, 46, 47, 48, 49, 50, 51, 52, 53, 54, 64, 65, 66, 67, 68, 69, 70, 71, 72, 73, 74, 75, 76, 77, 78, 79, 80, 81, 82, 83, 84, 85, 86, 87, 88, 89, 90, 91, 92, 93, 94, 95, 96, 97, 98, 99, 100, 101, 102, 103, 104, 105, 106, 107, 108, 109, 110, 111, 112, 113, 114, 115, 116, 117, 118, 119, 120, 121, 122, 123, 124, 125, 126, 127, 128, 129, 130, 131, 132, 133, 134, 135, 136, 137, 138, 139, 140, 142, 143, 144, 145, 146, 147, 148, 149, 150, 151, 152, 153, 154, 155, 156, 157, 158, 159, 160, 162, 163, 164, 165, 166, 167, 168, 169, 170, 171, 172, 174, 175, 176, 177, 178, 179, 180, 181, 182, 183, 184, 193, 194, 195, 199, 201, 204, 209, 214,

215, 218, 225, 229, 245, 251, 256, 258, 259, 260, 261, 262, 263, 264, 265, 266, 267, 268, 274, 275, 276, 277, 280, 282, 284, 286, 288, 291, 297, 302, 316, 318, 322, 323, 325, 328, 330, 336, 339, 340, 341, 342, 343, 344, 345, 346, 347, 348

우치무라 야소 39
우치무라 요시유키 39
워싱턴 대통령 190
위광원 33
윌리엄 클라크 41
유니테리언주의 82
유석동 195
윤석중 197
윤치호 303
을사늑약 180
이사야 63, 109, 113
이삭 뉴튼 컬린 82
이순신 300
이와무라(岩村) 196
이용도 242
이진삼 33
일본 광업주식회사 295
일본과 일본인 50
일본조합교회 263
일본질소비료공장 흥남연료용흥공장 198, 335
일본흥남질소비료공장 198, 200, 314
임원택 196
입다 127

정민 187, 188
정복 187, 188
정상훈 195, 223, 224, 225, 226, 227, 297
정손 187
정애 187
정옥 187
정혜 187
제갈공명 192
제일고등중학교 40, 49
제일고등학교 40
조선공산당 251, 289
조선기독교청년회 183, 263
조선성서연구회 195, 201
조선신학숙 213
조선어학회사건 197
조선지리소고 301
조선총독부 311
조와 311, 312
조와사건 310, 313
존 번연 82
종교개혁 6, 19, 20, 21, 23, 25, 26, 54, 56, 60, 61, 62, 64, 65, 66, 68, 69, 88, 95, 96, 99, 100, 118, 119, 140, 147, 209, 214, 215, 230, 336, 339, 340
종교와 문학 194
주일학교시보(선데이 스쿨 타임즈) 176
줄리어스 홀리 실리 47, 82
중일전쟁 303, 309
지리연구 50, 111, 193
진설현 30
진술 187

ㅈ

전도의 정신 50
전인수 33

ㅊ

채송희 33
천로역정 82
청일전쟁 51, 164, 165, 166, 167
최선미 29
최치환 196
최태용 33, 266, 267, 268, 269
최흥종 236
충현교회 16
츠빙글리 103

ㅋ

칼빈 67
코투구 157
콘스탄티누스 황제 55
크롬웰 82
크리스찬 귀족에게 고함 58

ㅌ

타인론 194
톨스토이 190

ㅍ

페리제독 39
페스탈로치 190
평양장로회신학교 259
포숙 251
프리드리히 66
피히테 300

ㅎ

하코다테 감리교 선교본부 45
하트포드 신학교 48
한국기독교역사연구소 31, 327
한림 251, 252
한매 187
한용운 326
한일강제병합 181
함석헌 192, 195, 197, 292, 313, 326, 328
함흥공립농업학교 192
함흥차사 187
헤롯왕 323
헬렌 켈러 190
홍승면 196
황인혁 32
흥국사담 194

기타

105인 사건 182
3 · 1운동 183, 192, 241, 245, 263
95개조 반박문 57
YMCA 210

저자 김 행 선

1954년 서울 출생
1977년 고려대학교 문과대학 불어불문학과 졸업
1996년 고려대학교 일반대학원 사학과 문학박사
2002년 고려대학교 아세아문제연구소 연구조교수
2005년 성균관대학교 동아시아 유교문화권 교육연구단 연구조교수
1991-2014년 고려대학교 사학과 강사

저서
- 『한국개신교의 수용과 성장 그리고 비판』, 선인, 2018.
- 『1970년대 유신체제기 경찰의 조직과 활동』, 선인, 2018.
- 『1970년대 유신체제기 학교새마을운동의 조직과 활동-대학새마을운동을 중심으로』, 선인, 2017.
- 『1980년대 전두환 정권의 수립』, 선인, 2015.
- 『고난을 딛고 일어나 걸어라』, 선인, 2014.
- 『유신체제기 통일주체국민회의의 권한과 활동』, 선인, 2014.
- 『1970년대 박정희 정권의 문화정책과 문화통제』, 선인, 2012.
- 『루소의 생애와 사상』, 노란숲, 2011.
- 『초기경전에 나타나는 석가모니의 생애와 사상』, 선인, 2010.
- 『6·25전쟁과 한국사회문화변동』, 선인, 2009.
- 『역사와 신앙』, 선인, 2008.
- 『한국근현대사 강의』, 선인, 2007.
- 『박정희와 유신체제』, 선인, 2006.
- 『4·19와 민주당』, 선인, 2005.
- 『해방정국 청년운동사』, 선인, 2004.
- 강만길 외, 『근대 동아시아 역사인식 비교』, 선인, 2004.
- 『동서양 고전의 이해』, 이회출판사, 1999.